现代企业管理

主　编　冯志强
副主编　李玉保　徐　娜　王　凌
余甫坤　肖世才

黄河水利出版社
·郑州·

图书在版编目(CIP)数据

现代企业管理/冯志强主编. —郑州:黄河水利出版社,2012.4

ISBN 978-7-5509-0158-2

Ⅰ.①现… Ⅱ.①冯… Ⅲ.①企业管理 Ⅳ.①F270

中国版本图书馆 CIP 数据核字(2011)第 254854 号

出 版 社:黄河水利出版社

地址:河南省郑州市顺河路黄委会综合楼 14 层　　邮政编码:450003

发行单位:黄河水利出版社

发行部电话:0371-66026940、66020550、66028024、66022620(传真)

E-mail:hhslcbs@126.com

承印单位:黄河水利委员会印刷厂

开本:787 mm×1 092 mm　1/16

印张:15.5

字数:358 千字　　印数:1—3 100

版次:2012 年 4 月第 1 版　　印次:2012 年 4 月第 1 次印刷

定价:32.00 元

前 言

作为现代企业的管理者,我们应该树立基本的理念:

观念决定思维,思维决定态度,态度决定行为,行为决定命运。

让自己与众不同的最简单方式就是树立理想。把理想变为人生目标,再分解为小目标。把小事做好,把好事做大,把大事做强,你就是世界第一。

知识改变命运,智慧创造未来。

我们每一个人随着心智成长,越清楚自己要什么,就越能找到实现它的方法。

认识自己的无知是认识世界的最可靠的方法。

随着人类社会的快速发展,经济全球化进程的加快,我国经济与世界经济的融合程度在不断加深,企业经营的外部环境和内部管理模式都在发生着重大的变化。新的形势,对企业的生产技术和经营管理都提出了一系列的挑战。企业必须适应社会发展的要求,树立科学发展观,增强创新意识,加速产品更新,强化经营管理,提高经济效益,使管理理论与管理方法更科学化、现代化,以迎接时代的挑战。

现代企业管理科学是系统地研究管理知识、指导人们从事现代企业管理实践的科学。世界经济正在飞速发展,整个人类社会面临世界经济一体化及信息化的挑战,管理科学作为社会管理实践活动的理论概括和总结,指导着现代企业管理的实践活动,其发展正接受着时代的挑战与洗礼。管理革命、管理创新正在世界各国广泛开展。与此相适应,现代企业管理课程及其教材所涉及的内容,也应及时反映时代的变革要求。为满足企业管理实践活动的需要,以及培养现代企业管理人才的需要,我们在总结多年现代企业管理教学实践和科研活动的基础上,编写了该教材。

在教改实践中我们认识到,在我国的高等教育中,对于缺乏管理实践的普通学生来说,单纯实施常规的经济管理课程教学方法,容易使人感觉所学知识枯燥乏味,教学效果大打折扣。同时,传统的课堂理论教学的实用性、可操作性较差,使学习者难以学以致用。案例教学虽然较好地激发了学生学习的主观能动性,提高了学生分析、解决问题的能力,但终究是纸上谈兵,学生无法真正深入其中,获得切身的真实体会。本教材在教学活动中,建议使用多种教学方法,比如体验式教学方法、企业教练技术、思维导图方法等。

本书的内容比较新颖,特点是以现代企业管理四大资源——人、财、物、信息的管理为主线,以现代企业管理的业务流程为基础,展开教学环节。本书除保留企业管理的基本原理、基本理论和基本方法外,还增加了目前国内外提出的一些新的观点和新的方法,突出实用性和可操作性。各章都提出了适合该章节内容的案例、思考题和实训题,以便学习者更易于理解所学知识,以提高学习者分析问题和解决问题的实际应用能力。

本书突出了现代企业战略管理、人力资源管理、财务管理、物流管理章节的内容,特别是增加了现代企业管理的新方法、新技术、新措施的内容,更加突出了时代要求。世界进入了知识经济时代，企业很重视企业核心竞争能力的识别和培育，以及企业文化建设，为此我们重点介绍了企业核心竞争能力和企业文化方面的内容。现代企业广泛使用因特网和计算机信息技术，企业计划工作已从企业资源的优化组合走向全社会资源的优化组合，因此我们介绍了企业资源计划 ERP 方面的内容。

在现代企业管理中，人们越来越重视正式组织的需求与非正式组织的需求相平衡，为此我们介绍了企业组织的内容。在人力资源开发与管理方面，由于考虑到企业对现代人力资源开发的一些具体方法和实例比较感兴趣，我们对人力资源培训、人力资源考核等一些相关内容予以充实。由于现代生产理论和技术的迅速发展，供应链管理和电子商务下的物流管理已成为现代企业生产管理模式，虚拟企业与虚拟企业资源计划已成为因特网时代社会资源优化组合、业务流程重组的最佳方式，因此我们撰写了相关的内容。本书还有侧重点地介绍了企业的生产管理、质量管理和营销管理。

企业文化与管理创新是我们编写本教材的创新点，我们对知识管理和管理创新模式赋予新的时代精神和现代企业管理发展的新内容。

本书进行了新观点、新内容、新案例、新方法的充实，目标就是使教材与时代同步，与现代企业管理实践同行，使读者学有所获、学以致用。为了帮助高职高专学生将来做好现代企业管理工作，在本书每章开始，我们编撰了睿智名言，帮助学生提高现代企业管理的心智能力，期待得到良好的教学效果。

本书由河南工业贸易职业学院冯志强担任主编，由永城职业学院李玉保、安徽水利水电职业技术学院徐娜和王凌、郑州职业技术学院肖世才、黄河水利出版社余甫坤担任副主编。由于编写人员水平所限，书中不妥之处在所难免，恳切希望专家学者以及使用本教材的老师和同学们不吝赐教，以使本教材在再版时更加符合广大读者的需求，更趋完美和成熟。由于篇幅有限，企业信息管理的内容有待再版充实，以期现代企业管理进入信息管理的层次中。

本书在编写过程中参考了我国目前已出版的有关现代企业管理方面的书籍、论文和资料，吸取了相关作者的一些研究成果，我们在此深表谢意。

作　者

2012 年 1 月

目　录

第一章

现代企业管理导论

学习目标

☐正确理解企业的含义,明确不同企业类型的划分;
☐掌握并正确认识企业管理的性质和职能;
☐掌握企业资源、企业管理工作的基本特点和内容;
☐了解现代企业的基本特征和现代企业制度。

睿智名言

五句话足以改变人生。第一句话是:优秀是一种习惯。第二句话是:生命是一种过程。第三句话是:两点之间最短的心智距离并不一定是直线。第四句话是:只有知道如何停止的人才知道如何加快速度。第五句话是:放弃是一种智慧,缺陷是一种恩惠。

这个世界是一个负责任、有爱心、和谐、智慧的美好世界。生命是一座宝藏,你的价值远非你所了解。爱是一种流动的能量,她从哪里出发,就会回到哪里。我们为成果而来!

注意你的思想,因为思想将组成你的语言;注意你的语言,因为语言将导致你的行动;注意你的行动,因为行动将形成你的习惯;注意你的习惯,因为习惯将形成你的性格;注意你的性格,因为——性格就是你的命运。

案例导入

康洁利公司的"洋经理"

康洁利公司是一家中外合资的高科技专业涂料生产企业,总投资594万美元,其中固定资产324万美元,中方占有60%的股份,外方占有40%的股份,生产玛博伦多彩花纹涂料等11个系列的高档涂料产品。这些高档产品不含苯、铅等有害物质,无毒无味,在中国有广阔的潜在市场。

开业在即,谁出任公司总经理呢?外方认为,康洁利公司引进的20世纪90年代先进的技术、设备和原材料均来自美国，中国人没有能力进行管理，因此要使公司迅速发展壮大，必须由美国人来管理这个高新技术企业。中方也认为，由美国人来管理，可以学习借鉴国外企业的管理方法和经验，有利于消化吸收引进技术和提高工作效率。因此，董事会形成决议：从美国聘请米勒先生任总经理，中方推荐两名副总经理参与管理。

米勒先生年近花甲，但身体健康，充满自信。他有18年管理涂料生产企业的经验，自称“血管里流淌的都是涂料”，对振兴康洁利公司胸有成竹。公司职工也都为有这样一位洋经理而庆幸，想憋足劲大干一场，好好地赚钱。

谁料事与愿违，公司开业9个月不但没有赚到一分钱，反而亏损70多万元。当一年的签证到期时，米勒先生被董事会正式辞退了。1994年3月26日，米勒先生失望地返美。来自太平洋彼岸的洋经理被“炒鱿鱼”的消息在康洁利公司内外引起了强烈的反响，这位曾经在日本、荷兰主持建立并成功地管理过涂料工厂的洋经理何以在中国败走麦城呢？这自然成了议论的焦点。

多数人认为，米勒先生是个好人，工作认真，技术管理上是内行，对搞好康洁利公司怀有良好的愿望，同时，在吸收和消化先进技术方面做了许多工作。他失败的主要原因是不了解中国的实际情况，完全照搬他过去惯用的企业管理模式，对中国的许多东西不能接受，在经营管理方面缺乏应有的弹性和适应性。中方管理人员曾建议根据中国国情，参照我国有关“三资”企业现成的成功管理模式，结合国外先进的管理经验，制定一套切实可行的管理制度，并严格监督执行。对此，米勒先生不以为然。他的想法是“要让康洁利公司变成一个纯美国式的企业”。他对计划不信任，甚至忧虑，以致对正常的工作计划都持抵触态度，害怕别人会用计划经济的一套做法去干预他的管理工作。米勒先生煞费苦心地完全按照美国的模式设计了公司的组织机构并建立了一整套规章制度，但是最终还是使一个生产高新技术产品且有相当实力的企业缺乏活力，在起跑线上停滞不前，陷入十分被动的局面。

也有人认为，米勒先生到任后学会的第一个中文词就是“关系”，而他最终还是因搞不好关系而离华返美。

对于中国的市场，特别是中国“别具一格”的市场情况和推销方式，米勒先生也不甚了解。他将所有有关市场营销的事情都交给一位中方副总经理，但他和那位副总经理的关系并没有“铁”到使副总经理为他玩命地去干的程度。

在管理体制下，米勒先生试图建立一套分层管理制度：总经理只管两个副总经理，下面再一层管一层。但他不知道，这套制度在中国，如果没有上下级间的心灵沟通与相互间的了解和信任，会出现什么样的状况和局面。最后的结果是管理混乱，人心涣散，员工普遍缺乏主动性，工作效率尤为低下。

米勒先生还强调，我是总经理，我和你们不一样，你们要听我的。他甚至要求，工作进入正轨后，除副总经理外的其他职工不得进入总经理的办公室。米勒先生不知道，聪明的中国企业负责人在职工面前总是强调和大家一样，以求得职工的认同。

米勒先生临走时扔下一句话：“如果这个企业出现奇迹的话，肯定是上帝帮忙的结果。”

然而，上帝并未伸出援助之手，奇迹却出现了。

康洁利公司在米勒先生走后,中方合资厂家选派了一位懂经营管理、富有开拓精神的年轻副厂长刘思才任总经理,并随之组成了平均年龄只有33岁的领导班子。新班子迅速制定了新的规章制度,调整了机构,调动了全体职工的积极性。在销售方面,基于这样一个零利润的状态下,主动向消费者让利销售,使企业走上了良性循环。1994年5月,康洁利首次盈利3万元,宣告扭亏为盈。

(源自《经典的工业贸易思想》,作者:冯志强)

【思考分析】

(1)试分析康洁利公司起落的原因。

(2)试总结米勒先生的管理思想及管理哲学。

(3)从本案中你得到了什么启示?

第一节 现代企业管理概述

一、现代企业管理的性质和职能

(一)现代企业管理的概念及其重要性

1. 现代企业管理的概念

现代企业管理是由企业的领导者和全体员工按照客观规律的要求,对企业生产经营过程进行的计划、组织、指挥、监督、调节、激励和创新等一系列工作的总称。实质就是通过合理组织企业的生产经营活动,以适应外部环境变化,充分利用企业拥有的各种资源(人力、物力、财力、信息、时间、技术),不断提高企业在市场竞争中的生存和发展能力,提高企业的经济效益,促进社会经济的发展。

2. 现代企业管理的重要性

现代企业管理是社会化大生产的客观要求和直接产物。当人们在一起从事共同劳动时,由于劳动者存在分工协作关系,为了协调每个人的活动,就需要一定的管理。进入21世纪,现代信息技术的发展和计算机应用的拓展,使企业发展越来越依靠知识、技能、人力资源和信息,企业除应加强对设备、物资、资金的合理配置和管理外,还应特别重视对技术、知识产权等无形资产和人力资源的管理。

现代企业管理的重要性,具体表现在以下几个方面:

(1)现代企业管理是企业生产经营活动得以顺利进行的重要条件。因为企业的生产过程要能顺利进行,必须拥有劳动者、劳动资料和劳动对象等生产要素,并且按照生产技术特点,将生产力的各要素合理地组织起来。企业作为商品生产者和经营者,要把产品生产出来,销售出去,实现商品的使用价值和价值,以取得较大经济效益,就必须通过市场进行交换,组织供销活动。为此,企业必须进行管理。

(2)现代企业管理既是现代生产技术、信息技术发展的要求,又是促进技术进步的动力。随着21世纪信息社会的全面到来,计算机技术手段在企业中的广泛应用,要求有更严密的管理才能充分发挥其作用。另外,只有提高企业管理水平,才能更好地将科学技术成果应用于生产，使企业不断地提高劳动生产率。它们两者之间是互相促进的。

(3)现代企业管理是维护和完善社会主义生产关系的客观要求。生产关系一定要适应生产力的发展，这是普遍规律。我国实行改革开放政策，集中力量发展社会生产力，这就要求将某些不适应生产力发展的方面，通过改革使其不断完善，使企业在市场经济环境中发展，为国民经济持续发展打下坚实基础。

(4)现代企业管理是培养有理想、有道德、有文化、有纪律的职工队伍的可靠保证。随着科技进步和社会经济的发展，企业对职工的要求无论是在思想素质、文化水平还是在技术能力等方面都会越来越高，因此企业必须实行有效管理，全面提高职工素质，才能担负起现代化建设的任务。

现代企业管理的重要性已被实践证明。在现代企业管理中，有人将管理、科技和技术看成关系到企业生存、竞争和发展的"三个主要支柱"，有人将科学管理和现代技术比喻为支持经济高速增长的"两个轮子"。管理也是生产力，加强管理是提高劳动生产率、提高企业经济效益的重要途径。

(二)现代企业管理的性质

企业管理具有二重性，这是马克思在分析资本主义企业管理时提出来的。他说：凡是直接生产过程具有社会结合过程的形态，而不是表现为独立生产者的孤立劳动的地方，都必然会产生监督劳动和指挥劳动。不过它具有二重性。一方面，凡是有许多个人进行协作的劳动，过程的联系和统一都必然要表现在一个指挥的意志上，表现在各种与局部劳动无关而与工场全部活动有关的职能上，就像一个乐队要有一个指挥一样。这是一种生产劳动，是每一种结合的生产方式中必须进行的劳动。另一方面，完全撇开商业部门不说，凡是建立在作为直接生产者的劳动者和生产资料所有者之间的对立上的生产方式中，都必然会产生这种监督劳动。这种对立越严重，这种监督劳动所引起的作用也就越大。

从马克思的论述中可以看出，所谓企业管理的二重性就是指，一方面它具有与生产力、社会化大生产相联系的自然属性，另一方面它又具有与生产关系、社会制度相联系的社会属性。企业管理的自然属性是社会化大生产的必要条件，是社会劳动过程的一般要求，发挥着合理组织生产力的作用。企业管理的这种自然属性，主要取决于生产力发展水平和劳动社会化程度，而不取决于生产关系的性质。在企业管理中，有关合理组织生产力的一些形式和方法，虽然总是在一定的生产关系下产生的，但并不为某种生产方式所特有，只要是社会化大生产都能应用。但是，任何一种管理都离不开一定的生产关系，生产关系的特殊性质必然会对管理产生制约和影响。生产关系的性质不同，企业管理的社会属性也就不同。企业管理的社会属性主要取决于社会生产关系的性质。

企业管理的二重性，是由生产过程的二重性所决定的。企业的生产过程是生产力和生产关系的统一体，它一方面是物质资料的再生产过程，另一方面又是生产关系的再生产过程。马克思关于管理二重性的原理，虽然是在分析资本主义企业管理时揭示出来的，但它同样适用于现代企业管理。我们对国外新的管理思想、管理方法，应进行学习和借鉴，并结合我国国情创造出适合我国企业的新的管理方法，进一步提高我国企业的管理水平。但是，我们不能不经消化而照搬国外的东西。因为管理本身就有二重性，社会制度、文化背景不相同。另外，我国社会主义市场经济体制正处在建立和完善的过程中，与发达国家企业处在完全成熟的市场经济环境中不同。因此,我们了解管理的二重性,就是要把握好学习、借鉴和创新的关系,把我国企业管理提高到新的水平。

(三)现代企业管理的职能

职能一般是指人、事物、机构应有的作用或功能。企业管理的职能是指企业管理本质的外在属性及其应发挥的基本效能。企业管理的职能是由企业管理的二重性决定的。因此,现代企业管理具有两个方面的基本职能:一是合理组织生产力。它是企业管理的自然属性的表现,是企业管理的一般职能。二是维护与巩固一定的生产关系。它是企业管理的社会属性的表现,是企业管理的特殊职能。这两种职能在社会生产过程中总是结合在一起发挥作用的。当它们结合作用于生产过程时,又表现为决策、计划、组织、指挥、监督、调节、激励和创新等具体的管理职能。

对于现代企业管理的具体管理职能,国内外学者有多种不同的提法。下面就上述八个方面的职能分别加以说明。

(1)决策职能。决策是企业管理的基本职能。在管理实践中,决策不但处于全部活动的首位,而且还渗透到其他管理职能当中。在现代管理中,决策是指为了达到某个特定的目标,在经过详细的调查和严密分析的基础上,借助一定的科学手段和方法,从两个以上的可行方案中,选择最优方案,并付诸实施的过程。

(2)计划职能。计划就是在调查研究和总结经验的基础上,预测未来,以一种合理的、经济的和系统的方式对企业未来的发展指标作出安排,并制订长期和短期计划,确定实现计划的措施和方法,并把计划指标分解到各部门、单位以及个人,使其成为全体职工在一定时期内的行动纲领。计划正确与否,对企业经营的成败具有重要的作用。

(3)组织职能。组织是指通过建立组织机构,确定职能、职责和职权,协调相互关系,将企业生产经营的各个要素、各个部门和各个环节,在劳动分工与协作上、在上下左右的相互关系上、在对外往来上、在时间和空间的联合上合理地组织起来,形成统一整体,实现最佳组合。

(4)指挥职能。指挥是对企业各级、各类人员的领导、沟通与督促。企业计划目标确定以后,要靠组织来实施,在这个过程中就要有指挥。指挥是管理的一种执行性职能,是企业各个部门、各个环节之间紧密联系、有效运转的保证。如果不能有效指挥,即使有计划、有组织,也不可能保证生产经营的顺利进行和既定目标的实现。

(5)监督职能。监督亦称控制,是对企业生产经营活动的实际情况进行检查,比较实际情况与原定计划的差异,分析产生差异的原因,并作出对策。监督职能与计划职能的关系非常密切。监督要以计划为依据,而计划要靠监督为保证来实现。

(6)调节职能。调节亦称协调,是围绕一个目标,对企业生产环节和部门的活动进行统一安排与调节,使它们能建立良好的配合关系,尽量消除或减少工作中的矛盾与脱节现象,以有效地实现企业的目标。

(7)激励职能。激励是为调动企业中各级、各类人员的工作积极性,充分发挥他们在各项活动中的潜能,有针对性地采取不同方式和措施进行鼓励。在现代企业管理中,要使全体员工产生凝聚力,发挥各级、各类人员的团结协作精神,除用组织的规章制度和规范引导外,还应与激励结合起来。

(8)创新职能。创新是一种赋予资源以新的创造财富能力的行为，是经济发展的巨大推动力。在企业中，创新不仅涉及新技术、新材料、新产品，还涉及开拓新市场、新的管理制度和新的管理方法等。

以上各项具体职能是相互联系、相互制约的有机整体，只有在管理体系中全面发挥各职能的作用，才能有效管理。

(四)管理既是一门科学，又是一门艺术

管理是一门科学，在客观事实面前，在21世纪的今天，应该说已无人怀疑。管理的科学性，是指管理作为一个活动过程，其间存在着一系列基本客观规律。人们通过许许多多的实践，从中收集、归纳、检测各种数据，提出假设，验证假设，并经过无数次的失败和成功，从中抽象总结出一系列反映管理活动过程中客观规律的管理理论和方法。人们利用这些理论和方法来指导自己的管理实践，又以管理活动的结果来衡量管理过程中所使用的理论和方法是否正确、是否行之有效，从而使管理的科学理论和方法在实践中得到不断的验证、充实和丰富。因此说，管理是一门科学，是指它以反映管理客观规律的管理理论和方法为指导，有一整套分析问题的科学的方法论。

管理的艺术性就是强调它的实践性，没有实践则无所谓艺术。这就是说，仅凭停留在书本上的管理理论，或者背诵原理和公式来进行管理活动，是不能保证其成功的。管理人员必须在管理实践中发挥积极性、主动性和创造性，因地制宜地将管理理论与具体管理活动相结合，理论联系实际地灵活运用，才能进行有效的管理。所以，管理的艺术性就是强调管理活动除要掌握一定的管理理论和方法外，还要灵活地运用这些知识和技能的技巧与诀窍，随机应变地、创造性地去解决管理问题，并使之不断升华，以取得成功。

从管理的科学性与艺术性可知，有成效的管理艺术是以对它所依据的管理理论的理解为基础的，因此二者之间不是互相排斥，而是互相补充的。若单靠“背诵原理”来进行管理活动，必然是脱离或忽视现实情况的无效的活动；而没有掌握管理理论和基本知识的管理人员，在进行管理时必然是靠碰运气，靠主观直觉或过去的一些经验办事，很难找到对管理问题可行的、令人满意的解决办法。因此，管理既是一门科学，又是一门艺术，是科学与艺术的有机结合体。管理的这一特征，对学习管理知识和从事管理工作的人员来说是十分重要的，它可以促使管理人员既注重管理基本理论的学习，又不忽视在实践中因地制宜地灵活运用，这一点可以说是管理工作成功的一项重要保证。

管理是一门科学，即指管理是由一些科学的概念、原理、原则和方法构成的科学知识体系，是有规律可循的，这要求管理者必须认真学习管理理论，把握管理的思想、理念和管理活动的规律；同时，管理作为一门科学知识，是可以通过学习和传授而掌握的，一个优秀的管理者，必须经过系统的管理知识的学习和训练。管理人员在管理中要学会灵活运用管理知识，使组织活动达到最佳效果。

管理是一门艺术，强调实践性和艺术性。管理知识在运用时具有较大的技巧性、创造性和灵活性，很难用规律或原理把它束缚起来，它有很强的实践性。同一件事情，因时间、地点、人物不同，不能用同一种办法来解决，也就是说，仅有原理或理论知识还不能保证管理实践的成功，一个高水平的管理者，除掌握管理科学的基本知识外，还必须经过管理实践的长期锻炼，即有一个经验的积累过程。因此，管理者在管理中，既要运用管理知识，又不能完全依赖管理知识,必须发挥创造性与灵活性,根据不同情况采取不同的方法来解决问题,并实现目标。

有人认为,一个管理者的能力等于管理科学知识加管理艺术再加经验积累;还指出,一个现代管理者如果仅具备管理的经验和艺术,其成功的概率只有50%,如果仅掌握了管理的科学知识,其成功的概论也只有50%。这种观点表明,管理既是科学又是艺术。

管理的艺术性反映的是千变万化的管理现象,而管理的科学性则反映纷繁万千的现象中的规律性,并通过实践使之上升为理论、原理和方法。因此,二者不是互相排斥,而是互相补充和转化的。管理艺术可以上升为科学的管理理论,管理艺术又需要理论指导;而管理科学理论的运用也必须讲究艺术,管理是科学性和艺术性的有机统一。

二、现代企业管理的基础工作

现代企业管理的基础工作,是指企业生产经营过程中各项专业管理的基础工作,是为实现企业的经营目标和管理职能提供资料依据、共同准则、基本手段、前提条件的必不可少的工作。

(一)现代企业管理基础工作的特点和作用

现代企业管理基础工作的特点,主要表现在以下几方面:

(1)科学性。企业管理基础工作体现和反映了企业生产经营活动的客观规律,是实现科学管理的客观要求,是做好各项专业管理工作的立足点和依据。要搞好科学管理,必须有科学的基础工作与之相适应。

(2)群众性。企业管理基础工作是为各项专业管理发挥其职能作用而创造条件的一项经常性工作。它涉及面广,工作量大,与企业每个部门、每个职工都密切相关,是一项群众性工作,需要依靠全体管理人员、生产工人以及全体员工持之以恒地贯彻执行才能搞好。

(3)变动性。企业管理基础工作建立以后,必须保持相对稳定,但又必须随着生产技术组织条件的变化而相应地变化。随着管理现代化的推行,企业管理基础工作本身也需要改进和提高。所以,基础工作是动态的,不是一成不变的,不能一劳永逸。

(4)先行性。企业管理基础工作是为各项专业管理提供资料、准则、条件和手段的。所以,它必须走在各项管理职能工作之前,是一种先行性的工作。

现代企业管理的基础工作是企业管理的重要组成部分。它在企业管理系统中处于基层的部分,是企业一切生产经营活动的起点和信息反馈的转折点。加强基础工作对加强企业管理和实现企业现代化都是极为重要的。

基础工作在现代企业管理中的重要作用主要表现在:①它是实现企业管理职能的必要前提和依据;②它有利于实行科学管理,并为向现代化管理发展提供条件;③它是提高企业素质,使企业获得最佳经济效益的重要保证;④它为推行经济责任制、贯彻按劳分配原则提供计算和考核的依据。

(二)现代企业管理基础工作的内容

不同行业、不同生产特点的企业,基础工作的内容结构和表现形态都有所不同,在实际工作中必须根据本单位的实际情况来确定抓哪些基础工作。但是,在企业管理工作中,有一些共同的、基本的、带有规律性的内容,对基础工作有着共同的要求。

现代企业管理基础工作的主要内容如下。

1. 标准化工作

标准化是指人们在生产活动中,通过对科学实验成果和生产实践的研究总结,形成一定的标准,作为共同遵守的准则。

标准化工作就是对企业各种标准的制定、执行和管理工作。《中华人民共和国标准化法》已颁布实施,它标志着我国标准化工作进入法治管理的新阶段。

标准化是国家一项重要的技术经济政策。对企业来说,标准化工作是一项综合性的基础工作,搞好这项基础工作,对促进技术进步,稳定和提高质量,合理发展品种,实现专业化生产,提高生产效率,节约原材料、能源消耗等有着重大作用。企业在基础标准方面要全面采用国际通用标准,重要的产品要达到国际先进水平的标准,逐步建立起以技术标准为主体,包括工作标准、管理标准在内的企业标准化体系。

按作用范围不同,标准可分为国际标准、国家标准、部颁标准、企业标准和集团性标准;按性质不同,标准可分为技术标准、管理标准和工作标准。

(1)技术标准。它是企业标准的核心和主体,是对生产对象、生产条件、生产方法以及包装、储存、运输等所作的应该达到的尺度和必须共同遵守的规定,是一种技术上的法规。按其内容来说,主要有:

①基础标准。它是指现代企业生产技术活动中最基本的、具有最一般性和广泛指导意义的标准。例如,为保证产品、零部件互换性而制定的"公差与配合"、"标准直径"、"标准长度"等;为统一各专业的技术语言而制定的名词、术语、符号等。它是标准化工作的基础,是制定其他各类标准的前提。

②产品标准。它是为某一类(或某一种)产品的型号、尺寸、主要性能参数、质量指标、检验方法以及包装、储存、运输等方面所制定的标准。

③工艺规程。它是为制造产品或零件而规定的加工路线和加工方法。

④操作规程。它是为工人使用机器设备、工具、仪器等所规定的操作方法和注意事项。

⑤安全与环境保护标准。它是为保证生产过程中的人身安全、职工健康和环境保护等方面所作的规定。

⑥设备使用、维护、修理规程。它是指设备在使用中以及在进行维护、保养、修理时所应遵守的各项标准。

(2)管理标准。它是对生产、技术、经营管理中需要协调统一的管理事项所作的规定,对管理的规则规章、程序及其他管理事项制定标准。其主要包括生产管理、技术管理、质量管理、设备管理、财务管理、人力资源管理和营销管理等标准。这些标准为企业合理地组织指挥生产和正确地处理生产、交换、分配之间的相互关系提供依据,使各项管理工作规范化。

(3)工作标准。它是对各部门、各类人员的基本职责、工作要求、考核办法等所作的规定,是衡量工作数量和工作质量的依据与准则。工作标准一般是按部门的职能和岗位制定的,是岗位责任制、职责条件和经济责任制的深化与发展。

2. 定额工作

定额工作是指各类技术经济定额的制定、执行、修改和管理工作。定额是企业在一定生产技术组织条件下，对人力、物力、财力的消耗、占用以及利用程度方面应遵守和达到的标准。定额也是一种标准，从严格的意义上说，定额工作也是标准化工作的一项内容。由于它对合理组织企业生产经营活动具有重要的作用，所以被单列为一项基础工作。

企业的定额种类很多，归纳起来有劳动定额、物资定额、设备定额、流动资金定额、费用定额等。

3. 信息工作

企业管理中的信息是指技术经济信息，它是经过加工处理对企业管理活动有影响的数据。按来源不同，企业管理中的信息可分为内部信息和外部信息。内部信息产生于企业本身的技术经济活动，包括原始记录、资料、报表等；外部信息涉及企业外部环境，包括上级的指示、市场情况、用户信息、技术经济情报、物资供应趋势等。

信息是一种重要的经济资源。企业内外部信息是否及时、准确，对管理效率、经营决策有重要影响。准确而及时的信息是企业进行正确决策的重要依据，又是对生产经营过程进行有效控制的工作。根据信息的反馈，可以采取必要的措施纠正偏差，保证企业目标和计划的实现。信息还是沟通组织有效活动的重要手段。因此，企业一定要做好信息工作。

信息工作一般是指企业生产经营活动中所需资料、数据的收集、处理、传递、贮存等管理工作。信息在管理系统中运转，形成管理信息系统。科学的信息系统，是由原始记录、统计资料、科技经济情报和科技经济档案等构成的。

4. 计量工作

计量是用计量器具的标准量值去测量各种计量对象的量值。计量工作包括计量检定、测试、化验和分析等工作。它主要是用科学的方法和手段，掌握和管理生产经营活动中量与质的数值。没有计量，就不可能有可靠的原始记录和统计资料，不可能准确鉴别产品质量，也难以进行严格的物资管理、成本管理和经济核算。因此，企业必须对从原材料、燃料等物资进厂，一直到产品出厂的整个生产过程的各个环节全面做好计量工作。

5. 以责任制为核心的规章制度

企业的规章制度是用文字的形式，对各项管理工作和劳动操作的要求所作的规定。它是企业全体职工的行为规范，是职工进行生产技术经济活动以及正确处理人们在企业中的相互关系的准则。它是保证企业生产经营活动正常进行、促进企业生产发展、维护社会主义生产关系的重要手段。

企业的规章制度很多，不同规模、不同特点的企业，规章制度不尽相同。其大体可以分为三类：基本制度（如企业的领导制度）、工作制度、责任制度等。

规章制度以责任制为核心，而在责任制中又以岗位责任制为主。因为在现代企业中，有成百上千甚至几万名职工，只有把这些职工合理地安排在每一个岗位上，把他们的积极性发挥出来，把工作协调起来，才能使生产经营活动顺利进行。

6. 基础教育

基础教育是指对在职的领导人员、工程技术人员、管理人员和工人进行的本职、本岗位必需的思想文化教育和业务技术培训。通过专业培训和岗位培训,各岗位人员应懂得本职工作的重要性,掌握从事本职工作所必须具备的业务知识和技能。通过培训,可提高职工素质,培养一支既有道德、守纪律,又懂技术业务和熟悉现代管理知识的职工队伍。

第二节　现代企业制度

党的十四届三中全会通过的《中共中央关于建立社会主义市场经济体制若干问题的决定》指出:以公有制为主体的现代企业制度是社会主义市场经济的基础,建立现代企业制度,是发展社会化大生产和市场经济的必然要求,是我国国有企业改革的方向。现代企业制度的提出,标志着我国国有企业改革由以放权让利为主要内容的改革,转变为以理顺产权关系为重要内容的制度的建立。因此,建立现代企业制度,在我国社会主义市场经济建立过程中,对转换经营机制有着重要的促进作用,特别是为国有大中型企业的改革指明了方向。

一、现代企业制度的概念与特征

(一)现代企业制度的概念

现代企业制度是指在市场经济条件下,以规范和完善的法人制度为主体,以有限责任制度为核心,以股份有限公司为重点的产权清晰、权责明确、政企分开、管理科学的现代公司制度。它是为适应我国企业制度创新的需要而提出来的特定概念,是企业制度的现代形式。

现代企业制度包括以下几层含义:第一,现代企业制度是企业制度的现代形式。企业制度在不断发展变化,现代企业制度是从原始企业制度发展而来的,是市场经济及社会化大生产发展到一定阶段的产物。第二,现代企业制度是由若干具体制度相互联系而构成的系统,是一种制度体系,它是由现代企业法人制度、现代企业产权制度、现代企业组织领导制度、现代企业管理制度等有机结合的统一体。第三,现代企业法人制度是现代企业制度的基础,是企业产权的人格化。企业作为法人,有其独立的民事权利能力和民事行为能力,是独立享受民事权利和承担民事义务的主体。规范和完善的法人企业享有充分的经营自主权,并以其全部财产对其债务承担责任,而终极所有者对企业债务责任的承担仅以其出资额为限。因而,在此基础上产生了有限责任制度。我们强调建立现代企业制度,转换国有企业经营机制,实质内容之一就是在我国确立规范、完善的现代企业法人制度,使国有企业成为自主经营、自负盈亏、自我约束、自我发展的市场竞争主体,使作为终极所有者的国家承担有限责任。第四,现代企业产权制度是现代企业制度的核心。构成产权的要素有所有权、占有权、处置权和收益权等,现代企业制度是以终极所有权和法人财产权的分离为前提的。现代企业产权制度就是企业法人财产权制度。在此制度下,终极所有权的实现形式主要是参与企业的重大决策,获得收益;法人企业则享有其财产的占有权、处置权等。这也是建立现代企业制度去改造我国国有企业的核心所在。因为只有建立现代企业产权制度,才能使国家公共权力与法人企业民事权利分离开来,才能使国家所有权与法人企业财产分离开来,做到真正的政企分开。第五,现代企业制度以公司制为主要组织形式。当然,公司制是一种现代的企业组织形式,是现代企业制度的一项组成内容,而不是唯一的内容。我国建立现代企业制度主要是针对国有企业改革的问题而提出来的。对于国有企业改革而言,主要是应该建立现代公司制度。现代公司制度主要是指股份有限公司和有限责任公司,但不是说建立了公司制就是建成了现代企业制度,因为它还有其他丰富的内容,股份有限公司和有限责任公司只是现代企业制度公司制的典型代表,不能否定其他有效的形式。

(二)现代企业制度的特征

现代企业制度的基本特征概括起来就是产权明晰、权责明确、政企分开、管理科学。

1. 产权明晰

产权明晰是指产权概念清晰,产权边界清晰。首先,要明确企业资产出资者的权利和责任,明确企业与其所有者之间的基本财产关系,理顺企业的产权关系。企业中的国有资产属全民所有,也即国家所有,由代表国有资产所有者的政府所授权的有关机构作为投资主体,对经营性国有资产进行配置和运用,作为企业中国有资产的出资人,依法享有出资者权益,并以出资额为限对企业承担有限责任。其次,要建立所有权与经营权科学分离的体制,建立经营权对所有权负责的体制,建立所有权对经营权监督、约束的体制。

2. 权责明确

权责明确是指出资者与企业法人之间的权益、责任关系明确,并用法律和经营制度来保障。一方面,要求企业法人依法自主经营、自负盈亏,以独立的法人财产对其经营活动负责,以其全部资产对企业的债务承担责任。同时,企业法人行使法人财产权,要受到出资者所有权的约束和限制,必须依法维护出资者的权益,对所有者承担资产保值增值的责任。另一方面,应保证出资者按照投入企业的资本额享有所有者的权益,即出资者的所有权表现为以所有者的身份享有资产收益权。同时,还应明确企业内部所有者、经营者以及生产者的义务和责任,使这些利益主体之间关系分明,利益分配合理,既相互制衡,又协同一致。

3. 政企分开

政企分开是指政府、企业职责分开,职能到位。政府、企业职责分开是指政府的社会经济管理职能应与其国有资产所有者的职能分开,将国有资产的管理职能和运营职能分开,建立国有资产的运营与管理体系。企业作为市场活动的主体,要按照价值规律、市场经济规律的要求,自主组织生产和经营。职能到位则是指要改变政府办企业、企业办社会的管理方式,把企业目前承担的社会职能分离出来,改由政府和社会组织来承担;政府对国家经济具有宏观管理职能,但不能对企业生产经营活动进行直接干预,而只能通过经济手段、法律手段,发挥中介组织的作用,对企业的生产经营活动进行调节、引导、服务和监督;政府与企业之间不存在上下级关系,企业不存在行政级别,企业管理人员也不享受公务员待遇。

4. 管理科学

管理科学是指在科学的管理思想和管理理念指导下,建立科学、完善的组织机构,并通过规范组织制度,使企业权力机构、决策机构、执行机构和监督机构之间职责明确,并形成相互制约的关系。从社会化大生产的要求来看,社会内部应具有科学的职能管理和岗位管理制度。职能管理的内容很多,涉及生产力方面的主要有计划管理、生产管理、质量管理、设备管理、物流管理等;涉及生产关系方面的主要有劳动人事制度、现代企业财会制度、企业领导制度等。岗位管理制度是为保证各个工作岗位有条不紊地进行工作,有利于提高劳动生产率的各种规章制度。科学的企业内部管理制度能使出资者、经营者和生产者的积极性都得以调动,行为都受到约束,利益都得到保障,做到出资者放心、经营者精心、生产者用心,使企业协调地、和谐地不断向前发展。

二、现代企业的公司治理结构

(一)公司治理结构的内涵

现代企业所有权与经营权分离的特点,要求在所有者与经营者之间形成一套相互制衡的机制,依靠这套机制对企业进行管理和控制。这套机制被称为公司治理结构,又被称为法人治理结构,也就是企业领导制度。它是指企业工作机构的设置和企业最高权力的划分、归属、制衡和运行制度,也就是说,企业有哪些最高权力,每一种权力由谁掌管,向谁负责,如何行使以及各种权力之间的相互关系。

具体来说,公司治理结构是有关所有者、董事会和高级经理人员(执行者)以及其他利益相关者之间权力分配和制衡关系的一种制度安排,表现为明确界定股东大会、董事会、监事会和经理人员职责与功能的一种企业组织结构。公司治理结构其实是企业所有权安排的具体化,是有关公司控制权和剩余索取权分配的一整套法律、制度性安排,这些安排决定了公司的目标、行为,决定了在公司的利益相关者中在什么状态下由谁来实施控制、如何控制、风险和收益如何分配等有关公司生存和发展的一系列重大问题。所以说,公司治理结构是现代公司运行和管理的基础,在很大程度上决定了企业的效率。良好的公司治理结构可以激励董事会和经理层通过更有效地利用资源去实现那些符合公司和股东利益的奋斗目标。

公司治理结构的要求标准是:首先要给经营者足够的控制权,使其自由经营管理公司,发挥其职业企业家才能;其次要完善激励与约束机制,保证经营者能从股东利益出发,而不是从个人利益出发来行使权力;再次要保证股东自由买卖股票,使股东充分独立于职业企业家,给投资者以流动性的权力,充分发挥开放公司的关键性优势。当然,这些标准在实际中很难完全实现,因为它们常常是相互冲突和矛盾的。而公司治理结构就是要在各利益相关者的权益和利益的矛盾中寻求动态平衡。

(二)公司治理结构的内容

1. 公司治理结构的组织形式

公司治理结构坚持决策权、执行权、监督权三权分立的原则,由此形成了股东大会、董事会、监事会和经理层的“三会一层”的组织结构,如图 1-1 所示。

2. 各机构的职责及其相互关系

1)股东大会

股东大会是公司的最高权力机构。国家授权投资的机构和国家授权的部门以及其他出资者,选派代表参加股东大会并依法行使权力。股东大会的职权有:

(1)人事权。股东大会选举和更换公司的董事与监事,并且决定他们的报酬。

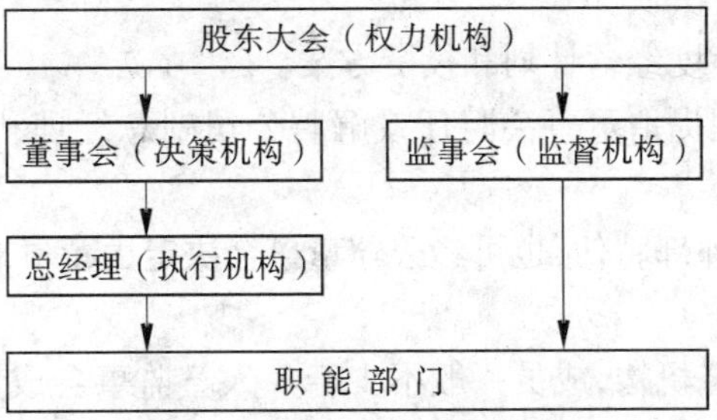

图 1-1　公司治理结构的组织形式

(2)重大事项决策权。如批准和修改公司章程,批准公司的财务预算、决策方案,决定公司的投资计划等。

(3)收益分配权。股东大会批准公司的利润分配方案和亏损弥补方案。

(4)股东财产处置权。如公司增加或减少注册资本,公司的合并、分立、解散或破产清算等涉及股东财产的重大变动,需由股东大会作出决议。

股东大会从资产关系上对公司的董事会形成必要的制约。

2)董事会

董事会是公司的经营决策机构。董事会对外代表公司,由公司董事组成。按照《中华人民共和国公司法》规定,有限责任公司的董事会由 3 ~ 13 人组成,其中,国有独资公司的董事会由 3 ~ 9 人组成。股份有限公司的董事会由 5 ~ 19 人组成。董事人选通常由股东推荐,经股东大会选举产生。《中华人民共和国公司法》还特别规定,国有独资公司、两个以上的国有企业或者其他两个以上投资主体设立的有限责任公司,其董事会成员中应当有公司职工代表,职工代表由公司职工民主选举产生。董事会设董事长 1 人,副董事长若干人。不同类型的公司,董事长、副董事长的产生办法由公司章程决定;股份有限公司的董事长、副董事长由全体董事的过半数选举产生。

董事会对股东大会负责,执行股东大会的决议。董事会的主要职权有:

(1)对公司的经营作出决策,如经营计划、投资方案等。

(2)决定公司内部管理机构的设置和基本管理制度。

(3)制订公司财务预算、决策方案,利润分配和亏损弥补方案,公司增减资本和发行公司债券方案等。

(4)人事权。负责任免公司总经理、副总经理、财务负责人,并决定其报酬。

董事会实行集体决策,一般采取每人一票和简单多数通过的原则。每个出席董事会成员应当在会议记录上签名并对董事会的决议承担责任。董事会决议违反法律、法规或公司章程,致使公司遭受严重损失的,参与决策的董事对公司负赔偿责任。但在表决时曾表明异议并有记录在案的,可免除责任。

3)总经理

总经理依照公司章程和董事会授权,统一负责公司的日常生产经营和管理工作。总经理由董事会聘任或解聘,对董事会负责。总经理的职责有:

(1)组织实施董事会决议。

(2)组织实施公司年度经营计划和投资方案。

(3)人事权。总经理提请董事会聘任或解聘公司副总经理和财务负责人,直接聘任或解聘其他管理人员。

公司总经理可以从外部聘任,也可经公司董事会决定由董事成员兼任。

4)监事会

监事会是公司的监督机构,成员一般不少于3人。监事会成员可由股东代表和一定比例的职工代表组成,职工代表由工会或职工民主选举产生。监事会的主要职责有:

(1)对公司董事、经理执行公司职务时违反法律、法规或公司章程的行为进行监督,防止他们滥用职权。发现其行为有损公司利益时,有权要求予以纠正,必要时可向股东大会报告,提议召开临时股东大会,采取解决办法。

(2)检查公司的财务。为保证监督的独立性,公司的董事、经理及财务负责人一律不得兼任监事。

综上所述,公司治理结构的各部分间的相互关系是很密切的,它作为联结并规范所有者(股东)、支配者(董事)、监督者(监事)、经营管理者(经理)等相互权力和利益关系的制度安排,是为了处理好股东大会、董事会、监事会和经理层之间的关系,在股东大会、董事会、监事会和经理层之间应建立相互制衡的有效运行机制。股东大会对董事会是一种委托代理关系,董事会对总经理是一种授权经营关系,而监事会有各自不同的职权。有效的治理结构可以保证企业权能在四者之间合理分配,形成权责分明、相互制衡、运行合理、管理科学的公司治理结构。

(三)公司治理结构的原则

在世界经济全球化迅速发展的情况下,国际企业的联合、重组、投资的范围和规模越来越大。为此,1999年5月由西方发达国家组成的经济合作与发展组织(OECD)通过了OECD公司治理原则:

(1)治理结构框架应保护股东权利。

(2)治理结构框架应确保所有股东,包括小股东和非国有股东受到平等对待。如果他们的权利受到损害,他们应有机会得到有效补偿。

(3)治理结构框架应确认利益相关者的合法权利,并且鼓励公司和利害相关者在创造效益和工作机会以及为保持企业良好财务状况方面积极地进行合作。

(4)治理结构框架应保证及时准确地披露与公司有关的任何重大问题,包括财务状况、所有权状况和公司治理状况的信息。

(5)治理结构框架应确保董事会对公司的战略性指导和对管理人员的有效监督,并确保董事会对公司的股东负责。

这些基本原则总结了状况良好的公司治理所必备的共同要素。

三、积极建立和不断完善现代企业制度

建立产权清晰、权责明确、政企分开、管理科学的现代企业制度是党的十四届三中全会提出来的目标。经过多年积极探索和实践,目前在大中型国有企业建立现代企业制度

已取得了重大进展，但还要不断完善、深化改革力度，不断更新观念、解放思想、勇于创造，使现代企业制度更加完善。

（一）更新旧观念，树立新观念

建立和完善现代企业制度是我国企业改革的方向。因此，在思想上要更新旧观念，树立新观念，勇于创新。

（1）用生产力标准作为衡量各项改革措施的标准。现代企业制度的建立，使我国国有企业从原来的体制中解脱出来，转变成适应市场经济需要，能够在市场竞争中求生存、求发展的独立市场主体。在这个转变过程中，要求人们不能简单地或单一地用生产关系作为判断标准，而是大胆探索，突破影响生产力发展的体制性障碍，建立和完善现代企业制度。

（2）树立"吸收世界文明，共享人类精神财富"的观念。现代企业制度是市场经济和社会化大生产发展的结果，是人们在经济实践活动中总结出来的成果，具有科学性。在我们建立和完善社会主义市场经济体制、发展市场经济的过程中，可以借鉴、吸收，为我所用。

（二）总结经验，进一步深化国有企业改革

（1）按照有关规定，建立健全责权统一、运转协调、有效制衡的公司法人治理结构，对大中型国有企业进行规范的公司制改革。对少数国家垄断经营的企业可改制为国有独资公司，而对其他大中型国有企业可通过规范上市、中外合资、相互参股等形式，逐步改制为多元持股的有限责任公司或股份有限公司。

（2）建立分工明确的国有资产管理、经营和监督体制，使国有资产出资人尽快到位，授权有条件的国有企业或国有资产经营公司行使出资人职能，强化对国有资产经营主体的外部监督。

（3）深化企业内部改革，强化科学管理，建立健全行之有效的激励机制和约束机制。

（三）建立和完善现代企业制度必须积极推进配套改革

这包括进行宏观经济管理、市场体系、社会保障体系等方面的综合性的配套改革。

（1）政企职责分开。促进政府职能转变，是建立现代企业制度的关键。政府要从直接干预企业经营活动，转向运用经济手段、法律手段和必要的行政手段管理国民经济，制定经济和社会发展目标，引导企业实施产业政策。

（2）大力培育市场，建立完备的市场体系。它包括理顺价格关系，以法律、法规的形式规范各类市场的经营交易规则和程序，建立相应的市场管理、协调及监督组织，建立与完善产权交易市场、生产资料市场和劳动力市场。

（3）建立与完善社会保障体系，为企业深化改革和劳动力自主流动创造条件。比较完善的社会保障制度是实行现代企业制度的基础，因为只有建立统一的社会保障制度，才能突破各类不同产业、不同企业及不同身份职工之间的界限，保证企业或职工在同等外部条件下公平竞争。

典型案例

公司经理与财务主管之争

几年前,李娟与王锐同时应聘到现在就职的公司,经过几年的努力,两人都在各自的岗位上取得了一定的成绩。李娟当上公司经理,王锐成为财务主管。一天,李娟和王锐之间因工作产生矛盾,发生了分歧。

李娟:公司要求你在上周提供财务报表,你一直拖到今天才完成,这可不是你的工作作风!

王锐:李经理,现在的情况你又不是不清楚,公司要求减员增效,我这里已经走了两个人,人员减少但工作量却不断增加。科里的小王和小李又是刚毕业的学生,没有一点工作经验。为给公司提供这些数据,我不得不放下别的事情,在工作的时候连耳朵都在忙着。你不会找到一个比我还努力工作的人了,我已竭尽全力,每天晚上加班到 12 点才上床睡觉。

李娟:这张报表已在两个星期前就通知了你,你当时不是说没有什么问题吗?为什么不能按时交来?

王锐:当时认为没有问题,但是上星期连续开了两天会,我把任务交给小王和小李,结果他们做出的报表根本不能用,我又重新做(王锐重复各种解释)。

李娟:我不是批评你工作不努力。作为财务主管,你的工作职责是什么?

(源自《经典的工业贸易思想》,作者:冯志强)

【案例分析】

(1)如何理解企业管理的性质和职能?管理的具体职能包括哪些内容?

(2)为什么要加强企业管理的基础工作?

(3)现代企业拥有哪些资源?你对各项资源的内涵有何看法?

(4)企业文化的基本内容和特点有哪些?

思考题

(1)为什么说观念决定命运?

(2)现代管理的性质是什么?

(3)现代管理有哪些职能?

(4)为什么管理要做到标准?

(5)现代企业有哪几个主要特征?

实训题

重新设计奥特肯公司的每一件事

在 20 世纪 70 年代,助听器技术和市场都很稳定。奥特肯公司是助听器市场的全球领导者，是世界上最大的供应商。但是当助听器技术和市场向小型化转变时，奥特肯公司错过了机会。在20世纪80年代中期，该公司失去了市场领先地位并几近破产。一位新首席执行官走马上任，采取降低成本、重组机构等办法来“止血”，但仍不能使公司回到技术和营销的正确轨道上来，公司为确保“不再错过又一次市场变革”的机会，1990年聘请托本·彼得森接替了他。

为使公司以最先进、最好的助听器技术重新回到全球市场的第一位，彼得森重新设计了每一件事，保证他的“知识型组织”的每一部分能保持与快速变革中的全球环境同步：为改善组织运营的协同功能，他摒除了原职能组织结构，创设了若干多功能小组，负责从开发新产品到向客户销货的一切事务；为改善执行官之间的交流阻碍，他把公司搬入一座没有办公室的具有新的“开放概念”的建筑物中，连他自己也不例外，并利用“随时的、如水冷却器般频繁的会议”来激发新思想的创造性火花；为减少过多、过滥的文件，他扔掉了档案柜和书柜，创造了相互作用并能够广布于全公司的数据库，以保持处理那些未分类、未加工的信息的能力；为保持雇员的热情，从而发掘出他们的潜能，并留下那些有价值但技能已经过时的人，他给每个人分配了两份工作——80%的时间用于一项职责，20%的时间用在完全不同的另一项职责——并且坚持经常实行工作岗位变换。

经过努力，奥特肯公司以其在30个国家拥有17 000名员工和2亿美元收入的业绩，又一次在技术、顾客满意度和市场份额（大约15%）上处于世界领先地位。

（源自《中小企业集团战略管理》，作者：冯志强）

【教学功能】

（1）了解现代企业管理的概念、性质、职能。

（2）理解现代企业管理的特点、内容。

【思考与讨论】

（1）通过阅读“重新设计奥特肯公司的每一件事”，你受到了哪些启发？

（2）彼得森为奥特肯公司带来了什么？他的主要思想和手段是什么？

【答题提示】

（1）依据现代企业管理的特点和内容分析。

（2）依据现代企业管理的功能、作用及现代企业制度分析。

第二章

现代企业组织与文化

学习目标

□正确理解现代企业组织的含义,明确不同企业组织类型的划分;
□掌握并正确认识现代企业组织结构和基本模式;
□掌握现代企业文化的基本特点和内容;
□了解现代企业文化建设和现代企业形象。

睿智名言

我们对生命的体验和领悟,是自我的觉醒,即识破幻象,看清真实,认同我们的灵魂才是我们的真实身份,是知晓真正的使命是什么。活在觉察之中,感受和表达爱与责任,体验更多的喜悦,拥有富有意义、和谐而丰富的生活。成功与名誉、权力与财富、安全与满足的背后,我们真正渴望的是真我,活出我们灵魂的特质——自由、真理、爱、感恩和喜悦。

创新的方式有两种:革新现有的产品或经营方式。提升活动永无止境,追求最佳的企业文化没有终点。创新是最可靠、最有效的竞争手段。

案例导入

宋晓晓的文字处理部门

宋晓晓在英大图书音像出版公司工作,她是组建中的公司文字处理部门的经理。宋晓晓正在着手组建这个部门,而工作程序的第一步是把有关工作分门别类,形成一个个职务,以待分配任命。她仔细分析了文字处理工作中的各个环节,由此得出了自己的分析结果。这些工作环节包括:①取得文字原件或者口述录音磁带;②打开电脑;③备好一张空白的磁盘;④把磁盘格式化;⑤用键盘写入文件;⑥在电脑显示屏上检查文件的每一页;⑦在磁盘上设置一个目录;⑧打印文件;⑨在电脑显示屏上校对修改文字上的错误;⑩打印修改好了的文件;⑪把磁盘存入档案;⑫把打印好了的文件放在待人来取的文件筐里。

在宋晓晓看来，这些工作是一般文字处理工作的细节，不像生产工序那样可以分开，因而不值得去分成一个个单独的岗位。于是，她根据本部门要处理的文件种类，来考虑划分工作岗位的可能性。文件种类包括：A. 个人文件；B. 正式信函；C. 技术性报告；D. 项目情况的报告；E. 为各类报告做的梗概；F. 各类数据图表。

宋晓晓认为，给这些文件做准备，才算得上专业化的工作，可以分别形成不同的岗位。因此，她在组建自己的部门时，安排了六个岗位。由于有些职位的工作量大，需要更多的人手，她就多雇用人来做。比如说，打印正式信函、画数据图表等。而打印个人文件或给报告做梗概，就不需要太多的人。

她以这种方式组建了文字处理部门。六个月过去了，她听到有些职员在抱怨，那些打印正式信函、画数据图表的人认为自己的工作老是在重复，不仅如此，而且这些职员的工作成绩也没有达到所设定的标准。

（源自《中小企业集团战略管理》，作者：冯志强）

【思考分析】

(1)你认为宋晓晓在设计工作岗位中存在什么问题?

(2)如果宋晓晓想提高自己部门的工作效率，她应该怎样重新设计那些工作岗位?

第一节　现代企业组织结构

一、建立企业组织结构的原则

企业组织结构是支撑企业生产经营活动的“骨骼”系统。没有健全的组织结构，企业的一切活动就无法正常、有效地进行。建立企业组织结构的原则主要有以下几方面。

(一)有效性原则

有效性原则要求企业的组织结构形式富有成效，有助于而不是有碍于企业目标的实现。企业目标是全体职工在一定时期内共同活动所要求达到的最终目的。一切组织结构形式，组织机构的调整、增设、取消、合并都必须以是否对实现企业目标有利为衡量标准。

有效性原则还要求企业的管理组织是有效率的。为此，各机构必须具有明确的职责范围，具有良好的信息沟通渠道，才有利于职工积极性与主动性的发挥。

(二)统一指挥原则

统一指挥原则是处理上下级之间关系的一条重要原则。上下级之间的上报下达，都要按层次，不得越级指挥。在指挥和命令上，严格地实行“一元化”的层次联系，即下级机构只接受一个上级机构的命令和指挥并对它负责，谁命令、谁执行都很清楚，执行者要负执行之责，指挥者要负指挥之责。这样就可避免多头领导造成下级无所适从的现象。

(三)管理幅度原则

管理幅度是指一个主管能够直接有效地指挥下属的人数。首先，由于一个人的知识、能力、精力和时间的限制，决定了他所管辖的人数要有一定的限制。下属人数太多，超过了管理者有效接受的限度，管理者不能及时对问题作出处理，就会贻误工作。其次，管理幅度与管理层次成反比关系，在其他条件不变的情况下，管理幅度增大，则管理层次减少；

反之,则管理层次增加。再次,管理幅度与信息沟通有关,管理幅度过小,增加了管理层次,使信息传递速度减慢,会影响处理问题的及时性。同时,信息层层传递,还会造成信息失真而影响处理问题的正确性。在确定管理幅度时,除管理层次外,还要考虑处理问题的难易程度、协调工作量、管理人员的才能和领导者是否愿意授权等因素。大量统计资料表明,管理幅度一般按"下八律"行事,即一个人只能指挥8个以内的人。

(四)管理层次原则

管理层次取决于组织的规模、管理工作量及管理幅度。组织大、人数多、管理工作量大,在相同的管理幅度下,管理层次必然增多;反之,则管理层次减少。从管理的质量和效率来看,管理层次一般以3~4层为宜。

(五)专业化原则

为了提高工作的效能,必须把同类业务归在一起。这种专业化可按职能、地区、产品、客户等划分。划分后建立的各个部门要明确部门的专职人员及其权限。

(六)权责对等原则

权力是在规定的职位上行使的权力。领导者率领隶属人员去完成某项工作,必须拥有包括指挥、命令等在内的各种权力。责任是在接受职位、职务后必须履行的义务。在任何工作中,权与责必须大致对等。在实际工作中,如果有责而无权,责是无法完成的;如果有权而无责,则有瞎指挥、滥施其权、造成恶果的危险。

(七)才职相称原则

管理人员的才智、能力与担任的职务要相适应。在设置了各种职位、职务之后,就要安排相应的人员担任工作,或通过培训,使其胜任工作。每种职位、职务都有其所要求的能力水平。设置的机构应尽可能使才职相称,人尽其才,才得其用,用得其所。

(八)授权原则

一个好的企业领导,不能什么事都去干,只能抓住要做的多项事中的前3项较重要的事去做,把第4~6项授权给部下去做。这样既培养锻炼了干部,又便于给领导更多时间抓大事,免于陷入事务泥潭而不能自拔。对反复出现的程序性问题,一律交给部下按规定处理,领导只抓比较重大的、不定型的、非程序性的事。

(九)稳定性与灵活性相结合原则

按照组织目标设计的组织结构,在一定时期内要保持相对的稳定性。因为组织目标的实现需要各个部门分工协作,共同完成,而组织结构则是完成任务的基本保证。但是组织面临的环境是多变的,因而设计的组织结构又需要保持一定的柔性,即组织中每个部门、每个人员都可以根据组织内外环境的变化而进行灵活调整和变动,通过灵活性设计,减少组织变革对组织结构的冲击和震荡。

在组织设计中,只有坚持上述原则,灵活运用,才能使设计的组织机构较好地完成组织目标,保证组织结构高效运行,避免形式主义和官僚主义作风的滋长与蔓延。

二、企业组织结构形式

根据企业的内部条件和外部环境,按照科学的组织结构原则,选择合理的组织结构形式,有助于正确解决企业纵向上下级层的划分和职权分配、横向平行级层职能部门责权划分及相互协调关系，从而充分发挥管理功能，为完成企业的目标提供组织保证。从目前国内外的实际情况来看，主要有以下几种结构形式。

（一）直线—职能结构

这种组织结构是当前国内各类组织中最常采用的一种结构。以企业为例，其结构如图 2-1 所示。

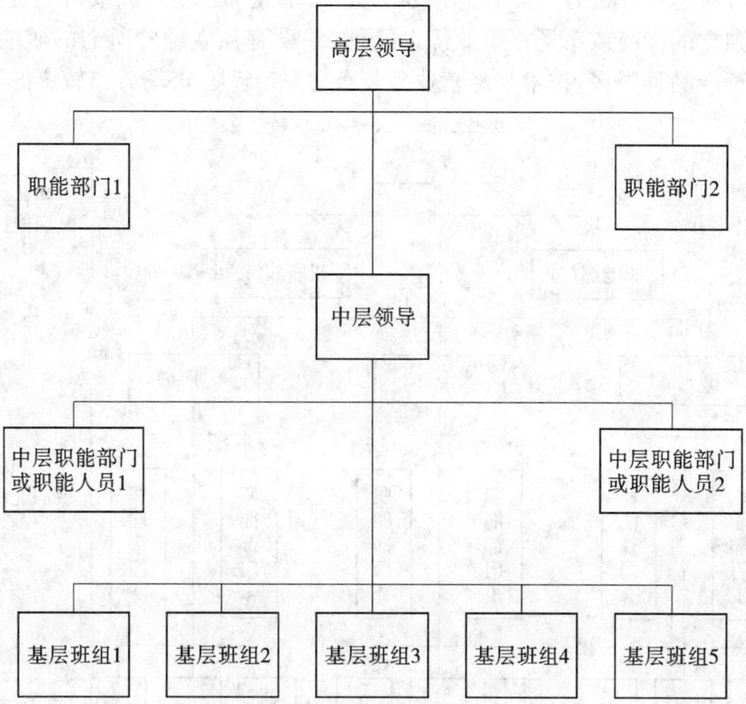

图 2-1　直线—职能结构

由图 2-1 可以看出，这种组织结构是按照一定的职能进行专业分工，各级都建立职能机构担负计划、生产、人事、销售、财务等方面的管理工作，各级领导都有相应的职能机构作为助手，从而发挥了职能机构的专业管理作用。整个组织系统中管理人员分为两类：一类是直线指挥人员，可以对下级发号施令；另一类是职能管理人员，是直接指挥人员的参谋，只能对下级机构进行业务指导。这种划分保证了统一的生产指挥和管理，避免了多头领导和无人负责现象。优点是：集中领导，便于调配人、财、物；职责清楚，有利于提高办事效率；整个企业的稳定性较高，在外部环境变化不大的情况下，易于发挥组织的集团效率。缺点是：下级部门的主动性和积极性发挥受到限制；部门之间互通情报少，不能集思广益地作出决策；各职能部门和直接指挥部门之间目标不一致时，容易产生矛盾，领导的协调工作量很大；信息传递路线较长，系统适应性差，在复杂情况下不能作出迅速灵活的反应；权力集中在最高领导，是一种典型的集权式管理组织机构。

（二）事业部结构

这是西方国家的大公司所采用的典型组织结构。所谓事业部结构，就是一个企业内对于具有独立的产品和市场，独立的责任和利益的部门实行分权管理的一种组织形式，如图 2-2 所示。它是按照“集中政策，分散经营”的管理原则建立的。在这种形式下，总公司最高层负责制定经营方针，并拥有事业发展决策权、资金分配决策权、人事安排权等主要权力。事业部既是分权化单位，它根据总公司规定的方针、目标和制度，独立从事产品开发、物料采购、产品生产和销售等全部经营活动；事业部又是利润责任中心，实行独立核算、自负盈亏，对总经理负有完成利润计划的责任；事业部也是产品或市场责任单位，负责开拓并拥有独立的产品或市场。事业部设经理，并设有独立经营所需的职能部门。事业部结构适用于产品种类多、技术与经营业务复杂、规模庞大、市场分布较广的企业。

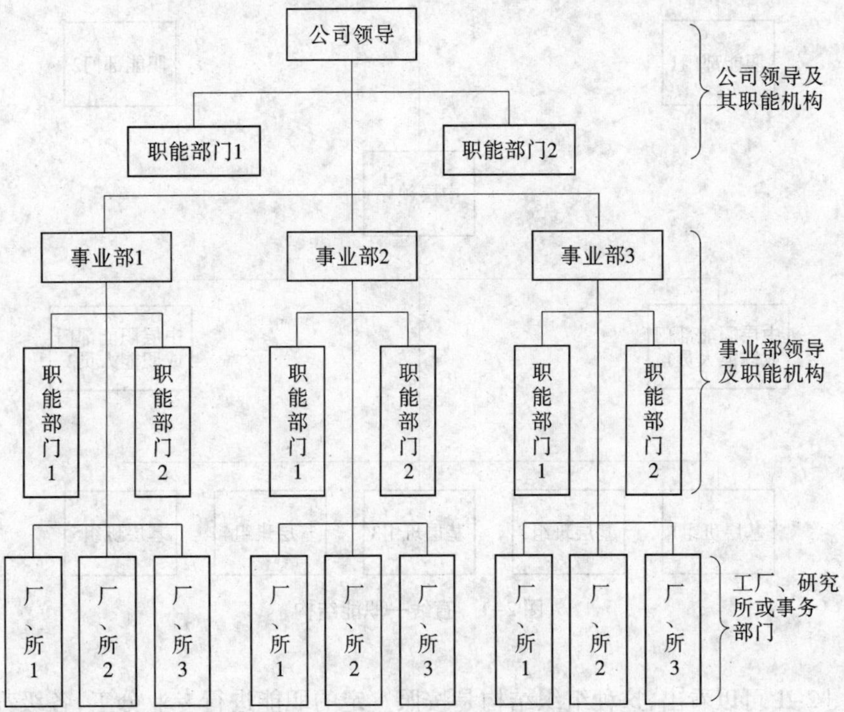

图 2-2 事业部结构

(三)模拟分权结构

模拟分权结构是介于直线—职能结构和事业部结构之间的一种结构形式。所谓模拟，是指在企业中并不是真正实行如同事业部式的分权化管理，而是模拟其独立经营、单独核算的功能，以改善经营管理。

这种组织结构，主要适用于冶金、石化等生产过程连续性强的大型联合企业。它按生产阶段或地区，把企业分成若干个生产经营的“组织单位”，这些“组织单位”被视为相应独立的“事业部门”，允许其建立职能机构，对其赋予尽可能大的生产经营自主权，但其不直接同市场发生联系。各“组织单位”之间按内部核算价格进行产品和劳务交换，计算利润，进行模拟性的独立核算，负有模拟性盈亏责任，以发挥其生产经营的积极性和主动性，提高经营效益。

(四)矩阵结构

矩阵结构是第二次世界大战后在美国首先出现的。它是为了适应在一个组织内同时有几个项目需要完成,每个项目又需要具有不同专长的人在一起工作才能完成这一特殊要求而设计的。矩阵结构如图 2-3 所示。

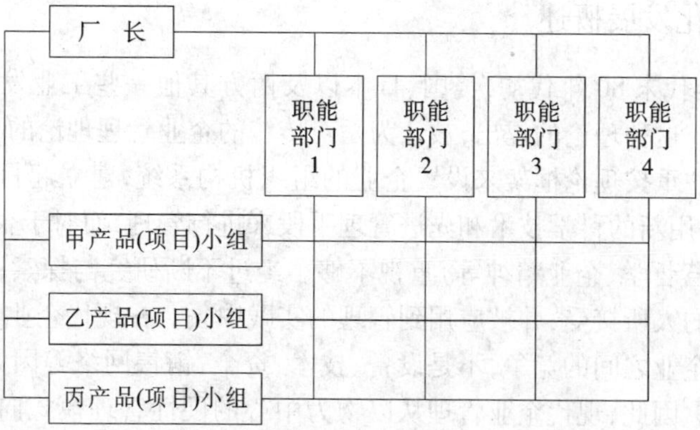

图 2-3 矩阵结构

由图 2-3 可以看出,一个企业可能有几个项目,每一个项目都有一个人在厂长的直接领导下专门负责。根据项目的特殊需要,从各个职能部门抽调若干人组成各个项目小组,项目完成后,小组即行撤销,有关成员仍回原单位。这种组织机构的优点是:有利于加强各职能部门间的横向联系,利用各种专业人员的知识和技能,加速完成某一特定项目;能适应科技的进步和市场竞争所需的智力结构,将有关专业人员聚集在一起,集思广益,密切联系,解决复杂的工程技术问题。缺点是:由于双重领导,项目部门和职能部门之间的关系较难处理,也不易分清责任;小组成员易产生临时观点。这种组织结构适用于工程项目和新技术、新产品开发等方面。

(五)虚拟企业

虚拟企业是当代信息技术发展的产物,这一新的企业组织形式是 20 世纪 90 年代由美国管理学家结合企业间战略联盟提出来的,它是指由若干成员企业为共同获得某一市场优势,通过计算机网络对不同企业自由进行横向或纵向的整合而形成的网络型组织结构。这种组织结构不仅可以使虚拟企业具有活力,而且使企业通过优势资源的整合具有更强的市场能力,从而实现快速集中资源,生产销售产品,获得最大盈利的目的。

虚拟企业具有以下一些特征:①它是一个动态联盟,它的形成和存在在时间上有不确定性;②它的组织结构呈扁平化;③它实行并行的工作方式;④它推动建立一种共赢的竞争与环境;⑤它的企业组织边界模糊。

常见的虚拟企业组织形式有星形模式(有盟主的组织模式)、平行模式(民主联盟模式)和联邦模式(平行基础上设置协调控制委员会模式)等。

虚拟企业管理是一种以信息流为核心的综合性的智能化管理。虚拟企业中的人流、物流、资金流统一以信息流的形式进行表述和处理,以项目为纽带通过信息网络系统对虚拟企业的研发、设计、采购、销售和人力资源、财务、后勤等进行智能管理,为用户及时提供高效、质量好、成本低的产品和服务。

第二节 现代企业文化

一、企业文化发展概述

20世纪70年代末80年代初,美国、日本以及西方其他一些工业发达国家的学者提出企业文化理论。这种理论的提出,被认为是对传统的企业管理理论的重大发展,传统的企业管理理论较注重按理论框架来设置企业的组织机构系统,建立起目标、战略、计划及各种规章制度,采用新的科学技术和先进管理手段来进行管理,而对于企业中的文化因素(价值观、企业经营哲学、企业精神等)重视不够。经过不断研究与探索,企业文化的管理思想被越来越多的人所接受,并被应用到管理的实践中去。在现代企业经营中,许多人认为企业的成功和企业之间的竞争,不是设备、技术、资金、销售网络等因素起主导作用,而是人起主导作用。因此,现代企业管理从以物为中心的硬性管理模式向以人为中心的软性管理模式转变,其中渗透了企业文化思想。

二、企业文化的概念

关于企业文化的概念,国内外学者提出过许多看法。本书吸收他们的研究成果,对企业文化的概念表述如下:企业文化是在一定历史条件下,企业与职工在生产经营活动和适应企业环境变化过程中,培育形成的共同的价值观体系及其表现形式的总和。在这个概念中,共同的价值观体系是企业文化的核心,对其他文化要素具有决定性影响。共同的价值观体系包括企业经营哲学、企业价值观、企业精神、优良传统、行为规范等。它的表现形式是价值观的外在体现,包括企业文化教育活动、职工行为准则、企业规章制度等。企业文化表现于企业的外部就是企业的形象和企业的产品。

企业文化作为一种企业范围内的意识,即群体意识,是由社会存在决定的,在不同的国家、不同的历史时期有着不同的特点。但是,企业文化又不等同于社会文化。广义的社会文化包括社会中的各种文化,如政治文化、民族文化、企业文化等,狭义的社会文化是指这些主体文化所特有的文化的共同部分。企业文化与狭义的社会文化既有联系,又有区别,两者相互影响、相互调节。

企业文化也有广义和狭义之分。狭义的企业文化是指企业生产经营活动中形成的一种基本精神、管理理论、凝聚力,以及全体职工共同的价值观和行为准则。广义的企业文化除上述内容外,还包括企业职工的文化素质和行为,以及企业中有关文化建设的措施、组织、制度等。

三、企业文化的特点

企业文化是在企业长期发展过程中逐步形成和完善的。由于各个企业的历史传统和社会环境不同,行业特点、技术设备和生产经营状况不同,人员组成结构和员工素质不同,以及他们所处的社会文化背景不同,因而所形成的企业文化模式也不尽相同。企业文化的基本特征可归纳为以下几个方面。

（一）民族性

企业文化作为文化系统中的亚文化，不可避免地受到作为主文化的民族文化和社会文化的影响与制约。企业文化是企业全体员工经过长期的劳动交往而逐渐形成的被全体职工认可的文化，这些成员的心理、感情、行为都会受到民族文化的熏陶，因而在他们身上必然表现出共同的民族心理和精神气质，也即是文化的民族性，这种文化民族性，通过员工在企业文化上得到体现。因而，民族文化是企业文化的根基，企业文化的形成离不开民族文化。在世界文化体系中，每个民族都有自己独特的进化途径和文化个性，在不同的经济环境和社会环境中形成特定的民族心理、风俗习惯、宗教信仰、道德风尚、伦理意识、价值观念等，它们反映在企业文化上的总和就是企业文化的民族性。

（二）客观性

企业文化是一种文化的积淀。它是在所处的社会物质环境——文化传统、社会组织方式、社会交往方式、社会心理素质等的合力作用下，在具有一定生产工艺、运行机制及其传统、习俗、信念、意识等的企业生产经营实践中形成的。尽管不排除人的主观努力，但从总体上说，它主要是客观地、独立地形成的。成功的企业有优秀的企业文化，失败的企业有不良的企业文化，不管人们是否意识到，企业文化总是客观存在的，并不断地发挥着或大或小的作用。

（三）独特性

每个企业都有自己的历史、类型、性质、规模、人员素质等。因此，在企业经营管理的发展过程中，必然会形成具有本企业特色的价值观、经营理念、经营作风、道德规范。每个企业的企业文化都应具有鲜明的个体性和独特性。在一定条件下，这种独特性越明显，其内聚力就越强。所以，在建立企业文化过程中，一定要结合企业自身的特点形成自己的个性特征。

（四）综合性

文化是精神活动、精神行为和精神物化产品的总称。文化内容的综合性使企业文化也具有综合的特征。企业文化作为一种独特的文化，在内容上带有综合性，它渗透到企业的各个方面，可以说企业的各项内容都有可能成为企业文化的组成部分。一个员工的价值观不是企业文化的内容，而大部分员工共同的价值观就是企业文化的一部分；一种营销技术不是企业文化的内容，而企业共同的营销理念就是企业文化的一部分；企业的一项制度不是企业文化的内容，而企业所有制度的共同性就是企业文化的一部分。同时企业文化不是从某一个侧面、某一个部分影响企业的生产经营活动，而是综合了企业精神、价值观念、经营理念、道德规范和企业目标等因素形成的一个有机整体，以文化的手段调整企业员工的思想、行为，激发企业产生强大的凝聚力与向心力，对企业经济活动产生整合的功能效果。

（五）历史性

企业文化有一个形成和发展的过程。其传统性是在历史过程中形成的。企业文化一经形成，就具有较强的相对稳定的持续力，对企业在一定历史时期内的生产经营活动起着巩固、维系的作用。企业文化不易因企业人员的变更在短期内发生彻底改变。一旦在生产、经营等活动中形成了具有自身特色的企业文化，就说明该企业已经具备了自己的文化传统。每一种文化都是在承袭了前人的优秀文化成果和传统的基础上建立起来的，企业文化历经漫长的岁月磨炼，会逐渐形成自身相对稳定的传统。企业成员在日常生活与工作中也因此有所依据和遵循，企业也能够发挥自身的传统优势，用文化的力量去激励企业员工与企业同心同德，共创未来。

四、企业文化的主要内容

企业文化的内容很丰富，主要有：

(1)企业环境。它是指企业所处的外部环境和内部环境。其中包括企业的所有制性质、行业经营方向、市场机制的作用、集权与分权的程度、企业内部的文化设施等。不同的企业环境有不同的企业文化特色。

(2)企业精神。它是指在生产经营活动过程中逐渐形成的，建立在共同的信念和价值观基础上，为企业职工所认可和接受的一种群体意识，是企业职工团结奋斗的凝聚剂，代表着企业职工的精神面貌。例如，在20世纪60年代，人们一提到"大庆精神"，就会想到"三老四严"、"四个一样"的行为标准。现在许多企业都根据自身的实际情况，提出自己的企业精神，如"求实、进取、创新"精神，"团结、求实、拼搏、振兴"精神等。企业精神渗透在企业目标、经营方针、职业道德、人事关系中，反映在厂风、厂纪、厂容、厂誉上，是企业素质的综合反映。

(3)企业价值观。它是指企业中人们共同的价值观念。它是企业文化的核心，是企业对周围客观事物的意义、重要性的总评价和总的看法。如果企业全体职工对某个重大经营决策能达成共识，就将使企业每个职工的行动导向一致的标准。根据经验总结，成功的企业都十分重视培育共同的价值观念。企业价值观的内容包括：向顾客提供优质产品和服务，注重发挥职工的主动性和创造性，培养热爱国家和集体、热爱本职工作的精神，强调职工之间的相互沟通和协作。

(4)企业文化的中心是以人为主体的人本文化。人是整个企业最宝贵的资源和财富，也是企业活动的中心和主旋律，因此企业只有充分重视人的价值，充分调动人的积极性，发挥人的主观能动性，努力提高企业全体成员的社会责任感和使命感，使企业和成员成为真正的命运共同体和利益共同体，才能不断增强企业的内在活力和实现企业的既定目标。

(5)经营哲学。它是在生产经营活动过程中表现出来的观念和思想意识，具体包括企业的战略观念、竞争观念、效益观念、用人观念、开拓创新观念、风险观念和系统观念等。

(6)企业制度。它是在企业生产和管理活动中形成的、带有强制性的、既有权利又有义务的一系列规定，同时也是保证企业目标实现的有力措施和手段。它包括企业的厂规、厂法等一切规章制度和技术操作规程、工作标准等。企业制度作为职工行为举止的规范模式，能够保证广大职工思想行为的正确方向和企业发展的和谐与协调，使企业有秩序地组织起来，为实现企业目标产生最大的功效。

(7)企业形象。它是指社会公众和企业职工对企业的整体印象与评价。它是企业文化对外界公众的直接表现，体现着企业的声誉，反映社会对企业的认可程度。例如，顾客对产品质量的认可，社会公众对企业标记、产品商标、产品包装的认识等都可以反映出社会公众对企业产生的直接感受。良好的企业形象，对内可以使职工产生强烈的凝聚力，对外可以使公众理解和体会到企业的内在精神和深层文化，使职工和社会公众对企业产生信心和信赖感。

(8)文化形式与文化网络。文化形式主要指一些文化活动的方式和文化手段。企业通过一定的活动方式，使企业的价值观和行为准则渗透到每个职工的思想意识中，使之成为整个企业的准则规范。如通过对模范人物和先进事迹的表彰，发挥他们的示范作用，使每个职工都以他们为榜样，逐渐形成积极进取的风尚。

文化网络是指信息传播的非正式渠道。在人与人之间的交往中，团结、协作、友善、和谐的关系，对形成企业文化起着重要的作用。例如，在传播价值观和宣传模范人物形象时，它要比正式渠道所做的正面宣传教育工作更容易被人们接受，有些作用甚至是正式组织所不能代替的。

五、企业文化建设

社会主义市场经济的发展，会给每个企业带来发展机会，同时也带来挑战。企业文化建设既要继承和发扬企业文化中的优良传统，又要更新观念。特别是在经营哲学、价值观念、社会责任等方面要适应社会主义市场经济的要求。

企业文化建设是一个长期的动态过程，不能急于求成，也不能照搬别人的模式，必须有步骤、有目标、分阶段地进行。一般来说，它需要经过提出、培育、评价、提炼和追踪反馈五个阶段，在这五个阶段的工作中不断循环，逐步提高。

(一)提出阶段

在企业文化建设的提出阶段，应全面收集资料，通过对厂史、厂情的正式与非正式组织调查，摸清企业自创建以来已形成了什么样的传统作风和行为模式，以及有什么特点，在现有企业文化中哪些是积极向上而应该发扬的。在调查分析的基础上，根据企业的经营特点，发动广大职工参与企业文化的设计，通过各种方案的比较、融合、提炼，集企业职工的信念、意识、行为准则、共同理想、企业目标、社会责任、道德风尚为一体，提出有特色的企业文化建设目标。这个目标应既有继承性，又具有时代性，能使全体职工树立起良好的价值观念，在企业内部形成团结、和谐的氛围。

(二)培育阶段

在这个阶段，首先应将确立的企业文化建设目标具体化，层层分解，落实到党、政、工、团以及厂部、车间、科室、班级等各个管理层次，使全体员工都有统一的目标和明确的分工，通过共同努力，实现既定目标。接着，通过各种企业文化活动，大力提倡和传播企业文化，使新的观念不断深入人心。同时，采取方法把企业目标渗透到企业管理的全过程，使之形成制度、守则等，久而久之，约定俗成，被广大职工所认同和接受。

(三)评价阶段

这主要是在执行既定的企业文化建设目标的过程中，检查目标的贯彻执行情况，分析并评价取得的成效，找出不适合本企业特点的方面。例如，企业文化建设目标提出以后，是否激发了职工的潜能和积极性，厂风、厂纪、厂誉、厂貌是否得到改善和提高。

（四）提炼阶段

这是企业文化建设目标方案实施后的提高阶段。企业在用新的价值观指导实践的过程中，把那些行之有效的、被全体职工所接受的企业文化加以确定，进一步把感性认识上升为理性认识，并用简明易懂、鼓舞人心的语言表达出来，使它变成全体员工的观念，不断提高企业文化的层次。

（五）追踪反馈阶段

企业文化具有相对的稳定性，但随着环境的变化，企业文化应有不同的具体内容。因此，企业文化也应不断充实、丰富和提高，对某些不符合环境要求的内容进行调整，使企业文化在发展过程中不断优化，从而进入新一轮的循环。

建设优秀的企业文化是我国企业管理中的一项重要任务。但是，人们对它的认识和实践还需要一个过程。结合我国国情，在改革开放的形势下建设中国特色社会主义企业文化的任务是艰巨的，有待进一步的研究与实践。

六、企业形象

企业形象是企业文化建设的一项重要内容，企业形象的确立与企业文化的其他各个组成部分密切相关。在市场经济条件下，企业形象对企业的生存和发展具有重大的影响。因此，企业文化建设必须重视企业形象的塑造。

（一）企业形象的作用

塑造良好的企业形象是一种群众性的工作，不仅企业领导要重视，还需要全体职工的共同努力。必须用一个共同的行为准则来约束、支配全体职工的行为。不然，个别职工行为上的过失可能会严重损害企业形象。企业形象的成功塑造，在企业发展中有着重要的作用。总的来说，良好的企业形象使公众充分信赖企业，从而为企业提供发展机会；在企业内部则可以使职工产生同舟共济、团结进取的精神，充分调动其工作积极性。具体表现在以下方面：

(1)创造消费信心。一个好的企业形象，会给消费者创造一种“信得过”的消费信心。在现实生活中，企业的知名度越高，销售产品就越容易，销售量也就越大。对名牌产品，顾客都会认为买得放心。因此，良好的企业形象在企业外部会产生良好的社会效应，是一种无形的财富。

(2)激发全体职工的自豪感和责任感，提高全体职工的工作积极性。这是企业形象在企业内部产生的激励作用。

(3)受到社会各方面的大力支持。企业具有良好的企业形象，不但消费者“信得过”，还会受到政府有关部门和人士的赞赏与支持，如财政、金融和工商行政管理部门对企业的信任和支持，同时也较容易吸收各种专业人才。

（二）企业形象的确立

对于不同行业的企业，影响企业形象的主要因素是不同的。如在食品行业，良好的企业形象在于表达安全、卫生、信任感、经营规模和技术等因素；在服务行业，能很好地向公众传递良好的服务质量、现代化时尚、清洁程度等，会有利于树立良好的形象。总的来说，企业形象的确立主要包括下列内容：

(1)企业形象特色的确立。企业形象要在顾客和广大社会公众心目中树立起来,总的来说,要靠企业价值观、企业经营哲学、精神风貌和整个企业文化体系的整体功能。另外,留给公众的第一印象是非常重要的。

(2)企业价值观的确立。在企业文化建设中,企业价值观是核心。企业在公众中树立良好的企业形象,应把注意力集中在提高企业知名度和卓越价值的追求上。现在许多企业都注意培育独立的企业精神,如通过赞助、支持慈善事业等来提高企业知名度。

(3)企业形象体系的确立。企业形象体系,包括企业文化各个方面的形象,从价值观、企业精神、经营哲学等内涵到企业制度、行为规范、文化活动等,一直到企业名称、厂牌商标、广告、包装、徽标、厂旗、厂服、厂歌等,都涉及企业形象问题。因此,企业形象体系的确立要求全面、统一、有序。这有助于提高企业在各方面的声誉。

(4)产品优势的确立。在产品方面,包括产品价格、质量、售后服务、产品计量等,有优势的企业会给公众留下良好的企业形象。因此,确立良好的企业形象,应善于发挥产品优势。

(5)企业领导者的形象。企业领导者的声望及其形象代表着企业形象。所以,在确立企业形象的过程中,应注意领导者的形象。例如,某厂长或经理在社会上名声好、信誉好、知名度高,企业的知名度也会高。

典型案例

松下电器公司事业部制的改革

从2003年4月1日开始,完成独资的松下电器中国公司正式运行,松下电器中国公司由原来的事业支援性公司转变成地域统括性公司,也就是地域总部,承担松下电器公司所有在华投资和投资回收的功能。而在此前不久,伴随松下电器公司几十年发展的事业部制也发生了巨大的变革。变革的导火线是2001年松下电器公司在全球市场爆出了36亿美元的纯亏损额,虽然以当时美国等国家IT泡沫的急速破灭、日本元器件出口受阻为背景,但人们还是毫不留情地把矛头指向了松下的管理体系——事业部制。

1933年,松下电器公司在日本开始实行事业部制。1935年12月,40岁的松下幸之助曾这样解释自己的这个“神来之举”:“事业部制的优点是,大家都有责任意识、尽情发表个人创意,个人才智得到充分发挥。至于缺点,多少会出现独断独行的一面。”事业部制带来了松下电器公司早期的高速发展,1993年度松下电器公司销售额为613.85亿美元,居世界大工业公司第八位,居日本大工业公司第三位。

然而就在“光辉”的发展业绩的“指引”下,一个潜在的威胁却被忽略了。事业部不断扩张,当达到200多个事业部时,问题终于迸发出来。有专家指出,一位管理人员最多一次可以管理5~9个事业部,超出此范围就是力所不能及的,可以想象在松下电器公司200多个事业部中,管理层已经分化出了多少级别,这大大减缓了决策的进度。事实是,当1997年索尼平面电视在市场上火爆销售的时候,松下电器公司彩电事业部同类产品仍“待字闺中”,直到1998年5月才开始生产销售。机构臃肿庞大已经造成大量资源不能共享、市场反应迟缓，实际上利润已被自己吃掉了一大块，以前的事业部制在此时反而成了障碍。

不仅如此，"内耗"已经是不可避免，各事业部实行独立核算，为了扩大各自的市场份额，彼此相互渗透，形成严重的事业重复等诸多弊端，而总部的作用也显得"力不从心"。当时在松下电器公司有两个传真机事业部。家庭传真机事业部看到专业传真机销路不错，便研制出专业传真机进行生产和销售，而专业传真机事业部则反向推出了家庭传真机。松下电器中国公司总经理浅田隆司曾尖锐地指出："这还只是部分，其实在松下所有类别的产品，几乎都有两个或多个事业部在运作。"

2000 年 6 月，新上任的社长中村邦夫作了一个对松下电器公司具有革命意义的决定，宣布废除事业部制，从根本上否定了原经营方式。松下电器公司下属的 36 个部门被重新划分为 4 个业务分公司，即 4 个分社：AVC 网络领域、家电产品领域、产业设备领域以及元器件领域。"事业部彻底重组，是要把 200 多个事业部的资源支配权收回来，交给 4 个分社统一控制，4 个分社下辖共 14 个事业领域。"据松下电器公司一位管理人员介绍："这种制度排除了公司内部的事业重复和竞争，14 个事业领域构筑出自我完结型的开发、生产、销售、服务一体化的运营体制。这个庞大的系统改造工程对松下电器公司来说将是艰巨的。"

（源自《经典的工业贸易思想》，作者：冯志强）

【案例分析】

（1）根据本案例分析事业部制的优缺点。

（2）松下电器公司对事业部制的变革说明了企业组织管理中的什么问题？

（3）企业发展战略与组织结构有何关系？

（4）松下电器公司在废除事业部制的过程中可能会遇到哪些问题？

思考题

（1）谈谈你对现代企业组织机构和基本模式的见解。

（2）管理幅度与管理层次的关系如何？

（3）企业文化建设分几个阶段，各阶段的主要任务是什么？

（4）如何确定企业的形象？

实训题

诺基亚公司的管理特色

一、诺基亚公司的平等管理思想

一般情况下，诺基亚公司每年有两次非常正式的讨论，经理和员工之间讨论以前的表现、今后的目标，除了评估员工的表现，这也是彼此沟通的途径。另外，诺基亚公司设有一个网站，全球各地员工可以匿名发送意见给老板，下属的建议只要合理就会被接受。诺基亚公司的管理特色体现在鼓励平民化的敞开沟通政策，强调开放的沟通、互相尊重，使团队内每一位成员感觉到自己在公司的重要性。公司的高层领导人率先身体力行，努力倡导企业的平等文化。如诺基亚公司董事长兼首席执行官约玛·奥利拉每次到中国访问，从不要前呼后拥，这体现了公司的平等文化。

更重要的是，诺基亚公司在组织机构上，不是上下级等级森严，而是很平等，有问题可以越级沟通，而且有许多具体制度来保证下情上达。比如，每年请第三方公司作一次员工意见调查，听取员工对领导的工作和公司发展的看法，并和上年的情况作比较，看在哪些方面需要作改进。

二、诺基亚公司的员工管理模式

现代领导力的核心应该是如何建设优秀团队，进行领导变革和管理创新。随着信息技术的快速发展，产品的生命周期和研究发展重点、顾客的要求以及人才流动的速度等，都改变了企业的管理方式。假如还用老的领导思维应对新的市场变化，难免会失败。

诺基亚公司对员工的管理思想原则是关心下属的成长。这是因为公司关心的是市场竞争力和业绩，而员工关心的是个人事业的发展和对工作的满意度。经理人应充当协调员的角色，将员工个人的发展和公司的发展有机结合起来，而不是简单地对下属硬性压指标。

在这个员工管理思想原则上，诺基亚的用人方式主要是：用人不疑，疑人不用。一旦授权下属负责某一个项目，定下大方向后，就放手让他们去做，不要求下属事无巨细地汇报，而让他们自己思考判断，并着手解决问题。

此外，诺基亚公司大力鼓励员工尝试创新，给下属成长空间，让他们敢于去尝试，并允许犯错误。否则，下属畏首畏尾，什么事都请示领导，自己的主动性、创造性就没了。

三、诺基亚公司的团队精神

诺基亚公司强调把人们的思想和行为变成公司与外界竞争的优势，要提升诺基亚公司的员工成为一个工作伙伴，而不是停留在一个雇主与员工的劳动合约关系上。唯有这样，工作伙伴们才会看重自己，一起帮助公司积极发展业务。它的企业文化包括四个要点：客户第一、尊重个人、成就感、不断学习。公司的团队建设也围绕企业文化这个中心。

诺基亚公司在招聘之初，除注重专业技能的考核外，也非常注重个人在团队中的表现，将团队精神作为考核指标中的主要项目之一，使诺基亚公司所招聘的人一开始就能接近公司要求的团队合作精神。

诺基亚公司会定期举行团队建设活动，并具体和每个部门的日常工作、业务紧密相连。这方面，诺基亚学院在团队建设和个人能力培养上发挥了很大作用，为员工提供很多很好的机会，能够让员工认识到他们是团队的一分子，每个人都是这个团队有价值的贡献者。

四、诺基亚公司的价值观

在诺基亚公司，一个经理就是一个教练，他要知道怎样培训员工来帮助他们做得更好，不是"叫"他们做事情，而是"教"他们做事情。同时，诺基亚公司鼓励一些内部的调动，发掘每一个人的潜能，体现诺基亚的价值观。这是因为，移动通信行业发展快速，手机的历史只有数十年，手机产品几乎每18个月就更新换代。为反映这一行业特性，诺基亚公司在中国的5 000多名员工的平均年龄只有29岁。诺基亚公司希望他们能接受经理的引导，适应快节奏的变化，增加公司竞争力。

为体现这个目标，在人力资源管理上，诺基亚公司采取"投资于人"的发展战略，让公司获得成功的同时，个人也可以得到成长的机会。即当经理在教他们的工作伙伴做事情、建立团队时可以设计合理的团队结构，让每个人的能力得到发挥。没有完美的个人，只有完美的团队，唯有建立健全的团队，企业才能立于不败之地。

（源自《市场营销》，作者：冯志强）

【教学功能】

本案例以诺基亚公司的组织团队管理模式为分析资料，对企业的高绩效团队建设方式进行了分析，本案例内容适用于研究在不同行业中如何构建企业的高绩效团队。

【思考与讨论】

诺基亚公司高绩效团队的创新意识和其企业文化有何联系？

【答题提示】

本题应结合企业文化对组织运作的影响，对诺基亚公司高绩效团队的创新意识和其企业文化的关系进行分析。

第三章

现代企业战略管理

学习目标

□理解战略、企业战略与企业战略管理的含义；
□理解企业战略管理与企业其他管理的区别和联系；
□了解企业战略管理的要素与层次；
□了解现代企业战略管理；
□掌握现代企业总体战略；
□掌握现代企业营销战略；
□掌握现代企业竞争战略。

睿智名言

理想带给我们灵感，帮助我们改变世界。不得不学着让那些乌托邦形式的欲望接受现实的挑战。遭遇现实，理想塑造了我们，揭示我们的内心，是我们力量的源泉。在追求理想的道路上，我们会发现自身未知的一些方面。我们的理想召唤着我们去追求它，从而开始人生的旅途，重要的不是终点，而是促使你上路。

我们徘徊在理论的迷宫中，不能真正地掌握事物发展的规律，一切的一切在于我们个人。我们从众多的理论，回到我们个人，一个有血有肉、有观念有思维、有信念和意识的人上来。不解决好我们自己是人的问题，再好的理论只会禁锢人的思想和行为，只会在理论的丛林中，做无休止的理论演绎。

案例导入

定价的战略性角色

英国航空公司宣布将要改变公司的低价竞争策略，减少经济舱客位，重点发展公务舱和头等舱业务，以提高盈利能力。公司的首席执行官承认这样的战略调整会导致公司丢掉一些市场份额，但因瞄准了正确的客户群，公司的盈利能力会得到提高。

在过去的几年中，通用汽车公司一直将更多的注意力放在市场份额上。虽然在这期间有些年份，该公司的盈利水平创下了历史纪录，但公司的战略目标却是保住美国市场30%的份额，这意味着为了获取市场份额或者防止市场份额下滑，他们会不惜采取大幅降价的策略。作为企业管理的一种职能，定价在诸如英国航空和通用汽车等许多公司的经营中扮演了重要角色。

一、公司目标决定价格策略

战略性定价包括以下几个方面：

——定价策略应该反映盈利能力和市场份额等公司战略目标。

——定价策略应该反映出客户群的定位。

——定价策略应该反映出公司在市场竞争中的地位：该公司是否是市场的领导厂商？或是主要厂商？还是次要厂商？

——定价策略应该考虑公司的分销渠道问题。

——定价策略还要兼顾产品的生命周期。

一般来说，公司目标可以分为市场份额和盈利能力两个方面。也就是说，公司首要目标的选择决定价格的目标。如果你的首要战略目标是盈利能力而非市场份额，你就不必采取激进的定价策略，只要抓住那部分愿意接受定价的客户群，而不用通过降价来吸引更大的客户群。在高度竞争的市场中，同时使盈利和市场份额最大化的想法不太现实。

以网络浏览器产品为例，微软公司向市场免费提供了自己的网络浏览器。没有人能够打败这种获取市场份额的策略！当时对浏览器产品收费的网景公司也被迫跟风，实行免费策略，但最终仍然难逃被美国在线公司收购的命运。

当然，你还必须区分短期目标和长期目标。如果免费提供产品有助于为将来其他产品和服务的销售打下坚实的客户基础，那么短期内收入和利润的不足可能会换回丰厚的长期回报。

二、成本——定价的起点

影响定价决策的主要因素包括成本、客户价值、竞争和销售渠道。

产品的可变成本是定价的下限，而上限则以客户愿意支付的数额为界。价格涨跌带来的盈利预期的变化，主要取决于可变成本与价格之间的比例关系。

如果你生产的产品成本较低，这是否就意味着应该把产品的价格定得低一些呢？答案是否定的！成本是内部因素，而价格是外部因素。你的产品能给客户群带来的价值以及处于主导地位的竞争价格水平，共同决定了你的产品定价。

不论是对工业原材料、机械和运输等，还是对咨询这样的服务产业，成本都只是定价的起点。以服务为例，你需要计算出提供服务的人力和工作日的数量，安排好服务项目人员的搭配，先算出基础成本，然后再加上管理费用和预期利润率，就会得出最终的定价。服务类型越独特，就越难以比较不同服务提供商的报价。

三、细分市场了解客户价值

客户价值是影响定价的另一项因素。客户从产品或服务中获得的价值，取决于该产品或服务的质量，而后者来自该产品或服务所提供的经济上、功能上和心理上的效益。经济方面的效益来自价格和生产效率的提高上，功能方面的效益则通过产品特性展现出来，心理方面的效益包括给客户带来的满意度、舒适性、可靠性和品牌作用。

细分客户市场有助于理解客户价值。以个人电脑市场为例，这个市场可以划分成公司客户、专业商务人士客户、小型公司/家庭办公客户、政府客户、军用客户、教育领域客户、科学计算客户和非办公家庭客户等几个细分市场。

明确各细分市场对产品利益的需求，有助于恰当地对产品进行市场定位，这样，恰当的产品设计、分销渠道选择、媒介沟通和定价也就水到渠成。例如，非办公家庭客户看重电脑的操作简便性、适于娱乐和教育、性能稳定、美观和低价位等特点。针对这部分市场，电脑公司就不必给电脑设计自动备份和双处理器来提高稳定性，只需采用一些低成本的方法，在系统设计中解决稳定性问题即可。

通过市场调研，你可以找到细分客户群看重的关键产品利益，再加上产品特色以及服务水平、分销渠道等传递产品利益的必要因素，你就掌握了市场细分与客户价值的完整因素。

四、面对竞争实现产品差异化

竞争也会影响价格的设定。竞争的作用可以归纳为以下几个方面：

——竞争会压低价格。

——竞争意味着有更多的替代产品，客户也就拥有更多的选择。

——随着客户掌握的信息越来越多，销售商的生产和供应能力越来越高，竞争性价格压力便开始增长。

——竞争性价格压力随着市场增长的减缓而加大，于是厂商就开始为市场份额而相互争斗。

——竞争使弱者出局，并促使管理良好的公司更上一层楼。

对于竞争，厂商有以下几种反应：

(1)厂商根据自己的竞争地位来确定自己与竞争对手价格之间的关系，即高于、低于或等于竞争对手价格。

(2)找到那些对产品质量、服务、商誉和交货及时性等非价格因素感兴趣的客户群。

(3)收集有关竞争对手的情报资料，以便做到心中有数。

(4)研究竞争对手的目标。企业根据竞争对手的目标是市场份额还是盈利，在价格上作出反应。

(5)认识到在竞争行动中保持价格“形象”的重要性。

当市场领导厂商或某个主要厂商降价时，小厂商受到的冲击通常是最严重的。小厂商在其原有的价格优势下采取“跟风”策略，但是这种优势很快会被大厂商宣布的降价侵蚀掉。于是小厂商不得不进一步降价，但并没有那么多的缓冲空间。尽管小厂商的间接成本和管理成本通常比大厂商要低，但是他们没有规模效益，因此利润率也很低。

这并不是说小厂商就完了。竞争游戏的关键是差异化。企业可以通过广告、促销、互联网、捐赠、个性化服务，以及像施乐公司和佳能公司开发出数码复印机那样增加产品功能，来实现差异性。

五、分销渠道影响价格空间

在当今的电子商务环境中，生产商和零售商都十分重视分销渠道对最终用户售价的影响，其中的差异在戴尔公司和康柏公司的比较中显而易见。

戴尔公司采取的是对最终用户直销的策略，而康柏公司通过各种分销渠道销售其产品。假设两家公司的生产成本相同而所有的营销成本忽略不计，那么戴尔公司能够以和康柏公司相同的价格，销售 1 台电脑给最终用户，并比康柏公司多赚取利润。这是因为康柏公司必须和其分销商分享利润，而戴尔公司则不用。

与此同时，对于软饮料、口香糖、灯泡和日用杂货等大众化产品来说，第二分销渠道十分重要。这些产品通过第二分销渠道进行销售，无论如何也比生产商自己销售高效得多。

而对于那些需要展示和说明、提供售后服务及支持的产品，第二分销渠道尤其关键。例如，高级化妆品的生产商往往会在百货商场中租赁场地来销售自己的产品，并安排自己的员工在柜台前提供高质量的服务，促进产品销售。

六、依据事实遵循步骤定价

虽然确定一个具体的价格数值最终不过是一个简单的判断，但价格范围的确定却需建立在大量事实的基础上。你需要遵循一定的步骤来制定价格。

第一步，收集数据，包括企业自身和竞争对手的产品销售、价格、成本和利润，以及客户利益、环境因素等数据。

第二步，将这些数据转换成有用的信息。关键的信息是客户对价格变动的反应。例如，依据不同类别零食的扫描数据，Frito Lay 这样的公司就可以通过电脑模型计算出不同类别零食的利润能力。这样的数据为 Frito Lay 的销售代表与连锁超市进行沟通提供了客观依据。

第三步，根据这些数据和可行的信息分析，确定价格的定位策略。可以采取下列的规则：如担当市场上的高价品，或将价格设定在高于或低于具体竞争对手的某个水平上，并明确竞争价格发生变化后所采取的行动。重要的是，这些决策应该以事实为根据。

通用公司凯迪拉克（Cadillac）事业部曾经将旗下敞篷车 Allante 的价格确定在与奔驰 SL 系列的敞篷车相近的水平上，但这项定价决策并没有什么客观依据。由于销售业绩不佳，这个车型很快就停产了。

第四步，就新的定价与最终用户和分销渠道的合作者进行沟通，发出参与市场竞争的信号。适当地交流工作，可以让分销渠道的合作者体会到参与感，促进他们理解价格提升的原因。

举一个反面例子，Rubbermaid 公司因树脂涨价而调高家用塑料产品的价格，但是公司的主要分销商认为不应该将树脂的涨价成本转嫁给消费者。于是，该公司的涨价行为引起了很多反感，一些零售商甚至决定不给该公司的产品安排显眼的货位。

第五步，评估市场的实际反应，监测并分析市场的反馈。有时，销售者实施的定价策略影响到最终消费者还需要一段时间。另外，减价策略的影响通过分销渠道，可能无法完全传递到最终客户那里。同理，销售商提高价格，也不一定会完全传递到最终客户那里。因此，有必要建立起一套运行良好的监控系统，以便将定价策略及营销组合的其他变化同销售业绩和市场份额挂起钩来。

定价要比产品、分销和促销等营销组合的其他要素复杂得多。将价格和产品分开考虑，可能有利于理解。重要的是客户对定价政策的反应。理论只会帮助你了解定价的“科学”的一面，只有通过在实践中学习，你才能掌握定价策略的“艺术”，也就是战略性的一面。

（源自 John Willey & Sons ，Inc《Pricing Strategies and Tactics 》，郭延航译）

【案例讨论】

（1）根据案例阐述企业定价战略的策划和实施内容，并试论述企业整体战略的职能性、战略的设计和实施。

（2）试论述企业定价战略在企业整体战略体系中的地位和作用。

第一节　现代企业战略管理

战略管理（strategic management）包括战略分析（strategic analysis）、战略制定（strategic formulation）与战略实施（strategic implementation）三个环节。通常，人们按线性方式列示这三个环节，即战略分析之后是战略制定，战略制定之后是战略实施，如图 3–1 所示。应该强调的是，现实中的这三个环节之间是相互联系、循环反复、不断完善的一个过程。评价战略时可能已经开始实施战略，如此，战略选择和战略分析就会重叠；战略分析也可能是一个持续过程，这样，战略分析与战略实施也会重叠。图 3–1 之所以按线性方式表示，只是为了表达上的直观与方便而已。

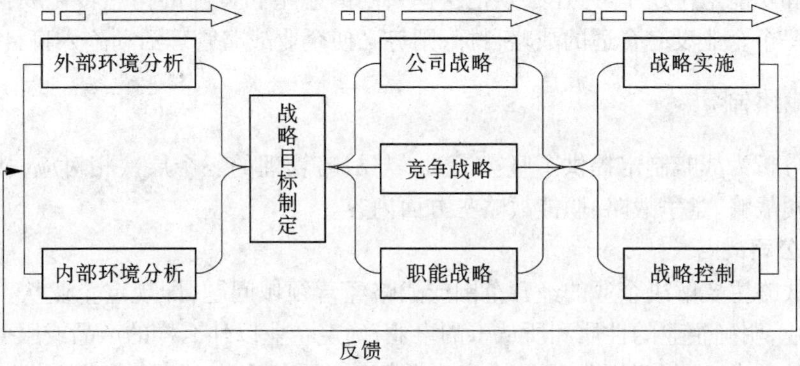

图 3–1　战略管理的一般过程

一、战略分析

战略分析是指对影响企业现在和未来生存与发展的一些关键因素进行分析。这是战略管理的第一步。战略分析主要包括外部环境分析、内部环境分析和战略目标设定三个方面。

(一)外部环境分析

任何企业都处在复杂的经济、政治、技术、文化、社会等环境之中,环境变化对某一企业的影响比其他任何因素对企业的影响都更为复杂,所以了解环境对企业的影响对战略分析来说至关重要。企业面临的外部环境主要有三类:一是宏观环境,如政治、科技、经济、社会文化等,此类环境只能间接地影响企业的活动和决策;二是产业环境,如企业所处产业性质、产业演化过程及趋势、市场状况等;三是竞争环境,如潜在进入威胁、替代品威胁、行业内竞争、买方和卖方的讨价还价能力等。后两类环境将直接影响企业的活动与决策。所以,第一类环境又可称为间接环境,后两类环境又可称为直接环境。外部环境分析的主要目的是找出企业所面对的机会(opportunity)与威胁(threat)。

(二)内部环境分析

企业内部的各种环境因素一般分为三类:一是企业资源条件,如人力资源、物力资源、财力资源、技术资源、组织资源、信息资源、自然条件等。二是企业的战略能力,如营销能力、财务能力、竞争能力、适应能力等。三是企业文化与利益相关者的期望。企业文化既可能推动企业战略的制定与实施,也可能阻碍企业战略的制定与实施。利益相关者的期望从一定程度上决定了企业的战略目标。企业内部环境分析的主要目的是明确企业的优势(advantage)与劣势(weakness)。

(三)战略目标设定

根据战略分析的结果,企业首先应确定自己的使命,即企业对自己的经营范围、目标市场进行概括描述。企业使命是一个企业区别于其他类型组织而存在的原因和目的,为一个企业提供了原则、方向和哲学。在确定企业使命之后,企业须进行功能定位,以进一步说明企业的性质、企业在社会中的作用和地位。要制定正确的企业战略,仅仅有明确的企业使命和功能定位还不够,还必须把这些共同的愿望和良好的构想转化成各种战略目标。如果一个企业没有合适的战略目标,则势必使企业战略管理活动陷入盲目的境地。

二、战略制定

战略分析为战略制定提供了坚实基础。与战略管理的三个层次相对应,战略制定主要包括公司战略、竞争战略、职能战略三方面内容。

(一)公司战略

公司战略主要解决企业的经营范围或战略经营领域问题,即规定企业从事生产经营活动的行业,明确企业的性质和所从事的事业,确定企业以什么样的产品或服务来满足哪一类顾客的需求。通俗地说,就是决定企业"应该干什么"。公司战略可分为增长型战略、稳定型战略、收缩型战略三种类型。增长型战略又可具体细分为密集增长战略、一体化战略、多元化战略、企业并购战略以及战略联盟战略等类型;稳定型战略、收缩型战略也可具体细分为若干战略类型。

(二)竞争战略

竞争战略主要解决企业在某一特定经营领域的竞争优势问题,即确定企业提供的产品或服务,要在什么基础上取得超过竞争对手的优势,简单来讲,就是决定企业“如何干好”。按照世界著名战略学家波特教授的分类,竞争战略主要有成本领先、差异化、集中化三种基本类型。考虑到现代企业竞争的一个重要趋势是,企业间不仅具有你死我活的竞争关系,而且还具有荣辱与共的合作可能,因而企业在选择竞争战略、谋求竞争优势的同时,也必须选择合作战略以求达到共赢。

(三)职能战略

职能战略是为贯彻、实施和支持公司战略与竞争战略而在企业特定职能管理领域制定的战略,其重点是提高企业资源的利用效率,使企业资源的利用效率最大化。职能战略一般可分为市场营销战略、生产战略、研究与开发战略、人力资源战略、财务战略等。

三、战略实施

企业战略方案一经选定,管理者的工作重心就要转到战略实施上来。战略实施是贯彻执行既定战略规划所必需的各项活动的总称,也是战略管理过程的一个重要部分。显而易见,如果精心选择的战略不付诸实施,或不认真地组织实施,以前的努力则付诸东流;反之,不但可以保证好的战略取得成功,而且还可以克服原定战略的某些不足,使之趋于完善,获得成功。战略实施主要包括战略实施和战略控制两部分内容。

(一)战略实施

这里是狭义上的战略实施,主要是指为具体落实企业选定的战略方案而采取的各种措施。它主要包括如下四部分内容:一是组织结构的建立与调整;二是资源的规划与配置;三是战略实施过程中企业家的角色定位与培养;四是培育与企业战略相适应的企业文化。

(二)战略控制

在战略实施过程中,为使实施中的战略达到预期目的、实现既定战略目标,必须对战略的实施进行控制。这就是说,将经过信息反馈回来的实际绩效与预期的战略目标进行比较,如两者有显著偏差,就应采取有效的措施予以纠正。当由于原来分析不周,判断有误,或是环境发生了预想不到的变化而引起偏差时,甚至要重新审视环境,制订新的战略方案,进行新一轮的战略管理过程。

第二节　现代企业总体战略

公司战略的主要任务是界定公司的产品与市场领域。对于某一特定公司而言,企业的产品与市场领域无非有扩大、维持、减少三种选择。这三种选择恰恰对应于三种不同的公司战略类型:增长型战略、稳定型战略、收缩型战略。下面具体介绍这三种公司战略的类型、适用条件,并分析各自的利弊。

一、增长型战略

增长型战略是一种使企业在现有的战略水平上向更高一级目标发展的战略。它以发展作为自己的核心向导,引导企业不断开发新产品,开拓新市场,采用新的管理方式和生产方式,扩大企业的产销规模,增强企业竞争实力。在实践中,增长型战略有密集增长战略、一体化战略、多元化战略、企业并购战略等多种类型。

(一)密集增长战略

密集增长战略是指企业在原有生产范围内,充分利用在产品和市场方面的潜力来求得发展的战略。密集增长战略源于世界著名战略学家安索夫的产品—市场矩阵,主要包括市场渗透、市场开发、产品开发三种战略形式。

1. 市场渗透战略

市场渗透战略是由企业现有产品和现有市场组合而产生的战略。在现有市场上如何扩大现有产品的销售量主要取决于两个因素,即产品使用人的数量和每个使用人的使用频率。市场渗透战略的具体思路主要从以下三个措施出发。

1)扩大产品使用人的数量

(1)转变非使用人。企业通过努力把原来不使用本企业产品的人转变为使用人。例如,飞机货运服务公司的发展就要不断寻找新的用户,说服他们相信空运比陆地运输有更多的好处。

(2)努力发掘潜在的顾客,把产品卖给从未使用过本企业产品的用户。例如,本来为妇女生产的洗发剂,现在又成功地推销给男士及儿童使用。

(3)把竞争者的顾客吸引过来,使之购买本企业的现有产品。例如,百事可乐公司劝说可口可乐的饮用人改饮百事可乐。

2)扩大产品使用人的使用频率

(1)增加使用次数。企业可以努力使顾客更频繁地使用本企业的产品。例如,肉联厂可以宣传它生产的火腿肠不仅可以夹在面包里吃,而且还可以放在菜里、汤里吃,味道同样鲜美,因此早、中、晚餐都可以吃。

(2)增加使用量。企业努力使用户在每次使用时增加该产品的使用量。例如,油漆公司可以给用户暗示:每次使用本企业的产品来油漆家具时,起码要上三遍油漆,上油漆的次数愈多,则家具愈光亮、美观。

(3)增加产品的新用途。企业应努力发现本企业产品的各种新用途,并且要使人们相信它有更多的用途。例如,为制作降落伞而发明了尼龙,后来发现尼龙还可以做成衬衣等各种服装,后来又发现尼龙可以放在橡胶中做成轮胎,大大增加了轮胎强度及耐磨性。

3)改进产品特性

改进产品特性,使其能吸引新用户和增加原有用户的使用量,其方法有:

(1)提高产品质量(即增加产品的功能特性)。这种办法通常可以压倒竞争对手。

(2)增加产品的特点,如在尺寸、重量、材料、添加物、附件等方面,使产品具有更多的功能,提高其使用的安全性、便利性。例如,在开罐头的工具上增加动力装置,使人们开铁包装罐头时既迅速,又便利、安全。

(3)改进产品的式样。如化妆品包装瓶的颜色和形状应不断变换,以招徕顾客。

在营销组合方面,企业应努力在销售价格、销售渠道、促销手段(广告、销售促进、人员推销)、服务等方面加以改进,以扩大现有产品的销售量。

总之,市场渗透战略希望通过对现有产品进行较小的改进,从现有市场上赢得更多的顾客,这种战略表面上看起来是一种风险最小的发展战略,但因为以下四个原因,它也许是一种风险最大的发展战略:第一,除非该企业在市场上处于绝对优势地位,否则必然会出现许多强有力的竞争对手;第二,企业管理者宁愿把精力放在现有事务处理上,因而可能错过了更好的投资机会;第三,顾客兴趣的改变容易导致企业现有目标市场的衰竭;第四,一项大的技术突破甚至可能使产品在一夜之间成为一堆废物。

2. 市场开发战略

市场开发战略是由现有产品和新市场组合而产生的战略。它是发展现有产品的新顾客群或新的地域市场从而扩大产品销售量的战略。实行这种战略有以下三种办法。

1)扩大新的市场范围

扩大新的市场范围即把本企业现有产品打入其他相关市场,如区域性市场、国内市场和国际市场等,从而扩大现有产品的销售量。例如,黑白电视机在国内大中城市已逐渐普及了,企业可以考虑将黑白电视机销往农村以扩大销售量,同时还可以考虑由于发达国家彩色电视机一般都放在客厅中,但厨房及厕所或小孩房间内也要看电视,可以用黑白电视机,一些发展中国家也需要黑白电视机,因此企业可以开辟国际市场。

2)在新市场寻找潜在的用户

例如,计算机过去一直是销售给科研部门、学校、企业及事业单位的,但现在计算机正在走入家庭,许多想培养孩子计算机能力的家庭都需要计算机,因此存在着潜在的计算机购买群。

3)增加新的销售渠道

例如,葡萄酒原来只通过烟酒公司等中间商才最终到达消费者手中,现在为了增加销售量,有的葡萄酒厂自己开设经销店,直接将产品卖给消费者,同时企业还与各大中城市的大饭店、旅馆挂钩,直接将葡萄酒卖给这些单位,极大地扩大了销售量。

市场开发战略比市场渗透战略风险性大,这种战略迫使管理人员放开眼界,拓宽视野,重新确定营销组合,但此战略仍是一个短期战略,它仍然不能降低因客户减少或技术上落后而导致的风险。

3. 产品开发战略

产品开发战略是由企业现有市场和其他企业已经开发的而本企业正准备投入生产的新产品组合而产生的战略,即对企业现有市场投放新产品或利用新技术增加产品的种类,以扩大市场占有率和增加销售额的企业发展战略。从某种意义上来说,这一战略是企业发展战略的核心,因为对企业来说,市场毕竟是不可控制的因素,而产品开发是企业可以努力做到的可控制因素。

采用此战略的前提条件是:企业要对其原有顾客有透彻的了解,能够提供满足顾客需要的其他产品。这种战略具有一定程度的创新开拓性,新产品的开发鼓励企业从事新的探索,可以提高企业对技术进步的适应能力。但是这种战略仍然可能让企业束缚了自己,企业的潜能仅仅被用来在原有市场的顾客群中寻找新的投资机会，这可能会因为没有寻找到其他市场而导致较大的机会成本，因为其他市场，尤其是正在成长的新市场可能会比企业现有市场更加有利可图。

（二）一体化战略

一体化的原意是指将独立的若干部分加在一起或者结合在一起成为一个整体。一体化战略是指企业充分利用自己在产品、技术、市场上的优势，根据物资流动的方向，使企业不断地向深度和广度发展的一种战略。一体化战略是企业的一个非常重要的成长战略，它有利于深化专业分工协作，提高资源的利用深度和综合利用效率。

1.一体化战略的类型

1）纵向一体化

纵向一体化，也称为垂直一体化，是指生产或经营过程相互衔接、紧密联系的企业之间实现一体化，按物资流动的方向可以划分为前向一体化和后向一体化。

（1）前向一体化。这是指企业与用户企业之间的联合，目的是为了促进和控制产品的需求，搞好产品营销。如纺织印染厂，原来只是将坯布印染成各种颜色的花布供应服装加工厂，现在纺织印染厂与服装加工厂联合，即该厂不仅搞印染，而且还制成服装出售，这样就促进和控制了产品需求，促进了产品营销。

（2）后向一体化。这是指企业与供应企业之间的联合，目的是为了确保产品或劳务所需的全部或部分原材料的供应，加强对所需原材料的质量控制。如自行车厂原来要向橡胶厂购买轮胎，现在自行车厂与橡胶厂联合起来，让橡胶厂专门生产自行车轮胎，保证了自行车的轮胎供应。电视机制造公司兼并显像管制造公司，食品公司投资兴办养殖场等均属此种策略。

纵向一体化战略可以通过以下三种方式实现：通过企业内部壮大而进入新的经营领域，与其他经营领域的企业实现契约式联合，合并其他经营领域的企业。具体采取何种形式应视企业实力及所处经营环境而定。

2）横向一体化

横向一体化，也称为水平一体化，是指与处于相同行业、生产同类产品或工艺相近的企业实现联合，实质是资本在同一产业和部门内的集中，目的是扩大规模，降低产品成本，巩固市场地位。如海尔集团整体收购合肥黄山电子集团，就是为了进一步扩大海尔彩电的生产规模。横向一体化战略可以通过契约式联合、合并同行业企业这两种形式来实现。

3）混合一体化

混合一体化，是指处于不同产业部门、不同市场且相互之间没有特别的生产技术联系的企业之间的联合，包括三种形态：①产品扩张型，即与生产和经营相关产品的企业联合；②市场扩张型，即一个企业为了扩大竞争地盘而与其他地区生产同类产品的企业进行联合；③毫无关联型，即生产和经营彼此之间毫无联系的产品或服务的若干企业之间的联合。混合一体化可以降低一个企业长期处于一个行业所带来的风险，也可以使企业的技术、原材料等各种资源得到充分的利用。

2. 纵向一体化的战略利益

1) 实现范围经济,降低经营成本

(1) 通过把技术上相区别的生产运作放在一起,企业有可能实现高效率。例如,在制造业上,这一做法能够减少生产过程的步骤,降低成本,减少运输费用。比如,在热钢轧平的经典事例中,如果钢铁生产和轧平活动被连接在一起,钢坯就没有必要再次加热。

(2) 由于成品和零部件归并成一个系统,其在生产、设计、营销等内部环节上,更易控制和协调,从而会提高企业的生产效率。

(3) 生产与销售一体化有利于市场信息的准确、及时反馈,使企业能迅速地了解市场供求和监控市场,而且实行一体化还能将收集信息的总成本由各部分分摊,从而减少信息成本。

(4) 通过纵向一体化,企业可以节约市场交易的销售、谈判和交易成本。尽管内部交易过程中也常常要进行某些讨价还价,但其成本决不会接近市场交易成本。这主要是因为内部交易不需要任何销售力量和市场营销或采购部门,也不需要支出广告促销费用。

2) 稳定供求经济,规避价格波动

实行纵向一体化,可以使上游、下游企业之间不会随意终止供求关系,不管是产品供应紧张时期还是总需求很低时期,都能保证充足的货源供应,从而减少市场供求的不确定性。而且,由于实现了纵向一体化,上游、下游企业之间的交易虽然也必须反映市场价格,但这种内部转移价格实际上只是一种为了便于业务管理、成本核算的影子价格,企业可以主动调节,从而可以避免产品价格的大起大落。

3) 提高差异能力,树立经营特色

由于企业规模扩大,成本降低和控制加强,进入壁垒提高了;由于企业强化了对关键零部件设计的控制,有可能更好地满足不同市场层面用户的特殊需求,从而增强对最终用户的控制;同时企业也有更多机会通过使用特殊原材料、零部件或技术等途径寻求区别于同行业竞争者的产品特色。

3. 纵向一体化的战略成本

1) 弱化激励效应

纵向一体化意味着通过固定的关系来进行购买与销售,也就是说,把原本的市场交易内部化到企业内部进行交易。上游企业的经营激励可能会因为是在内部销售而不是在市场上竞争而有所减弱,下游企业同样也会由于是从企业另一个单位购买产品,从而不会像从外部供应商购买时那样激烈讨价还价。因此,纵向一体化可能减弱激励效应,从而降低企业运作的效率。我国企业界普遍存在的"大而全"效率往往低于"小而专"效率现象的原因就在于此。为了纠正纵向一体化的这种弊端,很多企业实施了"企业内部市场化"的做法,收到了较好的效果。

2) 加大管理难度

实行一体化战略以后,两个或多个不同的企业合并或联合在一起,企业的管理层次与管理幅度都大大加大,企业管理所需的生产、营销、服务等各项职能都更加复杂,尤其是不同企业文化的融合更是非一朝一夕所能解决的,这些因素都对企业管理者的管理素质和管理技巧提出了很高的要求。显而易见,管理难度要比一体化之前大得多。

3）加剧财务紧张

虽然企业实行纵向一体化战略以后，一些零部件和原材料由企业外购转变为企业自制，这些零部件和原材料的成本也比外购低，但自制所需的生产资金、储备资金和材料资金等都要比外购时多得多，如果企业的财务资源不够雄厚的话，就有可能加剧企业的财务紧张，严重者导致整个一体化战略的失败。

4）降低经营灵活性

企业选择纵向一体化战略会导致产品设计方面的局限性，对厂房和原材料来源的巨额投资，常常阻碍新的产品设计或材料品种的完善。如果企业不实行纵向一体化战略，企业可以根据外界环境变化而削减原材料的采购量，或转向其他供应企业。而采用了纵向一体化战略的企业就缺乏这种机动性，同时经营方向的调整也更加困难，因而也就增大了经营风险。

5）难以平衡生产能力

纵向一体化企业内部的上游单位与下游单位的生产能力必须保持平衡，否则会出现问题。纵向链中任一有剩余生产能力的环节（或有剩余需求量的环节）必须在市场上销售一部分产品（或增加一部分投入），否则就将"牺牲"市场地位。然而，在企业纵向一体化条件下，这一步往往是困难的，因为纵向一体化常常迫使企业从它的竞争者处购买原料或向它的竞争者销售产品。由于担心得不到优先权，或者为了避免加强竞争者的地位，它可能不情愿与该企业做生意。

4. 横向一体化的战略利益与战略成本

横向一体化，即水平一体化，它的战略利益主要包括：

（1）获取规模经济。水平一体化通过收购同类企业达到规模扩张的效果，这在规模经济性明显的产业中，可以使企业获取充分的规模经济，从而大大降低成本，取得竞争优势。同时，通过收购往往可以获取被收购企业的技术专利、品牌名称等无形资产。

（2）减少竞争对手。水平一体化是一种收购企业竞争对手的增长战略。通过实施水平一体化，可以减少竞争对手的数量，降低产业内企业间相互竞争的程度，为企业的进一步发展创造一个良好的产业环境。

（3）扩张生产能力。水平一体化是企业生产能力扩张的一种形式，通过合并或联合，可以迅速提高企业的生产能力，扩大生产规模。与企业自身的内部扩张相比较，这种扩张形式相对较为简单与迅速。

水平一体化也具有一定的战略成本，主要包括管理协调问题和政府法规限制两个方面：

（1）管理协调问题。收购一家企业往往涉及收购后母子公司管理上的协调问题。由于母子公司在历史背景、人员组成、业务风格、企业文化、管理体制等方面存在着较大的差异，因此母子公司的各方面协调工作非常困难，这是水平一体化的一大成本。

（2）政府法规限制。水平一体化容易造成产业内垄断的结构，因此各国法律法规都对此做出了限制。如美国司法部在确定一项企业合并是否合法时要考虑以下因素：①这一合并是否导致过高的产业集中度；②这一合并是否增强合并企业对其他企业的竞争优势；③进入该产业的困难程度是否提高；④产业内是否已经存在一种合并的倾向；⑤被合并企业的经济实力;⑥该行业产品需求是否增长;⑦这一合并是否有激发其他企业进行合并的危险。

(三)多元化战略

社会经济的不断发展,引起市场需求和企业经营结构的变化。企业为了更多地占领市场和开拓新市场,或避免经营单一的风险,往往会选择进入新的领域,这一战略就是多元化战略。

1. 多元化战略的类型

多元化战略是指在现有业务领域基础之上增加新的产品或业务的经营战略。根据现有业务领域和新业务领域之间的关联程度,可以把多元化战略分为相关多元化与不相关多元化两种类型。

1)相关多元化

相关多元化,又称同心多元化,是指虽然企业发展的业务具有新的特征,但它与企业的现有业务具有战略上的适应性,它们在技术、工艺、销售渠道、市场营销、产品等方面具有共同的或是相近的特点。根据现有业务与新业务之间"关联内容"的不同,相关多元化又可以分为同心多元化与水平多元化两种类型。

(1)同心多元化,即企业利用原有的技术、特长、经验等发展新产品,增加产品种类,从同一圆心向外扩大业务经营范围。例如,汽车制造厂增加拖拉机生产。同心多元化的特点是原产品与新产品的基本用途不同,但有着较强的技术关联性。冰箱和空调就是用途不同但生产技术联系密切的两种产品(关键技术都是制冷技术)。海尔、春兰等企业的发展就是这一战略的具体例子。

(2)水平多元化,即企业利用现有市场,采用不同的技术来发展新产品,增加产品种类。例如,原来生产化肥的企业又投资农药项目。水平多元化的特点是现有产品与新产品的基本用途不同,但存在较强的市场关联性,可以利用原来的分销渠道销售新产品。例如,娃哈哈公司创办之后就定位于儿童市场,以后公司的发展也一直围绕这一目标市场。柳州某牙膏厂原来一直生产两面针药物牙膏,现在又增加牙刷生产,运用的也是水平多元化战略。

2)不相关多元化

不相关多元化,又称集团多元化,即企业通过收购、兼并其他行业的业务,或者在其他行业投资,把业务领域拓展到其他行业中去,新产品、新业务与企业的现有业务、技术、市场毫无关系。也就是说,企业既不以原有技术为依托,也不以现有市场为依托,向技术和市场完全不同的产品或劳务项目发展。这种战略是实力雄厚的大企业集团采用的一种经营战略。例如,美国通用电气公司20世纪80年代收购美国业主再保险公司和美国无线电公司,从而从单纯的工业生产行业进入金融服务业和广播电视行业。我国很多企业现在也开始运用不相关多元化战略。比如,海尔集团除生产电视、冰箱、空调等家电产品外,还涉足软件开发、医药生产等业务领域。

2. 多元化的战略利益

1)实现范围经济

范围经济是指由于企业经营范围的扩大而带来的经济性。通俗来说,联合生产的成本小于单独生产的成本之和。范围经济的存在，本质上在于企业多项业务可以共享企业的资源。由于特定投入都有一定的最小规模（不可分性），而这种投入在生产一种产品时可能未得到充分利用，在生产两种或两种以上的产品时，就能够使这种投入的成本在不同的产品中分摊，于是使单位成本降低，产生范围经济。范围经济的存在原理与规模经济有相似之处，但有本质的不同，即规模经济在于产品产量的增加，而范围经济则来自于生产（经营）多种产品（业务），简言之，来自于经营范围的扩大。

2）分散经营风险

如果企业的多元化战略是相关多元化，那么企业对进入的新业务较为熟悉，企业不同业务在技术开发、管理、生产等方面的联系可以减少企业的成本，从而使企业扩展过程中的风险得以降低；如果企业的多元化是不相关多元化，那么企业不同业务之间收益的盈亏在一定程度上可以相互平衡，从而分散经营风险。人们常常用"东方不亮西方亮"来形象地比喻这一作用。

3）增强竞争力量

多元化企业凭借其在经营规模及不同业务领域的优势，通过其他业务领域的收益来支持某一业务领域的竞争，实现调动全部企业资源专攻一点的效果，从而大大增强企业的竞争力。

3. 多元化的战略成本

1）分散企业资源

任何一个企业，哪怕是巨型企业，其所拥有的资源也是有限的。多元化发展必定导致企业将有限的资源分散于每一个发展的业务领域，从而使每个意欲发展的领域都难以得到充足的资源支持，有时甚至无法满足在某一领域中的最低投资规模要求和最低维持要求，结果在与相应的专业化经营对手的竞争中失去优势。从这个意义上说，多元化战略不仅没能规避风险，没能"东方不亮西方亮"，很可能"东方不亮西方也不亮"，加大企业失败的风险。

2）加大管理难度

企业在进行多元化经营时，不可避免地要面对多种多样的产品和各种各样的市场，这些产品在生产工艺、技术开发、营销手段上可能不尽相同，这些市场在开发、渗透、进入等方面也可能有明显的区别。企业的管理、营销、生产人员必须重新熟悉新的业务领域和新的业务知识。另外，由于企业采用多元化经营，企业规模逐渐扩大，机构逐渐增多，企业内部原有的分工、协作、职责、利益平衡机制可能会被打破，管理、协调的难度大大增加，企业在资源重新配置和保证企业竞争优势方面会遇到较大的挑战。

3）提高运作费用

企业由专业化经营转向多元化经营，涉及进入众多陌生的业务领域，必将使企业的多元化经营运作费用上升。这表现在两个方面：①多元化发展的学习费用较高。企业从一个熟悉的业务领域到另一个陌生的业务领域，从新成立一个企业到企业产出效益，这需要一个学习过程。这个过程中由于不熟悉而导致的低效率，由陌生到熟悉的机会损失都构成较高的学习费用。②顾客认识企业新领域的成本加大。当企业新领域有了产品时，需要消费者认识，虽然此时可借用原有领域的品牌，但要在新领域中改变消费者原来的认识态度,不以较大的投入教育顾客是不行的。

4)加剧人才缺口

企业竞争归根结底是人才的竞争,企业的成功归根结底依赖于优秀的人才。然而,每个人都只有自己的专长,专业对口是人才发挥作用的基础。所以,企业在进行多元化发展时,必须有多元化领域内相应的经营管理和技术等方面专业人才的支撑,才可能成功;反之,则可能失败。从理论上说,社会上是存在企业多元化发展所需的人才的,问题是这些人才原先已在其他企业之中。引进人才固然可以,但费用也很高,往往超出企业的人力资本承受能力。

4. 实施多元化战略应注意的问题

(1)客观评估企业多元化经营的必要性与能力。从上面的论述可以看出,多元化经营是一把"双刃剑",既可以给企业带来巨大的收益,也可能加剧企业的经营风险。企业在采用多元化战略之前,必须客观评估企业多元化经营的必要性,切不可头脑发热,跟潮流,盲目进行多元化经营。尤其是对自身能力的评估,除要考虑企业现有的资源存量外,还必须考虑企业把新业务领域培育成利润增长点期间所需要的资源数量。当企业不具备这些资源时,其他业务领域的预期收益再好也只能让别人去做。

(2)把主业做好之后再考虑多元化经营。稳定且具有相当优势的主营业务,是企业利润的主要来源和企业生存的基础。企业应该通过保持和扩大自己所熟悉与擅长的主营业务,尽力扩展市场占有率以求规模经济效益最大化,要把增强企业的核心竞争力作为第一目标。在此基础上,兼顾专业化与多元化。世界上优秀的企业,在业务领域的选择上,都是首先确立了自己的核心业务(即主营业务)之后,并以此为基础,考虑多元化经营的。

(3)新业务领域与现有业务领域之间应具有一定的战略关联。当企业内部不同业务单元之间可以通过分享共同的资源,组合相关的生产经营活动,进行核心专长如技术开发、管理能力、品牌等的转移时,则把企业不同业务部门之间的这种关系称为战略关联。在多元化战略实施中,能够建立有效的战略关联,是决定多元化成败的核心因素之一。一般来说,企业应该首先选择那些与其主营业务和已经建立的核心能力关联密切,容易获得关联优势的业务领域作为多元化的主要进入目标。根本原因在于,与关联程度低的领域相比,企业进入高关联度的领域更容易依托在主营业务领域建立起来的优势地位和核心能力,以较低的成本和风险建立优势地位。

(4)建立横向组织,协调不同业务单元的关系。在多元化企业中,不同的业务单元往往以本部门的利益作为决策的出发点。由于部门利益与企业整体利益之间存在着一些不可避免的矛盾,以及部门利益之间的"外部性"或"搭便车"问题,多元化企业往往会遇到一系列难以克服的组织障碍,如管理协调难度加大、激励效应的弱化、集权与分权的矛盾等。所以,实施多元化战略的企业应建立横向组织,以加强企业纵向组织结构中不同业务单元的相互联系,使纵向因素和横向因素之间达到一种平衡。

(四)企业并购战略

1. 企业并购的含义与类型

企业并购是指一个企业通过购买另一个企业全部或部分的资产或产权,从而控制、影响被并购企业,以增强企业竞争优势、实现企业经营目标的行为。

企业并购从不同角度有不同的分类，下面分别从并购双方所处行业、并购方式、并购动机、并购支付方式进行分类。

(1)根据并购双方所处的行业情况，企业并购可以分为横向并购、纵向并购和混合并购。横向并购是指处于相同行业，生产同类产品或生产工艺相近的企业之间的并购。纵向并购是指生产或经营过程相互衔接、紧密联系的企业之间的并购。混合并购是指处于不同产业部门、不同市场，而且这些产业部门之间没有特别的生产技术联系的企业之间的并购。

(2)根据并购方式，即并购是否通过中介机构，企业并购可以分为直接并购和间接并购。直接并购是指收购公司直接向目标公司提出并购要求，双方经过磋商，达成协议，从而完成收购活动。间接并购是指收购公司直接在证券市场上收购目标公司的股票，从而控制目标公司。

(3)根据并购动机，即收购公司的动机，企业并购可以分为善意并购与恶意并购。当收购公司提出收购条件后，如果目标公司接受收购条件，这种并购就称为善意并购。如果收购公司提出收购条件后，目标公司不同意，而收购公司在证券市场上强行收购目标公司的股票，这种方式就称为恶意收购。

(4)根据并购支付方式，企业并购可以分为现金并购、股票并购、综合证券并购。现金并购是指收购公司通过向目标公司的股东支付一定数量的现金而获得目标公司的所有权。股票并购是指收购公司通过增发股票的方式获取目标公司的所有权。综合证券并购是指在收购过程中，收购公司支付的不仅有现金、股票，而且有认股权证、可转换债券等。

2. 企业并购的整合

企业并购的目的是通过对目标企业的运营谋求企业的发展，实现企业的经营目标，因此通过一系列并购程序取得了目标企业的控制权，只是完成了并购目标的一半。在并购完成后，必须对目标企业进行整合，使其与收购企业的整体战略、经营协调一致，互相配合。

(1)战略整合。并购以后，必须根据整个企业的战略，规划目标企业在整个战略实现过程中的地位与作用，然后对目标企业的战略进行调整，使整个企业中的各业务单位之间形成一个相互关联、互相配合的战略体系。

(2)业务整合。在对目标公司进行战略整合的基础上继续对其业务进行整合，根据其在整个体系中的作用及其与其他部分的相互关系，重新设置经营业务，将一些与本业务单位战略不符的业务剥离给其他业务单位或者进行合并，将其他业务单位中的某些业务划到本业务单位中，通过整个运作体系的分工配合提高协作优势，发挥规模效应。相应地，对其资产也应重新进行配置，以适应业务整合后生产经营的需要。

(3)制度整合。如果目标企业原有的管理制度良好，收购企业则不必加以改变，可以直接利用目标企业原有的管理制度，甚至可以将目标企业的管理制度引进到收购企业之中，对收购企业的制度进行改进。假设目标企业的管理制度与收购企业的要求不相符，则收购企业可以将自身一些优良的管理制度引入到目标企业中，如存货控制、生产进程、销售分析等。

(4)组织人事整合。收购后，目标企业的组织和人事应根据对其战略、业务和制度的重新设置进行整合。根据并购后对目标企业职能的要求,设置相应的部门,安排适宜的人员。一般在收购以后,目标企业和收购企业可以将财务、法律、研发等专业部门和人员进行合并,从而发挥规模优势,降低费用。如果并购后,双方的营销网络可以共享,则营销部门和人员也应进行相应的合并。

(5)文化整合。在对目标企业文化的整合过程中,应深入分析目标企业文化形成的历史背景,判断其优缺点,分析其与收购企业文化融合的可能性,在此基础上,吸收双方文化的优点,摒弃其缺点,从而形成一种优秀的、有利于企业战略实现的企业文化,并很好地在目标企业之中推行,使双方真正融合。

3. 企业并购应注意的问题

并购对企业发展具有重大意义,但是并非所有的并购都能得到令人满意的结果。在美国完成的并购实例中,有 30% ~50% 是失败的,在欧洲发生的并购实例中也有近一半是败笔。为保证并购的成功,应注意以下几个问题:

(1)在企业战略指导下选择目标公司。并购一个企业之前,必须明确本企业的发展战略,在此基础之上对目标企业所从事的业务、资源情况进行审查。如果目标企业被收购后,能够很好地与本企业的战略相配合,从而通过对目标企业的收购,增强本企业的实力,提高整个系统的运作效率,最终增强竞争优势,这样才可以考虑对目标企业进行收购。反之,如果目标企业与本企业的发展战略不能很好吻合,即使目标企业十分便宜,也应慎重行事,因为对其收购后,不但不会通过企业之间的协作、资源的共享获得竞争优势,反而会分散收购企业的力量,降低其竞争能力,最终导致并购失败。

(2)并购前应对目标企业进行详细审查。许多并购失败的案例是由于收购企业事先没有很好地对目标企业进行详细审查。在并购过程中,由于信息不对称,收购企业很难对目标企业有充分的了解,但是许多收购企业在事前都想当然地以为自己已经十分了解目标企业,并认为自己可以通过对目标企业良好地经营使其发挥出更大价值。但是,许多企业在收购程序结束后,才发现事实并不像当初想象中的那样,目标企业中可能会存在着收购前没有注意到的重大问题,收购企业以前所设想的机会根本不存在,或者双方的企业文化、管理制度、管理风格很难融合,因此很难将目标公司融合到整个企业运作体系中,从而导致并购失败。

(3)正确估计自身的实力。在并购过程中,收购企业的实力对于并购能否成功有着很大影响,因为在并购中收购企业通常要向外支付大量现金,这必须以收购企业的实力和良好的现金流量作为支撑,否则收购企业便要大规模举债,造成本身财务状况的恶化,收购企业很容易因为沉重的利息负担或者到期不能归还本金而导致破产,这种情况在并购中经常出现。

(4)并购后对目标企业进行迅速、有效的整合。目标公司被并购后,很容易形成经营混乱的局面,尤其是在恶意并购的情况下,许多管理人员纷纷离去,客户流失,生产混乱,因此需要对目标公司进行迅速、有效的整合。通过向目标公司派驻高级管理人员稳定目标公司的经营,然后对各个方面进行整合。其中,企业文化整合尤其应受到重视,因为许多研究发现,很多并购的失败都是由于双方企业文化不能很好地融合。通过对目标公司的整合,使其经营重新步入正轨并与整个企业运作系统的各个部分有效配合。

二、稳定型战略

企业的生存和发展是一种有节奏的运动过程，不可能像人们希望的那样永远处于迅速发展之中。有时由于环境因素的变化，出现了一些障碍性因素，会妨碍企业的发展；有时企业在经历了一段高速发展之后，需要进行调整，巩固已有的成果，积蓄力量，争取新的发展。这时就需要采用稳定型战略来指导企业发展。

(一)稳定型战略的含义和类型

稳定型战略是指企业遵循与过去相同的战略目标，保持一贯的成长速度，同时不改变基本的产品或经营范围。它是对产品、市场等方面采取以守为攻，以安全经营为宗旨，不冒较大风险的一种战略。稳定型战略主要有以下几种类型：

(1)无变化战略。无变化战略就是基本没有什么变化的战略。采用这种战略时，企业保持经营方针的连续性，只是根据通货膨胀情况对企业经营目标进行调整。也就是说，如果企业每项经营活动都进行得很顺利，企业战略就不必改变。企业内部和外部环境不发生变化是无变化战略成功的依据。

(2)维持利润战略。维持利润战略是指为了维持目前的利润水平而牺牲企业未来成长的战略。这种战略注重短期效果而忽视长期利益，其根本意图是渡过暂时性的难关，因而往往在经济形势不太景气时被采用，为维持过去的经营状况和效益，实现稳定发展。如果运用不当，维持利润战略就可能使企业的元气大伤，影响长期发展。例如，美国铁路行业在20世纪60年代处于十分困难的状况。许多铁路公司通过减少铁路维修和保养来减少开支，实行稳定战略，维持分红水平。然而不幸的是，这一困难时期延续到了70年代，铁路行业的状况十分恶化，最终使这些铁路公司的经营受到影响。

(3)暂停战略。经过一段时期的快速成长之后，企业可能变得缺乏效率或难以管理。通过购买或内部发展而新增的事业部或分公司使管理人员过度紧张，造成各种资源过于分散。暂停战略就是在一段时期内降低企业目标水平，放慢快速成长的步伐，使企业能够将各种资源合并在一起使用。暂停战略作为企业进行内部整顿的一种方法，一般都是暂时性的。例如，格雷斯公司自1952年以来购买了150多个公司，出售了75个公司，尔后，该公司开始有组织地巩固和加强自己在化工、天然资源和消费品行业中控股公司的经营地位。

(4)谨慎前进战略。如果企业外部环境中的某一重要因素难以预测或变化趋势不明显，对某一战略决策企业就要有意识地降低实施进度，步步为营，这就是所谓的谨慎前进战略。比如，企业所需的原材料突然变得稀缺、政府规章制度的限制，以及经济环境条件的恶化，都会使管理人员感到成长战略不那么可行了，因而有必要转向谨慎前进战略。

(二)稳定型战略的适用条件

(1)企业目前的经营状况良好，管理人员无法确定现行战略的实际运行情况，因此自然就采取一种“维持现状”的稳定战略。

(2)采用稳定型战略，风险比较低，而开发新市场和新产品风险较大，管理者认为不值得去冒风险。特别是有的大企业安于现状，不求进取，进而不肯轻易改变战略。

(3)采用稳定型战略，操作简便，不费力，那些保守型的经理往往愿意采用此战略。

(4)企业经过一段快速成长期之后，为了避免由于成长过快产生的效率变低、管理不善等问题，巩固取得的已有成果，并获得新的机会，企业也愿意采用稳定型战略。

(5)过高的市场占有率会导致竞争对手的进入和攻击。为了不引起对手的注意，或避免政府的干预，一些企业也在一定期间主动采取稳定型战略。

由此可见，企业采用稳定型战略的原因既有积极方面的，也有消极方面的，大体上来说，前三个条件消极的成分较多，后两个条件积极的成分多一些。所以，企业应多从积极的角度去考虑是否采用稳定型战略，而不应从消极的角度去决策。

(三)稳定型战略的利弊分析

稳定型战略的风险比较小，对于那些处于需求平稳上升的行业和稳定环境中的企业来说，不失为一种有效的战略。它的主要优点是：

(1)企业基本维持原有的产品与市场领域，从而可以利用原有的生产经营领域、渠道，避免开发新产品和新市场所必需的巨大的资金投入、激烈的竞争抗衡和开发失败的巨大风险。

(2)无须改革资源的分配模式，从而可以大大减少资源重新组合所造成的巨大浪费和时间损失。

(3)可以保持人员的相对稳定，充分利用已有的各方面人才，发挥他们的积极性和潜力，减少人员调整、安置所造成的种种矛盾及招聘、重新培训的费用。

(4)稳定型战略比较容易保持企业经营规模和经营资源、能力的平衡，有助于防止过快、过急而导致的重大损失。

虽然稳定型战略的风险较小，但它也蕴涵着一定的风险：

(1)稳定型战略是以在战略期内外部环境不会发生大的动荡，市场需求、竞争格局基本稳定，因而企业在现实状况下就能利用机会、避免威胁、防御对手进攻的假设为基本前提的。如果上述假设不成立，就会打破战略目标、外部环境、企业实力三者之间的平衡，使企业陷入困境。这种可能性是完全存在的。

(2)经营资源减少、竞争地位弱的企业，一般采取以局部特定细分市场为目标的稳定型战略，实际上是一种重点战略。它有两个突出的特点：①将企业的全部力量集中于少数几个市场；②以本企业在这些市场上具有的强大的差异优势为前提及成功的关键。这就使其具有更大的风险。如果企业对这部分特定市场的需求把握不准，企业可能全军覆没。而各细分市场的需求往往更容易受宏观环境的影响，比如政府的经济、技术政策等突然发生变化。另外，如果企业在细分市场上形成的差异优势由于竞争对手的模仿或行业条件的变化而弱化或消失，又建立不起新的差异优势，就无力抵御强大的竞争者的进攻，从而会丧失市场，陷入困境或破产。

(3)稳定型战略往往容易使企业的风险意识减弱，甚至形成惧怕风险、回避风险的企业文化，这就会大大降低企业对风险的敏感性、适应性，从而也增大了以上所述风险的危害性、严重性。这也许是稳定型战略真正的最大风险所在。

三、收缩型战略

当企业处在一种十分险恶的经营环境之中，或者由于决策失误等原因造成经营状况不佳，采用增长型战略和稳定型战略都无法扭转局势时，企业不得不面对现实，减少经营领域，缩小经营范围，关闭不盈利的工厂，收缩财务开支，这时就需要采用收缩型战略来维持企业的生存。

（一）收缩型战略的含义和类型

收缩型战略是指企业从目前的战略经营领域和基础水平收缩与撤退，而且偏离战略起点较大的一种经营战略。收缩型战略有如下几种类型。

1. 转变战略

转变战略是指企业经营由危机状态转变为正常状态的战略，其重点是改善经济效益。在企业经营问题重重，但还不是很严重的情况下，采用这种战略是适宜的。转变战略包括三个阶段。

（1）收缩阶段。初始的工作是缩小规模和降低成本，主要是削减人员和各种次要的费用开支，一般包括：停止雇用新的人员，全面削减研究与开发、各种供应和服务等项费用。收缩阶段的任务是消除企业的赘疣，提高企业素质，改善经营战略。

（2）巩固阶段。即制定规划，稳定效益较差的企业，使亏损企业扭转亏损局面，进一步巩固第一阶段的成果。为了改善企业长期经济效益，要进行深入细致的审计工作，进而制订各种计划。通过减少不必要的间接费用以及更为有效地从事各职能部门的经营活动，精简公司组织结构，提高工作效率。同时，根据各部门对企业利润的贡献，规定其财务费用支出和亏损目标。在整个企业内开展增收节支运动，同时，加强各项经营管理工作，提高经营管理水平和效率，力争扭亏为盈。这一阶段是决定企业存亡的关键时期。如果巩固阶段各项工作不能积极推行，职工就会对企业前途丧失信心，许多优秀人才就会离开企业。如果鼓励全体职工积极参与改进管理、提高生产效率的工作，企业就有可能通过战略收缩阶段变成更为壮大、管理更优秀的企业。

（3）重建阶段。如果企业通过收缩阶段和巩固阶段成功地得到复苏，就可以进入重建阶段。在此阶段，企业经营活动走上正规，经营业务也逐步扩大。

2. 放弃战略

放弃战略较之转变战略更进一步，就是企业卖掉其下属的某个战略经营单位（子公司或事业部），或者企业转让、出卖或停止经营一个主要部门。这个部门可以是一个经营单位、一条生产线。放弃战略的目的是摘除经营赘疣，收回资金，集中资源，加强其他部门的经营实力，或者利用腾出的资源来发展新的事业领域，或者用来改善企业的经营素质，伺机抓住更大的发展机会。

3. 清算战略

清算战略指企业受到全面威胁、濒于破产时，通过将企业的资产转让、出卖或者停止全部经营业务结束企业的生命。毫无疑问，对任何一个企业的管理者来说，清算都是其最不期望、最不乐意做出的选择，通常只有在其他战略全部失效时才采用。

但及时进行清算要比顽固地坚持经营无法挽回败局的事业要明智得多，结局也好得多。因为坚持经营无法挽回败局的事业，其结果只能是不可避免地破产，到那时可清算的东西就更少了。

（二）收缩型战略的适用条件

企业采取收缩型战略可能出于各种不同的动机，与这些不同的动机相对应，收缩型战略可以划分为适应性收缩战略、失败性收缩战略、调整性收缩战略三种类型。下面分别论述这三类不同动机的收缩型战略的适用条件。

适应性收缩战略是企业为了适应外界环境变化而采取的一种战略。外界环境变化包括经济衰退、产业进入衰退期、对企业产品或服务的需求减少等情况。在这种情况下，为了度过危机，求得发展，当采取其他类型战略难以取得预期结果时，企业不得不采取适应性收缩战略。

失败性收缩战略则是由于企业经营失误造成企业竞争地位虚弱、经营状况恶化，只有采用收缩型战略才能最大限度地减少损失，保存企业实力。失败性收缩战略的采取原因是企业出现重大的内部问题，如产品滞销、财务状况恶化、投资已明显无法收回等情况。

调整性收缩战略的实施动机既不是经济衰退，也不是经营失误，而是为了谋求更好的发展机会，使有限的资源分配到更有效的使用场合。因而，调整性收缩战略的适用条件是企业存在一个回报更高的资源配置点。为此，需要比较的是企业目前的业务单位和实行收缩型战略后资源投入的业务单位，在存在着较为明显的回报差距的情况下，可以考虑采取调整性收缩战略。

（三）收缩型战略的利弊分析

收缩型战略是企业在对外部环境和企业经营实力的状况及发展趋势进行分析、判断和预测的基础上，做出的战略抉择。实行收缩型战略有以下几点意义：

（1）在衰退或经营不善的情况下实行收缩型战略，有利于正确判断经营领域的盈亏状况，及时清理、放弃无利可图或亏损的领域，摘除经营赘疣，提高效率，降低费用，增加收益，改善财务状况，使企业及时渡过难关。

（2）采用转向、放弃战略，使企业有可能更加有效地组合配置资源，提高经营水平，发挥、增强企业的优势、实力，在不断适应市场需要的同时，使自身获得新的发展机会。

（3）可以避免竞争，防止两败俱伤。同时，改善资金流量，及时清算，还有助于避免发生相互拖欠债款，因到期不能清偿而引起连锁反应，导致信用危机的局面，保持一个相对有利的行业结构和竞争局面。

收缩型战略也会产生某些副作用，主要表现为：采取收缩经营的措施，往往削弱企业技术研究和新产品开发能力，使设备投资减少，企业陷于消极的经营状态，影响企业的长远发展。收缩战略、转变战略、放弃战略的实施，都需要对人员进行调整，如裁减人员、更换高层领导人等，处理不好会导致职工士气低落。工人与管理者的矛盾和对立以及专业技术管理人员对战略实施的抵制，反而会限制企业提高效率。此外，当经济或行业处于衰退期时，企业收缩经营将导致经济总体的供需关系向缩小均衡方向发展，影响经济的回升或者加速行业的衰退，反而抑制企业的发展。

第三节　现代企业营销战略

市场营销活动涉及进行市场调研、预测，分析市场需求，确定目标市场，制定营销战略，实施和控制具体营销战略的全过程。从战略层次的角度来看，市场营销战略需要解决的主要问题是，在公司战略制定的产品与市场领域上，如何按照竞争战略的思路，通过合理的产品、价格、渠道与促销活动实现企业与市场之间的"对接"，进而实现企业目标。

一、产品战略

企业在制定产品战略时，必须考虑如何使产品组合最佳化，以应对竞争，获得利润；重视产品生命周期发展，适时推出新产品，或改进现有产品；配合名牌、包装等决策，使企业经营维持稳定，求得发展。

（一）产品组合战略

产品组合是指企业向市场提供的全部产品线和产品项目的组合或搭配，表明企业经营范围和结构。产品线是产品组合中包含的产品大类，产品项目则指产品大类中各种不同品种、规格、质量和价格的特定产品。产品组合战略就是决定企业产品组合的宽度、长度、深度和相关性的战略。产品组合的宽度是指企业经营产品线（产品大类）的多少，多者为宽，少者为窄；产品组合的长度是指企业所有产品线中产品项目的总和；产品组合的深度是指企业各产品线内平均产品项目的多少；产品组合的相关性是指各产品线生产条件、分销渠道、最终用途及技术等方面的关联程度，关联程度强，性质相近，容易协调；反之，则难以协调。

（二）新产品开发战略

面对市场竞争、市场饱和及衰退、技术革新、原材料和能源供应紧缺等挑战，企业必须不断研究、改进、开发新产品，以满足顾客新的消费需求，维护市场领先地位。在市场营销中，新产品主要是指能给顾客带来某种新满足、新利益的产品，大体上可分为新发明的产品、革新后的产品、改进后的产品、新牌号的产品四种类型。根据市场拓展程度与技术创新程度的不同组合方式，新产品开发有八种战略可循，如表 3-1 所示。针对每种组合，企业可以采用不同的战略。

表 3-1　新产品开发战略

项目		创新技术：现有技术	创新技术：改进现有技术	创新技术：新技术
市场拓展程度	现有市场		1. 重新确定	3. 再组合
市场拓展程度	强化现有市场	2. 再商品化	4. 改进产品	5. 扩大产品线
市场拓展程度	新市场	6. 开发新用途	7. 扩大市场	8. 多元化经营

（1）重新确定现有产品成本、质量及销售的组合。

（2）对现有产品增加推销活动，再次实现商品化。

（3）对现有产品生产技术进行重新组合。

（4）改进现有产品，扩大效用。

（5）采用新技术，扩大产品线。

(6)对现有产品开发新的用途,以渗透到新市场。

(7)将改进后的产品渗透到新市场,以扩大市场。

(8)运用新技术,在市场上实现多元化经营。

(三)产品生命周期战略

产品生命周期是指产品在市场的寿命,即一种新产品从进入市场到退出市场的全过程。产品生命周期一般分为导入期、成长期、成熟期、衰退期四个阶段,不同阶段具有不同的特点。图 3-2 表示了产品生命周期的四个阶段。企业为了把握产品生命周期发展的过程,必须针对不同阶段的特点,采用不同的营销战略。

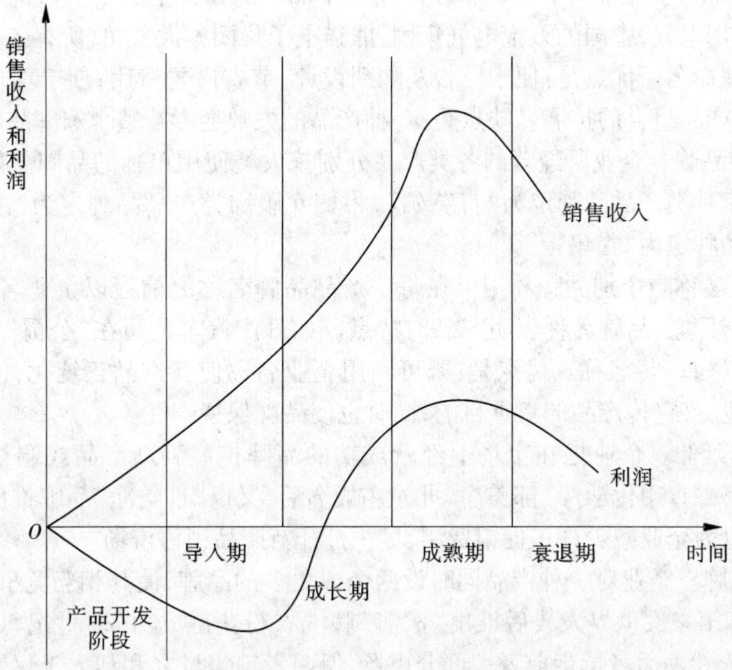

图 3-2　产品生命周期

(1)导入期。新产品刚刚上市,顾客对其还不熟悉,因此营销战略重点应以传播产品信息,吸引消费者注意和试用新产品为主。

(2)成长期。产品进入成长期后,营销重心应以扩大市场为主。因此,主要战略应是改进产品,提高质量,建立产品的优质形象。

(3)成熟期。营销战略在成熟期的初期,仍具有成长期的某些特性,此时,企业应采用成长期的某些策略。此后,市场呈现饱和,销售增长放慢并有所下降,营销重点应以稳住市场为主。

(4)衰退期。随着产品市场销售量的下降,产品进入衰退期。为避免发生重大损失,企业可采取维持、集中或收割等战略。

(四)品牌战略

品牌是指企业为自己的产品规定的商业名称。它包括两个部分:一是品牌名称,即品牌中可用语言表达的部分,如“康佳”、“松下”、“索尼”等名称;二是品牌标志,即品牌中不能用语言表达的符号、图案、特殊色彩或字体等,如由联结在一起的四环表示的“奥迪”汽车设计图案,由英文字母表示的“可口可乐”饮料设计图案等。品牌经法定程序注册,即成为注册商标。企业在进行品牌决策时,可以考虑以下几种策略:

(1)个别品牌。企业不同的产品使用不同的品牌名称。例如,通用汽车公司生产的汽车有“凯迪拉克”、“别克”、“雪佛兰”等许多牌子。这种策略的优点是可将每个产品的成败同企业声誉分开,个别产品失败不至于影响整个企业的形象。缺点是:为每个品牌分别做广告宣传,费用开支较大。

(2)家庭品牌。企业所有产品都使用同一个品牌。如日本的松下、日立,美国的国际商用机器、通用电气,中国的万宝电气集团、熊猫电子集团等大公司,所有各类产品都以同一个家庭品牌命名。优点是:便于广告及陈列设计,节省广告费用;便于增加企业对市场的控制;便于产品组合的扩展。缺点是:一种产品的失败会影响整个家庭品牌的形象。

(3)多族品牌。企业所经营的各类产品分别按大类使用单独的品牌。如美国西尔斯百货公司将家具类产品品牌定为“肯莫尔”,将妇女服饰类产品品牌定为“凯莉”,将家庭设备类产品品牌定为“霍玛特”。

(4)企业名称与个别品牌并用。在每一产品品牌名称之前冠以企业名称,企业名称表示产品生产厂家,品牌名称表明产品的特点。如日产汽车公司在“公爵”、“蓝鸟”等汽车品牌前冠以“日产”名称。优点是:既可利用企业名称使新产品正统化,使广告宣传达到既宣传企业,又宣传产品的双重目的,同时也使品牌保持特性。

(5)品牌延伸。企业把在市场上经营成功的品牌扩展到新产品或调整后的产品项目。如天津第二日用化学厂“郁美净”儿童霜成名后,又以“郁美净”品牌推出多种美容化妆品。这可以为企业减少许多促销费用,尽快打开新产品销售市场。

(6)多品牌。企业对一种产品同时设两个或更多的品牌,使其相互竞争。例如,美国P & G公司于第二次世界大战后推出“汰渍”牌洗衣粉获得成功,20 世纪 50 年代又推出“快乐”牌洗衣粉。后者抢走前者一部分市场,但两者销售量之和却大于仅销售一种产品的销售量。

(7)品牌重新定位。企业要打入新市场或提高其商誉时,可采用创新品牌或改进原有品牌的策略。

二、定价战略

定价战略的优劣影响营销组合的成功,因此适当的定价目标必须配合营销组合目标的要求。企业定价目标一般有生存、当期利润最大化、当期收入最大化、销售增长率最大化、市场利润最大化、产品质量领先、应付或避免竞争等。考虑外部环境因素限制和内部经营能力和经营目标的需求,企业可以采取如下定价策略。

(一)新产品定价策略

新产品定价分为受专利保护的创新产品的定价和仿制新产品的定价。就前者而言,有两种定价策略可供选择,即撇脂定价和渗透定价。撇脂定价是指在产品生命周期的最初阶段,把产品的价格定得很高,以获取最大利润,犹如从鲜奶中撇取奶油,所以得名为撇脂定价。当市场有足够的购买者,他们的需求缺乏弹性,即使把价格定得很高,市场需求也不会大量减少时,企业可以采取撇脂定价策略。渗透定价是指企业产品以低于竞争对手的价格进入市场,以便"渗透"到竞争者的市场中,取得一定的市场份额。当产品为一般产品,有互补性相关产品存在,可大量生产且生产成本较低,或市场的价格弹性较大,市场需求已趋于饱和时,企业可以采用渗透定价策略。对于仿制新产品而言,企业有九种定价策略可供选择,即优质高价、优质中价、优质低价、中质高价、中质中价、中质低价、低质高价、低质中价、低质低价。

(二)产品组合定价策略

当企业生产的系列产品存在需求和成本的内在关联性时,为了充分发挥这种内在关联性的积极效应,可采用产品线定价策略,即产品组合定价策略。在定价时,首先,确定某种产品的最低价格,它在产品线中充当领袖价格,吸引消费者购买产品线中的其他产品;其次,确定产品线中某种商品的最高价格,它在产品线中充当品牌质量和收回投资的角色;最后,产品线中的其他产品也分别依据其在产品线中的角色不同而制定不同的价格。

(三)折扣与折让策略

企业为了鼓励顾客及早付清货款及大量购买、淡季购买,还可以酌情降低其基本价格。这种价格调整叫做价格折扣与折让。价格折扣与折让策略有现金折扣、数量折扣、功能折扣、季节折扣与让价折扣五种类型。

(四)差别定价策略

差别定价策略,也称为价格歧视,是指企业按照两种或两种以上不反映成本费用的比例差异的价格销售某种产品或劳务。差别定价策略有顾客差别定价、产品差别定价、地点差别定价和时间差别定价四种类型。

(五)心理定价策略

心理定价策略,包括声望定价、尾数定价和招徕定价三种类型。声望定价是指企业利用消费者仰慕名牌商品或名店的声望所产生的某种心理来制定商品的价格,故意把价格定成整数或高价。质量不易鉴别的商品的定价最适宜采用此种策略。尾数定价又称奇数定价,即利用消费者对数字认识的某种心理制定尾数价格,使消费者产生价格较廉的感觉,还能使消费者产生定价认真(有尾数的价格是经过认真的成本核算才产生的)的感觉,使消费者对定价产生信任感。招徕定价又称特价商品定价,是一种有意将少数商品降价以招徕吸引顾客的定价方式。商品的价格定得低于市价,一般能够吸引消费者注意,适合消费者"求廉"的心理。

三、分销战略

分销渠道是指产品从生产者向消费者或用户转移过程中经过的中介商业组织和个人。分销渠道包括:批发商、代理商、零售商、商业服务机构(交易所、广告公司、市场调研公司、银行和保险公司)。它的基本作用有两个方面:一是调节生产和消费之间在商品数量上的差异;二是调节生产和消费之间在花色品种和分级方面的差异。企业分销渠道一般分为四种类型:生产者→消费者;生产者→零售商→消费者;生产者→批发商→零售商→消费者;生产者→一级批发商→二级批发商→零售商→消费者。企业根据产品的特点、经营能力和条件、市场容量大小和需求面的宽窄,可以选择不同的分销策略。

(1)独家分销,即在一定地区由企业自设分销点或只选一家中间商经销,实行独家经营。这种策略有利于企业控制分销渠道,有针对性地实施各项促销、储运、融资及用户服务,强化产品形象,增加利润。这一策略通常适用于贵重品或名牌产品的分销。

(2)密集分销,即运用密集广泛的分销渠道,将产品通过批发、零售等多种渠道销售到各地市场。消费品中的便利商品(烟、酒、糖、盐等)和工业品中的标准件、通用小工具等,适用于采用这种策略。

(3)选择性分销,即当企业产品不适用于采用独家分销和密集分销策略时,可以在各种中间商中选择合适的渠道进行分销。这种策略比独家分销面宽,比密集分销节约费用;既可以加强对分销渠道的控制,集中力量进行分销,又可以扩大销路,开拓市场,为用户提供服务,建立产品信誉。因而,这种策略用途比较广泛。

四、促销战略

所谓促销,就是企业将自己产品的信息通过各种方式传递给消费者和用户的行为。促销组合就是企业为达到预期的促销效果,有目的、有计划地把广告宣传、报道、营业推广、人员推销等促销手段配合起来应用的策略。不同的促销手段有不同的长处和短处。例如,广告宣传面宽,但对促成实际成交效果不明显;人员推销有利于促成交易,但费用较高。因此,市场营销人员必须根据产品特点和销售目标,选择和组合四种促销手段,制定最佳的促销策略。促销策略主要有以下两种形式:

(1)推式策略。运用推式策略的企业,通过人员推销和营业推广手段把产品从制造商推销给批发商,从批发商推销给零售商,再由零售商推销给消费者。这种策略一般以销售人员作为主力,凭借推销员的口才表达与能力示范,或者配合举办营业推广活动,将产品及品牌推销给顾客。在推式策略中,广告宣传活动的效果比较差。

(2)拉式策略。使用拉式策略时,企业在广告宣传方面花费大量费用,使消费者产生对产品的需求和兴趣,如果促销奏效,消费者会纷纷向中间商询购这种产品,使该产品成为热门货。中间商看到产品需求量很大,即使利润低一些,也愿意进货和经营。在拉式策略中,企业常采用密集的广告宣传活动,配合营业推广,努力吸引消费者对产品的注意力,建立消费者对品牌的良好印象。

第四节　现代企业竞争战略

基本竞争战略是指无论在什么产业或企业都可以采用的通用性竞争战略。基本竞争战略的观念是,竞争优势是一切战略的核心。一个企业要获得竞争优势,必须就争取哪一种竞争优势和在什么范围内争取竞争优势问题做出选择。“万事都要领先,事事都要每个人满意”的想法只会造成战略上的平庸和经济效益的低下,因为这往往意味着一个企业根本没有竞争优势。

按照哈佛大学波特教授的提法,基本竞争战略包括成本领先战略、差异化战略和重点集中战略三种类型,每一种类型的战略都包含着通向竞争优势的一条迥然不同的途径。

成本领先战略和差异化战略是在广泛的产业部门范围内谋求竞争优势,而重点集中战略则着眼于在狭窄的范围内取得成本优势或差异化。实施每种基本竞争战略要求采取的具体措施在各个产业之间大不相同,正像每个特定产业切实可行的基本竞争战略不相同一样。然而,尽管选择和实施一种基本竞争战略并非轻而易举,但它们却是任何产业都必须深入探索的通往竞争优势的必由之路。

一、成本领先战略

(一)成本领先战略的类型

成本领先战略也称低成本战略,是指企业通过有效途径降低成本,使企业的全部成本低于竞争对手的成本,甚至是在同产业中最低的成本,从而获取竞争优势的一种战略。企业要获得成本优势,价值链上的累积成本(即各种价值活动的成本之和)就必须低于竞争对手的累积成本。要实现这一目标主要有两个途径:一是比竞争对手更有效地开展内部价值链管理活动,从而降低成本;二是改造企业的价值链,省略或跨越一些高成本的价值链活动,从而降低成本。具体来说,有简化产品,改进设计,节约原材料,降低工资费用,实行生产革新和自动化,降低管理费用等具体方法。根据企业获取成本优势的方法不同,我们把成本领先战略概括为如下几种主要类型:

(1)简化产品型成本领先战略。取得低成本最直接的方式,就是使产品简单化,即将产品或服务中添加的花样全部取消。例如,日本东芝公司在美国市场推出一种计算机化的 CT 扫描仪,由于省去了那些非顾客必需的使造价昂贵的功能,使该产品售价比通用电气公司的同类产品便宜40%以上,牢固地占领了美国医疗设备市场。

(2)改进设计型成本领先战略。改进产品的设计或构成,也能形成成本优势。例如,某公司开发一种可以替代木料的"压缩木料",这种木料用一般的锯屑、木片等压制而成,其成本只是竞争对手的一半;某计算机企业凭借优异的工程技术,改善产品设计,以产品的部件数量少、成本低及装配作业费用便宜取得成本优势。

(3)材料节约型成本领先战略。企业如果能够控制原材料来源,实行经济批量采购与保管,并且在设计和生产过程中注意节约原材料,也能降低产品成本,成功地建立成本优势。

(4)人工费用降低型成本领先战略。在劳动密集型产业,企业如能获得廉价的劳动力,也能成功地建立成本优势。例如,服装产业中人工成本约占50% ,劳动力成本低的国家或企业就占有较大优势。近年来,乡镇企业服装加工业务量迅速增加,主要原因之一是其具有工资成本低的优势。此外,通过兼并、加强控制等途径,也可以降低各项间接费用,同样能取得成本优势。

(5)生产创新及自动化型成本领先战略。生产过程的创新和自动化,可以作为降低成本的重要基础。美国内陆钢铁公司的产品市场占有率不高,但通过工厂设备的自动化以及营销系统的创新,仍取得了低成本的优势地位。

(二)成本领先战略的适用条件与组织要求

一般来说,消费者对价格越敏感,就越倾向于低价格产品的企业,成本领先战略就越有吸引力。具体来说,实施成本领先战略应具备如下条件:

(1)现有竞争企业之间的价格竞争非常激烈。

(2)企业所处产业的产品基本上是标准化或者同质化的。在这种条件下,由于产品在质量方面几乎没有差异,消费者购买决策的主要影响因素就是价格的高低。

(3)实现产品差异化的途径很少。也就是说,不同品牌之间的差异化对消费者来说并不重要,从而使得消费者对价格的差异非常敏感。

(4)多数顾客使用产品的方式相同。由于消费者的要求相同,标准化的产品可以满足消费者的需求。在这种情况下,低销售价格取代了特色或质量成为消费者选择品牌的主要决定因素。

(5)消费者的转换成本很低。当消费者从一个企业的产品转向另一个企业的产品所承担的成本较低时,他就具有较大的灵活性,从而容易转向同质量低价格的产品。

(6)消费者具有较大的降价谈判能力。

除具备上述外部条件外,企业实施成本领先战略还必须具备如下技能和资源:

(1)持续的资本投资和获得资本的途径。

(2)生产加工工艺技能。

(3)认真的劳动监督。

(4)容易制造的产品。

(5)低成本的分销系统。

(三)成本领先战略的收益与风险

从国际范围来看,随着人们对规模经济与学习效应认识的不断深入,从20世纪70年代开始成本领先战略逐渐被多数企业所采用。采用成本领先战略的收益在于以下方面:

(1)抵挡现有竞争对手的对抗。在以价格为基础的竞争中,低成本企业可以利用低价格的优势从竞争对手那里挖掘销售额和市场占有率,在价格战中存活下来并获得高于产业平均利润的收益。这一点在消费者对产品价格比较敏感时尤其明显。

(2)防御购买商讨价还价的能力。在防御购买商讨价还价能力方面,低成本能够为企业提供部分的利润率保护,因为再强大的客户也很难通过谈判使价格低于产业最低成本水平。否则,此时其他企业将被迫退出市场,从而提高现有企业的垄断水平,反而降低购买商的谈判能力。

(3)更灵活地处理供应商的提价行为。当强有力的供应商抬高企业所需资源的价格时,处于低成本地位的企业有更多的灵活性来解决困境。

(4)形成进入障碍。低成本企业可以利用建立起来的巨大生产规模和成本优势,使欲加入该产业的新进入者望而却步,形成进入障碍。

(5)树立与替代品的竞争优势。低成本企业可以利用其低价格来抵御那些试图用替代品或者服务来侵占市场的企业,从而树立竞争优势。

采用成本领先战略虽然有很多好处,但也存在着很多风险,主要包括以下几方面。

(1)降价过度引起利润率降低。只有在以下情况下,企业才可能获得低成本优势:①降价幅度低于成本优势的规模。②单位销量的增加足以在降低单位销售产品利润率的情况下增加利润。一个企业的成本优势是5% ,就不能降价20%,否则,虽然销售额提高了19% ,但总利润却可能没有提高。③产品包含吸引消费者购买的其他属性。

(2)新加入者可能后来居上。产业中新加入者通过模仿、总结前人经验或购买更先进的生产设备,使得他们的成本更低,以更低的成本起点参与竞争,后来居上。这时,企业就会丧失成本领先地位。

(3)丧失对市场变化的预见能力。由于采用成本领先战略的企业把其主要力量集中于降低产品成本,从而对市场变化的预见能力降低。最终导致虽然企业的产品价格很低,但也不为顾客所欣赏和需要。

(4)技术变化降低企业资源的效用。生产技术的变化或新技术的出现可能使得过去的设备投资或产品学习经验变得无效,变成无效用的资源。

(5)容易受外部环境的影响。比如通货膨胀率的提高,就势必提高企业的生产投入成本,降低企业的产品成本——价格优势,从而使企业不能与采用其他竞争战略的企业相竞争。

二、差异化战略

(一)差异化战略的类型

所谓差异化战略,是指为使企业产品与竞争对手产品有明显的区别,形成与众不同的特点而采取的一种战略。这种战略的核心是取得某种对顾客有价值的独特性。企业要突出自己产品与竞争对手产品之间的差异性,主要有四种基本的途径:产品、服务、人事与形象,如表3-2所示。

表3-2 差异化的变量

产品	服务	人事	形象
特征	送货	能力	标志
工作性能	安装	礼貌	传播媒体
一致性	顾客培训	可信度	环境
耐用性	咨询	可靠性	项目
可靠性	修理	敏感度	
易修理性	其他服务	可交流性	
式样			
设计			

1. 产品差异化战略

这里的产品主要是指有形产品。有些产品高度标准化,相互之间差异很小,如鸡蛋和水果,但仍可以发现一些差别。比如,宝洁公司成功地把洗衣粉设计成了汰渍(Tide)、奇尔(Cheer)、格尼(Gain)、达诗(Dash)、波德(Bold)、卓夫特 (Dreft)、象牙雪(Ivory Snow)、奥克多(Oxydol)和时代(Era)九个品牌。有些产品的差异化程度很高,如汽车、建筑物和家具等。产品差异化的主要因素有:特征、工作性能、一致性、耐用性、可靠性、易修理性、式样和设计。

(1)特征。产品特征是指对产品基本功能给予补充的特点。产品特征是企业实现产品差异化的极具竞争力的工具。企业可以通过增加新的特征来推出新的产品。例如,先锋公司推出一种新音响,它不仅可以让卡拉OK歌手唱歌,而且还可以直接在光盘上为他们录音,从而形成品牌的独特风格。

(2)工作性能。工作性能是指产品首要特征的运行水平。如果某笔记本电脑具有更快的处理速度和更大的内存,那么就要比其他笔记本电脑的工作效率高,就更容易受到消费者的青睐。但是,这并不意味着产品的质量越高越好,因为有时候过高的质量不一定给企业带来过高的利润,反而可能因成本过高而降低企业的收益水平。所以,企业产品的质量水平只要符合目标市场的特征,与竞争对手产品的质量水平相当即可。例如,为普通家庭设计的计算机系统并不需要像为航空工程师设计的那样灵敏。

(3)一致性。一致性是指产品的设计特征和工作性能与预期标准的符合程度。一致性越高,产品许诺的功能越容易实现,消费者就会感到越满意;反之,则相反。比如,人们之所以盛赞日本企业的产品,原因之一就是其产品具有很高的一致性。

(4)耐用性。耐用性是指产品的预期使用寿命。一般而言,产品的耐用性越强,消费者愿意为之支付的价格越高,但也并非全部如此。比如,宣传个人电脑具有很强的耐用性就并不一定有吸引力,因为这种产品的特征和工作性能变化很快。

(5)可靠性。可靠性是衡量产品在一定时期内不会发生故障或无法工作的指标。消费者希望避免因发生故障而修理所形成的高成本,所以愿意为质量可靠的产品支付高价格。例如,美国坦德姆计算机公司开发了一种多计算机系列使用的操作系统,这种系统运行时,某一计算机发生故障,其余计算机可以替代工作。该公司这种独特产品的可靠性在市场上影响很大,甚至连国际商用机器公司开发的操作系统都难以达到这种可靠性。

(6)易修理性。易修理性是指当产品失灵或无法工作时,易于修理。易修理性越强,当产品出现问题时,消费者自己处理问题的可能性就越大,就会感到产品的使用越方便,从而比较满意;反之,则相反。

(7)式样。式样是指产品给予消费者的视觉效果和感觉。例如,尽管“美洲豹”汽车可靠性不佳,但仍有不少消费者愿意为之支付高价格,因为它的外形独特。

(8)设计。设计是一种整合的力量,前面所有的品质都是产品设计的参数。设计包括产品设计、工序设计、图案设计、建筑物设计、内部设计及企业标志设计等。卓越的产品设计能吸引顾客的注意力,提高产品的质量和工作性能,降低生产成本,并能更好地将产品的价值信息传递给消费者。可以预见,随着竞争的加剧,设计将成为企业对产品和服务实现差异化的强有力途径。

2. 服务差异化战略

除对有形产品实行差异化战略外,企业还可对服务进行差异化。尤其是在难以突出有形产品的差异化时,服务的数量与质量往往成为竞争取胜的关键。服务的差异化主要包括送货服务、安装服务、顾客培训服务、咨询服务、修理服务和其他服务。

(1)送货服务。送货服务是指企业如何将产品和服务送到顾客手中。它包括送货的速度、准确性和对产品的保护程度。消费者常常选择能按时送货的供应商。

(2)安装服务。安装服务是指将产品安放在计划位置上,使之开始运转。例如,国际商用机器公司会将顾客所购买的设备一起送到指定地点,而不是在不同时间运送不同的零部件。

(3)顾客培训服务。顾客培训服务是指对购买者的职员进行培训,让他们能正确、有效地使用供应商的设备。比如,麦当劳公司要求特许店店主到汉堡大学进修两星期,学习合理经营特许店的方法。

(4)咨询服务。咨询服务是指销售商向购买者免费(或收取一定费用)提供资料,建立信息系统,给予指导等。这些服务能帮助顾客更有利地参与竞争,从而更忠实于供应商。

(5)修理服务。修理服务是指公司向产品购买者提供的修理项目。例如,日产公司向顾客保证承担因修理不当而造成的一切费用。

(6)其他服务。企业还可发现许多其他途径来区分服务和服务质量。如设立顾客奖,这在航空公司竞争中很常见。

3.人事差异化战略

企业可以通过雇用、培训比竞争对手更优秀的员工,来赢得强大的竞争优势。例如,新加坡航空公司的声誉在航空市场很高,因为该公司的航空小姐美丽优雅。再如,麦当劳公司的员工十分有礼貌;国际商用机器公司的员工技术水平很高;迪斯尼公司的员工态度非常乐观;大多数日本百货商店都在电梯旁安排一位女士,告知顾客各层销售的商品种类。训练有素的员工应体现以下特征:

(1)能力。员工必须具备的技能和知识。

(2)礼貌。员工对顾客的态度友好,充满敬意,能为顾客着想。

(3)可信度。员工值得公司信任。

(4)可靠性。员工能自始至终、准确地提供服务。

(5)敏感度。员工能对顾客的需要和有关问题迅速地做出反应。

(6)可交流性。员工能尽力去理解顾客,并能准确地与顾客沟通。

4.形象差异化战略

即使其他竞争因素都相同,但由于企业或品牌的形象不同,消费者也会做出不同的反应。品牌可以形成不同的“个性”,供消费者识别。

个性是指公司期望向公众展示的特征,而形象则是公众对公司的看法。公司个性设计是为了在公众心目中塑造形象,但其他因素也会影响公司的形象。公司形象不可能一夜之间在公众心目中形成,也不可能凭借一种媒体就可塑造。形象需要各种可能的沟通给予传播,并要不断地扩散。像“IBM 意味着优质服务”这一条信息要通过标志、传播媒体、环境和各种项目等途径来表达。

(1)标志。鲜明的形象应包括易于识别企业或品牌的一个或多个标志。企业可以选择自然物或者人名来突出自己的品质,如“老虎”、“苹果”等。口号有时也可表现一定的形象。比如,宏基公司在不同时期的口号分别是:“微处理器的园丁”,“为了明天更美好,缩短差距”,“为每个人提供现代技术”。进一步的标志还有颜色和特定的声响或音乐。再比如,蓝色在美国是最受欢迎的企业色彩(最突出的是国际商用机器公司),而红色则是亚洲使用最多的企业色彩等。

(2)传播媒体。在公司或品牌个性的广告宣传中,必须融入已选定的标志。广告要能传播与众不同的信息——一条信息、一种情感、一定质量水平。信息还应在其他的载体上反复出现,如年度报告、宣传手册和目录等。公司的信笺和商业卡上也可设计公司所宣传的形象。

(3)环境。生产或运送产品或服务的有形空间正成为另一种有力的形象宣传工具。比如,银行要显得态度友好,就应选择合适的建筑设计、内部设计、布局、色彩、原材料和装饰等。

(4)项目。公司可以通过所赞助的项目的类型来塑造个性。例如,银行可以举办音乐会,饮料生产企业可以赞助体育项目等。

(二)差异化战略的适用条件与组织要求

一般来说,差异化战略在下列情况下较为有效:

(1)可以有很多途径创造企业产品与竞争对手产品之间的差异,并且这种差异被顾客认为是有价值的。

(2)顾客对产品的需求和使用要求是多种多样的,即顾客需求是有差异的。

(3)采用类似差异化途径的竞争对手很少,即真正能够保证企业产品是差异化的。

(4)技术变革很快,市场上的竞争主要集中在不断地推出新的特色产品。

除上述外部条件外,企业实施差异化战略还必须具备如下内部条件:

(1)企业具有很强的研究开发能力,研究人员要有创造性的眼光。

(2)企业具有以其产品质量或技术领先的声望。

(3)企业在这一产业有悠久的历史或吸取其他企业的技能并自成一体。

(4)企业有很强的市场营销能力。

(5)企业研究与开发、产品开发以及市场营销等职能部门之间要具有很强的协调性。

(6)企业要具备能吸引高级研究人员、创造型人才和高技能职员的设施。

(7)企业各种销售渠道能强有力地合作。

(三)差异化战略的收益与风险

实现差异化战略,可以培养顾客对品牌的忠诚感,降低其对产品价格的敏感性,即使产品价格高于同类产品,顾客也会对该品牌产品产生偏爱。因此,差异化战略是使企业获得高于同产业平均利润水平的一种有效战略。具体来说,实施差异化战略的意义在于:

(1)建立起顾客对企业的忠诚感。随着顾客对企业产品或服务的认识和依赖,顾客对产品或服务的价格变化敏感程度大大降低,这样,差异化战略就可以为企业在同产业竞争中形成一个隔离带,避免竞争对手的侵害。

(2)形成强有力的产业进入障碍。由于差异化提高了顾客对企业的忠诚度,如果产业新加入者要参与竞争,就必须扭转顾客对原有产品或服务的信赖和克服原有产品的独特性的影响,这就增加了新加入者进入该产业的难度。

(3)增强了企业对供应商讨价还价的能力。这主要是由于差异化战略提高了企业的边际收益。

(4)削弱购买商讨价还价的能力。企业通过差异化战略,使得购买商缺乏与之可比较的产品选择,降低了购买商对价格的敏感度。此外,通过产品差异化使购买商具有较高的转换成本,使其依赖于企业。

(5)差异化战略建立起顾客对企业的忠诚,使得替代品无法在性能上与之竞争。

差异化战略也包含一系列风险:

(1)可能丧失部分客户。如果采用成本领先战略的竞争对手压低产品价格,使其与实行差异化战略的厂家的产品价格差距拉得很大,在这种情况下,用户为了节省大量费用,可能放弃取得差异的厂家所拥有的产品特征、服务或形象,转而选择物美价廉的产品。

(2)用户所需的产品差异的因素下降。当用户变得越来越老练,对产品的特征和差别体会不明显时,就可能发生忽略差异的情况。

(3)大量的模仿缩小了感觉到的差异。特别是当产品发展到成熟期时,拥有技术实力的厂家很容易通过逼真的模仿,减少产品之间的差异。

(4)过度差异化。差异化虽然可以给企业带来一定的竞争优势,但这并不意味着差异化程度越大越好,因为过度的差异化容易使得企业产品的价格相对竞争对手的产品来说太高,或者差别化属性超出了消费者的需求。

三、重点集中战略

(一)重点集中战略的含义和类型

重点集中战略也称聚焦战略,是指企业或事业部的经营活动集中于某一特定的购买者集团、产品线的某一部分或某一地域市场的一种战略。这种战略的核心是瞄准某个特定的用户群体、某种细分的产品线或某个细分市场。重点集中战略一般有两种变化形式,一种是低成本重点集中,另一种是差异化重点集中。在实行低成本重点集中时,企业在所处目标细分市场中寻求低成本优势;在实行差异化重点集中时,企业则寻求在目标细分市场中的独特差异化。具体来说,重点集中战略可以分为产品线重点集中战略、顾客重点集中战略、地区重点集中战略、低占有率重点集中战略。

1.产品线重点集中战略

对于产品开发和工艺装备成本偏高的产业,如汽车工业和飞机制造业,通常以产品线的某一部分作为经营重点。例如,日本汽车厂家一直将经营重点放在小型轿车生产和销售方面,并以小型汽车性能好、节省油、外观美、价格低的特点,打入美国和西欧市场,获得巨大的成功。再如,天津微型汽车制造厂面对进口轿车与合资企业生产轿车的竞争,将经营重心放在微型汽车上,凝聚成强大的战斗力。该厂生产大发微型客车和夏利微型轿车,专门适用于城市狭小街道行驶,颇受出租汽车司机的青睐。近年来,其销售量和利润大幅度增长。

2.顾客重点集中战略

将经营重心放在不同需求的顾客群上,是顾客重点集中战略的主要特点。有的厂家以市场中高收入顾客为重点,产品集中供应注重最佳质量而不计较价格高低的顾客。如手表业中的劳力士、时装业中的皮尔·卡丹,体育用品业中的阿迪达斯、耐克、王子等产品,都是以高质高价为基础,对准高收入、高消费的顾客群。还有的厂家将产品集中于特定顾客群。如金利来领带和衬衣生产商将重点消费对象对准有地位的男士公民,强调该产品是“男人的世界”。再如,美国一家公司针对大型化妆品公司忽略黑人公众产品偏好的特点,通过生产、销售适用于黑人消费者的护发及化妆用品,成功地运用了顾客重点集中战略。此外,有的经销商专以用量庞大的顾客为重点,通过这种集中,求得规模经济;有的服装零售店,只为满足特殊身材销售特大号服装。这些都是顾客重点集中的范例。

3. 地区重点集中战略

划分细分市场,可以以地区为标准。如果一种产品能够按照特定地区的需要实行重点集中,也能获得竞争优势。例如,原天津自行车二厂生产加重自行车,该产品集中对准农村市场,在设计、耐用性、质量、价格各方面都以农村特点为依据,在农村市场十分畅销,被农民称为“不吃草的小毛驴”。此外,在经营地区有限的情况下,实行地区重点集中战略,也易于取得成本优势。如砖瓦、水泥、板材等建材企业,由于运输成本很高,将经营范围集中于一定地区之内是十分有利的。

4. 低占有率重点集中战略

市场占有率低的事业部,通常被公司总部视为“瘦狗”或“金牛”类业务单元。对这些事业部,往往采取放弃或彻底整顿的战略,以提高其市场占有率。但是,根据美国哈佛大学教授哈默什等对市场占有率低、经营业绩好的美国公司的分析研究,结果发现,市场占有率低的企业的经营成功,主要依靠将经营重点集中在较窄的领域上,其特点是:①低占有率公司的经营竞争,仅局限于少数细分市场,而且细分市场的选定十分谨慎;②低占有率公司研究开发效率较高;③低占有率公司重视利润,而不是以成长作为主要目标。由此可见,市场占有率低的中小企业或事业部,如果充分发挥自己的优势,将经营重点对准特定的细分市场,有重点地进行研究开发,也能建立不败的竞争优势。

(二)重点集中战略的适用条件、收益与风险

具备下列四种条件,采用重点集中战略是适宜的:

(1)具有完全不同的用户群,这些用户或有不同的需求,或以不同的方式使用产品。

(2)在相同的目标细分市场中,其他竞争对手不打算实行重点集中战略。

(3)企业的资源不允许其追求广泛的细分市场。

(4)产业中各细分部门在规模、成长率、获利能力方面存在很大差异,致使某些细分部门比其他部门更有吸引力。

同其他战略一样,重点集中战略也能在本产业中获得高于一般水平的收益,主要表现在:

(1)重点集中战略便于集中使用整个企业的力量和资源,更好地服务于某一特定的目标。

(2)将目标集中于特定的部分市场,企业可以更好地调查研究与产品有关的技术、市场、顾客以及竞争对手等各方面的情况,做到“知彼”。

(3)战略目标集中、明确,经济效果易于评价,战略管理过程也容易控制,从而带来管理上的简便。

根据中小企业在规模、资源等方面所固有的一些特点,以及重点集中战略的特性,可以说重点集中战略对中小企业来说可能是最适宜的战略。重点集中战略也有相当大的风险,主要表现在:

(1)由于企业全部力量和资源都投入了一种产品(服务)或一个特定的市场,当顾客偏好发生变化,技术出现创新或有新的替代品出现时,就会发现这部分市场对产品(服务)的需求下降,企业就会受到很大的冲击。

(2)竞争者进入了企业选定的目标市场,并且采取了优于该企业的更重点集中的战略。

(3)产品销量可能变小,产品要求不断更新,造成生产费用的增加,使得采取重点集中战略的企业的成本优势被削弱。

典型案例

神舟电脑的低价策略

在中国,神舟电脑成了平价电脑的代名词。

就在两年前,吴海军决定进军 PC(个人电脑)市场时,他自己肯定都没有想到,会取得如此成绩:距离第一台神舟电脑下线的时间不到一年,神舟电脑就杀入中国 PC 产业前五名行列。在 IT(信息技术)产业一片凄风苦雨的 2002 年,神舟电脑以 4.4% 的市场占有率稳居产业第五位(《计算机世界》统计数据)。神舟电脑在"演绎深圳速度"的同时,因其超低价格也被业界批评为"游戏规则的破坏者"。

神舟电脑的低价战略,在中国市场大有"秋风扫落叶"之势。2002 年初,"4 888 元,奔 4 扛回家"成了中国家喻户晓的广告语。2002 年 11 月 1 日,神舟宣布,配置威盛 Cyrix800 的液晶电脑将以 4 880 元的价格向市场推广。到了 2003 年 2 月底,最低配置的神舟笔记本电脑只需 5 999 元,再次让业内哗然。

商家以追逐利润为最终目标,神舟的超低价格是否能保证自己足够的利润和持续的发展力?在海尔、戴尔等公司纷纷放弃 PC 生产,转向 OEM(原厂委托制造)之际,神舟的制造产业还有多大的发展空间?神舟电脑的母公司——新天下集团总裁吴海军对此似乎胸有成竹。

吴海军有一个著名的四重利润理论:无论任何产品都有四大利润可赚,那就是销售利润、品牌利润、研发利润和生产利润。如果一个企业全面掌握这四大利润,就能维持一个很强的核心竞争力。如果你只拥有销售利润和品牌利润,那么当渠道越来越开放的时候,竞争就会变得越来越激烈,你拥有的生存空间就会越来越小。

和其他厂商的不同之处在于,神舟电脑是在掌握电脑板卡的自主研发技术并吃透电脑配件产业之后,凭借专业与市场的优势,来实施价值链的纵向下移并获取产业利润的。新天下集团最初是从电脑板卡起家的,其生产的奔驰主板和小影霸显卡等板卡在国内占有三成的市场份额。到目前为止,神舟电脑是国内唯一具备电脑主板和显卡两项自主研发能力的整机制造商,多数国内电脑厂商全部依赖进口,而神舟电脑的这两项技术使整体成本降低两成左右。

神舟电脑扁平的渠道模式也为它节省了成本。与所有 PC 制造商都不相同,神舟电脑完全采取了连锁方式来运作其销售渠道,在全国各级市场有近 1 000 家特许经营的连锁店，绕开所有中间环节，直接面对用户，大大降低了渠道运营成本。新天下集团介入 PC 生产是在经过充分市场和产业调研的基础上做出的决定。IDC 公司的数据表明，中国的 PC 市场预期成熟容量为 3 000 万台左右，与现在的 1 000 万台总量相比，市场的上升空间很大。可以说，PC 依然是黄金般的朝阳产业。中国企业的研发实力不足，但在制造领域的优势却很明显。基于这种理解，新天下集团对此使出“大手笔”。2002 年，占地 16 万 m^2 的神舟工业园第一期项目在深圳高新产业园落成投产，这个按新技术、新概念建造的现代化智能工业园具有每年 200 万台电脑整机生产能力，神舟电脑以此对传统电脑市场发起更猛烈的冲击。

吴海军的目标是“做中国的戴尔”。他能做到吗？他的低价战略面临哪些方面的挑战呢？

（源自《世界经理人》，作者：吴海军）

【思考分析】

(1)你如何看待神舟电脑的低价战略？神舟电脑低价战略成功的根本原因是什么？

(2)如何才能保证神舟电脑的持续竞争能力？是继续坚持低价战略，还是采用其他战略？请具体说明原因及具体战略类型。

思考题

(1)竞争战略有哪几种基本类型？

(2)如何实现成本领先战略？该战略有何利弊？

(3)如何实现差异化战略？该战略有何利弊？

(4)市场营销战略主要包括哪些内容？

实训题

比亚迪公司的低成本领先战略

比亚迪公司主要从事二次充电电池的研究、开发、制造和销售，主要产品包括锂离子、镍镉、镍氢充电电池。在 20 世纪 90 年代初期，充电电池市场几乎全部是日本企业的天下，三洋、东芝、松下等日系电池制造商占据着全球近 90% 的市场。但比亚迪公司奉行独特的成本领先策略，成就了一个奇迹。迄今为止，比亚迪公司的生产规模已经超过松下、东芝和索尼公司，和三洋公司的差距正不断缩小。

比亚迪公司的低成本策略与其低成本的生产模式是分不开的。和中国大多数初创企业一样，比亚迪公司一开始就采用了以手工为主的生产模式，即自己动手做一些关键设备，然后把生产线分解成由若干个人工完成的工序，以尽可能地代替机器，对抗自动化程度极高的日本生产线。从表面上看，这种落后的生产模式毫无优势可言，但实际上它能大幅度地降低成本。因为自动化程度越高，初次投入的成本越大，更新换代的成本也越大，而手工作业的模式却具备无可比拟的灵活性。日本企业一条电池自动生产线的投入超过千万日元，比亚迪公司自创的以人力居重的生产线，一次投入小，灵活性大。当一个新的产品推出的时候，原有的生产线只需作关键环节的局部调整，再对员工作相应的技术培训就可以了。

除以低成本的生产模式取胜外，比亚迪公司还依靠技术研发来降低成本。比亚迪公司的研发中心专门改造电池溶液的化学成分，仅这一项，就缩短了比亚迪公司的电池生产工艺流程，并将每月生产的花费从500万~600万元降至区区几十万元。为了寻求新工艺，比亚迪公司甚至和上游材料供应商共同研发，共同制订降低成本的方案。

现在，比亚迪公司正在谋求在更大的领域复制它的低成本模式。2003年1月，比亚迪以2.54亿元港币的价格收购西安秦川汽车有限责任公司77%的股权，正式控股秦川公司，并打算以自己在电池生产和研发方面的低成本优势进入汽车业。据传，比亚迪公司已经在汽车电池的制造技术上有重大突破，离电动汽车市场化、实用化的目标不远了。

（源自《世界商业评论》）

【教学功能】

本案例从成本管理的角度，对企业低成本战略的设计和执行进行了分析，案例内容适用于研究企业低成本模式的实施。

【思考与讨论】

（1）讨论比亚迪公司低成本战略设计和执行的关键所在。

（2）探讨比亚迪公司复制其低成本模式过程中所需要注意的关键问题。

【答题提示】

（1）本题应结合企业价值链分析工具，就比亚迪公司低成本战略及其外部市场和内部条件的匹配性进行讨论。

（2）本题应结合行业分析的观点，对比亚迪公司低成本模式的可移植性进行分析。

第四章

现代企业生产管理

学习目标

□了解企业生产运作的分类、特征、过程；
□了解生产过程组织的几种新方式；
□了解编制生产作业计划应明确的期量标准以及各种期量标准的计算方法；
□理解网络计划技术的基本原理，学会绘制网络图；
□理解制造资源计划(MRPⅡ)的组成功能和特点；
□理解企业生产计划指标及其计算方法；
□掌握流水生产组织设计的方法；
□掌握编制生产计划时进行优选的有关方法；
□掌握生产作业控制的有关控制方法。

睿智名言

十倍速时代已经来临，我们的失败和成功都以十倍速的节奏进行。明天总会到来，又总会与今天不同。如果不着眼于未来，最强有力的公司也会遇到麻烦。

开创新事物是企业成长最有效的途径。

不是我们存在于世界中，而是世界存在于我们心中。存在于心中的是各种各样的潜能和可能性，正是这些潜能与可能性把我们同世界上的每一个人联系在一起，让全人类成为一个整体。我们每一个人都是整个世界的反映，每一个人心中都包含了宇宙的全部信息。

案例导入

沃尔玛公司的全球采购体系

根据国际贸易规则的变化和沃尔玛零售业务的特点，沃尔玛公司采用了以地理布局为主的全球采购组织形式。按照这种方式,沃尔玛公司的全球采购网络分别由大中华及北亚区、东南亚及印度次大陆区、美洲区、欧洲中东及非洲区等四个区域所组成。沃尔玛公司在每个区域内按照不同国家设立国别分公司,其下再设立卫星分公司。

在沃尔玛公司,全球采购是指某个国家的沃尔玛店铺通过全球采购网络从其他国家的供应商进口商品,而从该国供应商进货则由该国沃尔玛公司的采购部门负责采购。每个国家的分公司的工作就是在它们的地理范围内找到最好的供应商和产品。在全球采购总部,除了四个直接领导采购业务的区域副总裁向物流总裁报告,物流总裁还领导着支持性和参谋性的总部职能部门。其中有一个部门专门监测国际贸易领域和全球供应商的新变化对全球采购的影响,并据此制定和调整公司的全球采购政策。

沃尔玛公司的采购是全球采购。它的采购体系不仅为沃尔玛美国的店铺采集货品,而且为其他国家的沃尔玛店铺采集货品。为此,它制定了一系列的采购制度以调整不同国家之间的贸易政策冲突,同时注重培养采购人员的全球采购意识和技能,还衍生出沃尔玛公司文化的全球采购文化,以强化员工与全球供应商的合作关系。

(源自沃尔玛公司网站)

【思考分析】

(1)从经济一体化的角度,探讨沃尔玛公司全球采购战略的长处和不足之处。

(2)讨论全球采购文化在沃尔玛公司全球采购战略中的地位。

【答题提示】

(1)本题应借助价值链分析模型和现代企业战略多元化理念,对沃尔玛公司全球采购战略的绩效和缺陷进行探讨。

(2)本题应根据企业目标管理的思路和职能战略的执行方式,对全球采购文化的功能和正负面影响进行探讨,并应结合管理心理学的分析方法,评价全球采购文化在沃尔玛公司全球采购战略中的地位。

第一节　现代企业生产管理概述

一、社会生产组织

(一)社会生产组织的概念

社会生产组织是具有特定目标和功能的、社会化的生产要素的集合体。各种社会生产组织的出现,是社会分工的结果,也是社会生产力发展的标志。一种社会生产组织通过它的输出为其他社会组织和居民服务。

(二)社会生产组织的基本职能

社会生产组织的基本职能有三项:生产、理财和营销。生产是一切社会生产组织最基本的活动;理财就是为社会生产组织筹措资金并合理地运用资金;营销就是要发现与发掘顾客的需求,让顾客了解公司的产品和服务,并将这些产品和服务送到顾客手中。三项基本职能是一切社会生产组织都有的。

二、生产概念的扩展

按照马克思主义的观点,生产是以一定生产关系联系起来的人们利用劳动资料,改变劳动对象,以适合人们需要的过程。服务业的兴起使生产的概念得到延伸和扩展。

从一般意义上讲,我们可以给生产下这样一个定义:生产是一切社会组织将它的输入转化为输出的过程。为了解释这个定义,表 4-1 列出了几种典型的社会组织的输入、转化和输出的内容。

表 4-1　典型社会组织的输入、转化和输出的内容

社会组织	主要输入	转化	主要输出
工厂	原材料	加工制造	产品
运输公司	产地的物资	位移	销地的物资
修理站	损坏的机器	修理	修复的机器
医院	病人	诊断与治疗	恢复健康的人
大学	高中毕业生	教学	高级专门人才
咨询站	情况、问题	咨询	建议、办法、方案

输入、转化和输出与社会组织的三项基本活动——供应、生产运作和销售相对应。

三、生产管理在企业管理中的地位

(一)生产管理是企业一切活动的基础

生产管理是企业的基本职能。通过生产管理,企业为其他社会组织和居民提供产品和服务。产品是企业对社会作出的贡献,也是它赖以生存的基础。企业若不提供产品,或者所提供的产品因品种、质量或其他问题不被大众所接受,就得不到社会的承认。这样的企业就不能生存下去,就会在竞争中被淘汰。因此,生产管理在现代企业管理中居于中心地位,见图 4-1。

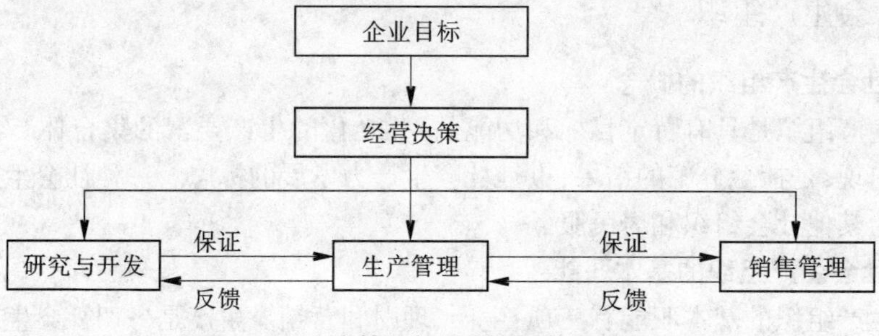

图 4-1　生产管理与现代企业管理的关系

(二)生产战略是企业经营战略的重要组成部分

1. 生产战略的概念

生产战略是企业根据所选定的目标市场和产品特点构造其生产系统时所应遵循的指导思想,以及在这种指导思想下的一系列决策、规划及计划。生产战略作为一个职能战略,其作用在于在生产领域内取得某种竞争优势以支持企业的经营战略,而不局限于处理和解决生产领域内部的矛盾和问题。具体来说,生产战略与传统方法有两个明显的差异:

(1)生产战略强调了对产品竞争力的保障,通过目标优先级的决策实现产品竞争优势,而传统方法仅以成本和效率为中心,强调生产系统的高产出和规模经济。

(2)生产战略强调系统各要素间在生产类型结构框架下的协调性,而传统方法由于过分强调高效率与最现代化技术的应用,往往使得系统内部的要素组合失调,不能最佳地发挥出生产的潜力。

生产战略受到三方面的制约:

(1)企业经营业务方向的制约。生产消费产品、高技术产品和生产资料的企业,分别采用市场导向、技术导向的策略等,它们对生产战略的要求是不同的,因而生产战略所处的地位也就不同。

(2)企业经营目标的制约。一些企业把未来几年业务的增长速度作为企业经营的主要目标,那么企业就会采取薄利多销的策略,努力寻求价格—成本优势,这时生产系统就会相应进行大批量生产,而在创新方面的优势就会大大减退;另外一些企业并不明确规定业务的增长速度,却把注意力放在开发新产品或提高质量等方面,将会削弱对交货期的保障能力。由于其经营目标的不同,对生产战略也就有重要影响。

(3)企业经营战略的制约。采用多元化经营战略,或单一产品战略,对生产战略有极大的影响。前者要在产品特色、质量、品种等方面寻求优势,但会因产品缺乏标准化、达不到规模经济等原因而失去成本方面的优势;后者则恰好相反。

2. 生产战略的类型

生产的总体战略包括五种常用的生产战略。

(1)自制或购买。这是首先要决定的问题。如果决定制造某种产品或由本企业提供某种服务,需要建造相应的设施,采购所需要的设备,配备相应的工人、技术人员和管理人员。自制或购买决策有不同的层次。如果在产品级决策,则影响到企业的性质。产品自制,需要建一个制造厂;产品外购,则需要设立一个经销公司。如果只在产品装配阶段自制,则只需要建造一个总装配厂,然后寻找零部件供应厂家。由于社会分工大大提高了效率,一般在做自制或购买决策时,不可能全部产品和零部件都自制。

(2)低成本和大批量。早期福特汽车公司就是采用这种策略。在零售业,沃尔玛公司也是采用这种策略。采用这种策略需要选择标准化的产品或服务,而不是顾客化的产品和服务。这种策略往往需要高的投资来购买专用高效设备,如同福特汽车公司当年建造 T 形车生产线一样。需要注意的是,这种策略应该用于需求量很大的产品或服务。只要市场需求量大,采用低成本和大批量的策略就可以战胜竞争对手,取得成功,尤其在居民消费水平还不高的国家或地区。

(3)多品种和小批量。对于顾客化的产品,只能采取多品种和小批量生产策略。当今世界消费多样化、个性化,企业只有采用这种策略才能立于不败之地。但是多品种和小批量生产的效率难以提高,对大众化的产品不应该采取这种策略;否则,遇到采用低成本和大批量策略的企业,就无法与其竞争。

(4)高质量。质量问题日益重要。无论是采取低成本和大批量策略,还是采取多品种和小批量策略,都必须保证质量。在当今世界,价廉质劣的产品是没有销路的。

(5)混合策略。将上述几种策略综合运用,实现多品种、低成本、高质量,可以取得竞争优势。现在人们提出的“顾客化大量生产”或称“大量定制生产”,既可以满足用户多种多样的需求,又具有大量生产的高效率,是一种新的生产方式。

3. 生产战略对企业经营战略的作用

生产战略作为企业经营战略指导下的一种职能性战略,它具体刻画了企业如何通过运营活动实现企业经营目标,是企业经营战略必不可少的一部分,是企业经营战略成功的保证。

四、生产管理的任务与原则

(一)生产管理的任务

生产管理作为一个子系统,有它本身的运动规律,如图 4-2 所示,首先是各生产要素(人、财、物、信息等)的投入,经过生产过程中的转换(包括反馈控制),最终输出物美价廉的产品(服务)。

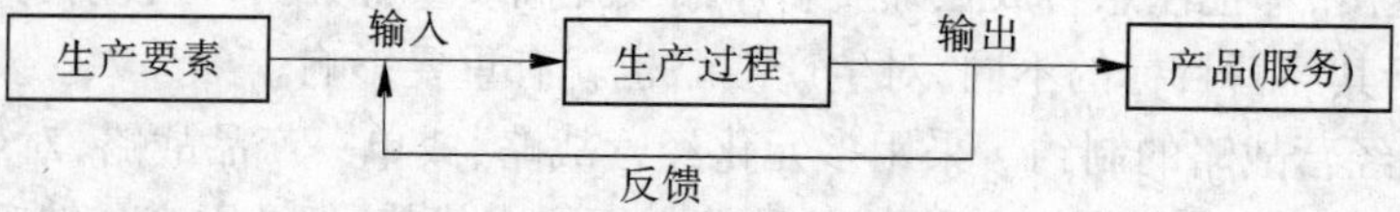

图 4-2　生产管理子系统的运动规律

生产管理的任务就是运用组织、计划、控制的职能,把投入生产过程的各种要素有效地组织起来,形成有机整体,按最经济的方式,生产出满足社会需要的廉价、优质的产品(服务)。

(二)生产管理的原则

(1)讲求经济效益。讲求经济效益,按传统观点和做法是把降低成本的重点放在节省原材料和节约工时上,而按现代观点和做法则是把降低成本重点放在提高生产能力和降低库存上。

(2)坚持以销定产。生产管理要坚持以销定产,防止盲目生产,提高对市场的适应能力,发展新产品。

(3)实行科学管理。生产管理要实行科学管理,建立适宜的生产指挥系统,做好基础工作,使数据完整、准确,制度完善,管理工作程序化、制度化以及管理思想和方法现代化。

(4)组织均衡生产。组织均衡生产既是科学管理的要求,也是建立正常生产秩序和管理程序、保证质量、降低消耗的前提条件。

(5)实施可持续发展战略。生产转化为有用的产品,还是转化为污染?这是生产管理中要考虑的一个问题。1989 年联合国环境规划署工业与环境规划活动中心提出“清洁生产”的概念，并定义：“清洁生产是指将综合防御的环境策略持续地应用于生产过程和产品中，以便减小对人类和环境的风险性。”对于生产过程而言，清洁生产包括节约原材料和能源，淘汰有毒原材料，并在全部排放物和废料离开生产过程以前减少产品在整个生产周期过程中对人类和环境的影响。

第二节　现代企业生产过程组织

组织产品的生产过程是指从原材料投入到成品出产的全过程，通常包括工艺过程、检验过程、运输过程、等待停歇过程和自然过程。

工艺过程是生产过程的最基本部分。对于机械制造工艺过程，一般可划分为毛坯制造、零件加工和产品装配三个阶段。每一阶段又可划分为若干工序。工序是工艺过程最基本的组成单位。对机械加工来讲，工序是在一个工作地上工人利用一次装配所完成的加工作业。从生产管理角度，可以把零件从到达一个工作地（机床）到离开该工作地（机床）工人所从事的加工作业称为一道工序。

检验和运输过程也是必不可少的，但应该尽可能缩短。等待停歇过程如属于制度规定，则是合理的；若由于组织管理不善造成，则应该消除。自然过程，如冷却、干燥、发酵，是技术上要求的，是不可避免的。

一、组织生产过程的基本要求

组织生产过程是企业内部的工作，它必须与外界需求相适应。

（1）生产过程的连续性。生产过程的连续性是指物料处于不停的运动之中，且流程尽可能短，它包括空间上的连续性与时间上的连续性。提高生产过程的连续性，可以缩短产品的生产周期，降低在产品（也叫半成品或在制品）库存，加快资金的流转，提高资金利用率。

（2）生产过程的平行性。生产过程的平行性是指物料在生产过程中实行平行交叉作业。平行作业是指相同的零件同时在数台相同的机床上加工；交叉作业是指一批零件在上道工序还未加工完时，将已完成的部分零件转到下道工序加工。显然，平行交叉作业可以大大缩短产品的生产周期。

（3）生产过程的比例性。生产过程的比例性是指生产过程各环节的生产能力要保持适合产品制造的比例关系。如果比例关系遭到破坏，则生产过程必将出现瓶颈。瓶颈制约了整个生产系统的产出，造成非瓶颈资源的能力浪费和物料阻塞，也破坏了生产过程的连续性。

（4）生产过程的均衡性（节奏性）。生产过程的均衡性是指产品从投料到完工能按计划均衡地进行，能够在相等的时间间隔内完成大体相等的工作量。生产不均衡会造成忙闲不均，既浪费资源，又不能保证质量，还容易引起设备、人身事故。保持生产过程的均衡性，主要靠加强组织管理。它涉及毛坯和原材料供应、设备管理、生产作业计划与控制，乃至对职工的考核办法。

(5)生产过程的准时性。生产过程的准时性是指生产过程的各阶段、各工序都按后续阶段和工序的需要生产,即在需要的时候,按需要的数量,生产所需要的零件。

(6)生产过程的柔性。生产过程的柔性是指生产系统处理外界变化的能力。能加工的产品(零件)种类数越多,则柔性越好。加工不同零件之间的转换时间越短,则柔性越好。

二、基本生产单位的组织形式

企业的基本生产单位存在工艺专业化和对象专业化两种基本的组织形式。根据这两种基本的组织形式,可派生出其他组织形式。

(一)工艺专业化

工艺专业化也叫工业原则,就是按照生产工艺的特点来设置生产单位,在工艺专业化的生产单位内,集中着同类型的生产设备和同工种的工人,一个生产单位只完成同种工艺方法的加工或同种功能。如机械制造企业中的机械加工车间、热处理车间、装配车间等,机械加工车间中又按照同工种、同设备分为机床组、铣床组、钻床组。工艺专业化示意图如图 4-3 所示。

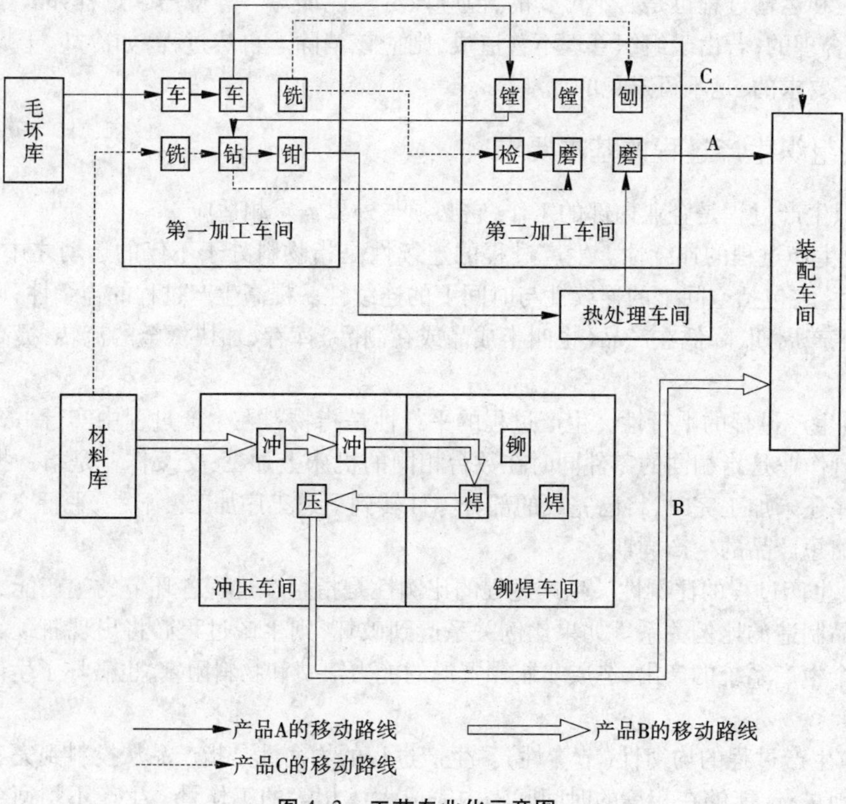

图 4-3　工艺专业化示意图

按照工艺专业化形式组成的生产单位,由于将同类的工艺设备和相同的工艺加工方法集中在一起，带来了以下一些优点：

(1)产品的制造顺序有一定的弹性，比较灵活，能较好地适应产品品种变化的要求。

(2)有利于提高设备的利用率，个别设备一时出现故障或进行维修，对整个生产进程的影响很小。

(3)工人固定操作某一种设备，有利于提高其专业技能。

但工艺专业化的生产单位，由于不能独立地完成产品(零件)的全部加工任务，一件产品必须通过许多生产单位后才能完成，这就造成以下缺点：

(1)产品在加工过程中的运输路线较长，运输原材料、半成品的工作量较大。

(2)产品在加工过程中停放、等待的时间增多，延长了生产周期，增加了在产品库存，多占用了资金。

(3)各生产单位之间的协作、往来频繁，使生产作业计划管理、在产品管理以及产品的成套性工作比较复杂。

(二)对象专业化

对象专业化也叫对象原则，就是以产品(零件、部件)为对象来设置生产单位。在对象专业化的生产单位内，集中为了制造某种产品所需的不同类型的生产设备和不同工种的工人，对其所生产的产品进行不同工艺方法的加工。每一个生产单位基本上能独立完成该种产品的全部或大部分工艺过程。由于工艺过程是封闭的，所以也叫封闭式生产单位。封闭式生产单位有两种主要形式：一是以产品或部件为对象，将大部分加工、装配等工艺过程封闭在一个生产单位里，如汽车制造厂的发动机车间、底盘车间等；二是以同类零件为对象，将下料、加工、检验等工艺过程封闭在生产单位里，如机床厂的齿轮车间、轴承厂的滚子车间等。对象专业化示意图如图4-4所示。

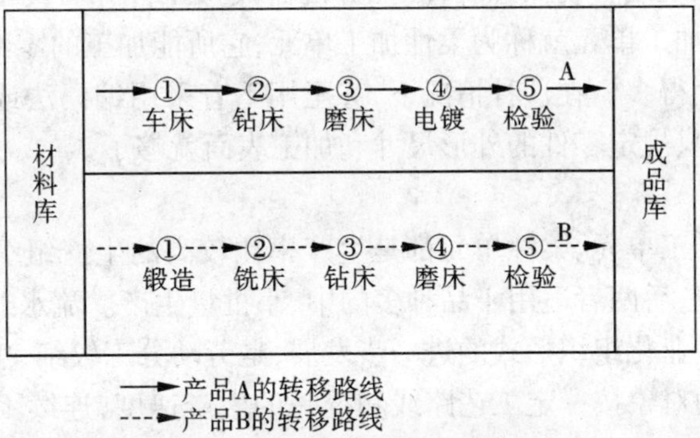

图4-4 对象专业化示意图

按照对象专业化形式组成的生产单位具有以下优点：

(1)可以大大缩短产品在加工过程中的运输距离，节省运输的人力、设备和费用，减小仓库和生产面积的占用。

(2)可以减少产品在加工过程中的停放、等候时间，缩短生产周期，减少加工过程中的在产品库存，节约资金。

(3)有利于按期、按量、成套地生产出完工产品。

(4)便于采用先进的生产组织形式,如流水线、成组加工单元等。

(5)减少了生产单位之间的协作联系,从而可以简化生产作业计划工作和生产控制工作。

(6)有利于强化质量责任和成本责任。由于每一个按对象原则组织的生产单位基本上独立完成某种产品或零件的加工任务,故应当承担该产品或零件的质量责任和成本责任。

按对象专业化组织生产单位的缺点是:往往因为生产单位的工艺或功能相对封闭而需要增加一些设备,故使这些设备的利用率较低,有时一台设备出了故障,会影响到整个生产单位的工作。

总的来说,对象专业化是一种优势较多、经济效益较好的生产组织形式,它代表了现代生产过程组织的大趋势。采用对象原则组织生产单位,最大的问题是如何解决产品或零件种类繁多、每种零件加工数量很少的问题。在这方面,成组加工单元是一种有效的解决办法。

(三)成组加工单元

为了克服单件小批生产中按工艺原则配置加工设备的缺点,可以采用成组技术的方法,按照零件加工表面和加工工艺上的相似性,对零件进行分类编组。在此基础上,建立成组加工单元。所谓成组加工单元,就是在一个生产单元内,配备某些不同类型的加工设备,完成一簇或几簇零件的全部加工任务,而且加工顺序在组内可以灵活安排。显然,成组加工单元符合对象原则。

(四)柔性加工单元

如果在上述成组加工单元中进行一些改变:加工机床为数控机床或数控加工中心,传递装置为自动传送系统或自动抓握装置(抓握机器人),工件和刀具由数控或计算机集中控制,则这样的成组加工单元就称为柔性加工单元,它所能加工的零部件种类要比采用传统设备的加工范围大得多。在这种情况下,甚至用不着采用编码法或工艺流程分析法对零件进行详细分类,只规定零件的外形尺寸和加工表面就够了。

(五)流水线

流水线与成组加工单元、柔性单元都是生产率比较高的生产组织形式。前者适用于品种少的大批量生产,后两者适用于品种多的中、小批量生产。流水线又称流水生产或流水作业。它是对象专业化组织形式的进一步发展,是劳动分工较细、生产率较高的一种形式。流水线是指劳动对象按一定工艺路线和统一的生产速度,连续不断地通过各个工作地,顺序地进行加工并出产产品(零件)的一种生产组织形式。典型的流水线有以下特点:

(1)流水线上固定生产少数几种产品(零件),其生产过程是连续的。

(2)流水线上各工作是按照产品工艺过程的顺序排列的,工件按单向运输路线移动,每个工作地只固定完成一道或少数几道工序。

(3)流水线按节拍进行生产。所谓节拍,就是流水线上前后出产两件相同产品之间的时间间隔。

(4)流水线上各工序之间的生产能力是平衡的、成比例的。

(5)流水线上各工序之间的运输采用传送带、轨道等传递装置,使在产品能在工序间及时传递。

流水线的主要优点是:生产过程较好地符合连续性、平行性、比例性及均衡性要求,生产率高、生产周期短、在产品少,可加速资金周转,降低生产成本,并简化管理工作。缺点是:不够灵活,不能及时地适应市场对产品产量和品种变化的要求,以及技术革新和技术进步的要求。

三、零件在加工过程中的移动方式

零件在加工过程中可以采用三种典型的移动方式,即顺序移动、平行移动和平行顺序移动。

(一)顺序移动方式

一批零件在上道工序全部加工完毕后才整批地转移到下道工序继续加工,这就是顺序移动方式。采用顺序移动方式,一批零件的加工周期 $T_{顺}$ 为:

$$T_{顺} = n\sum_{i=1}^{m} t_i$$

式中 n——零件加工批量;

t_i——第 i 工序的单件工序时间;

m——零件加工的工序数。

(二)平行移动方式

每个零件在前道工序加工完毕后,立即转移到后道工序继续加工,形成前后工序交叉作业,这就是平行移动方式。采用平行移动方式,一批零件的加工周期 $T_{平}$ 为:

$$T_{平} = \sum_{i=1}^{m} t_i + (n-1)t_L$$

式中 t_L——最长的单件工序时间;

其余符号意义同前。

(三)平行顺序移动方式

顺序移动方式零件运输次数少,设备利用充分,管理简单,但加工周期长;平行移动方式加工周期短,但运输频繁,设备空闲时间多而零碎,不便利用。为了综合两者的优点,可采用平行顺序移动方式。平行顺序移动方式要求每道工序连续进行加工,但又要求各道工序尽可能平行地加工。具体做法是:

(1)当 $t_i < t_{i+1}$ 时,零件按平行移动方式转移。

(2)当 $t_i \geqslant t_{i+1}$ 时,以第 i 工序最后一个零件的完工时间为基准,往前推移 $(n-1)t_{i+1}$,作为零件在第 $i+1$ 工序的开始加工时间。

采用平行顺序移动方式,一批零件的加工周期为:

$$T_{平顺} = n\sum_{i=1}^{m} t_i - (n-1)\sum_{j=1}^{m-1} \min(t_j, t_{j+1})$$

三种移动方式各有优缺点,它们之间的比较如表 4-2 所示。

表 4-2 零件三种移动方式的比较

比较项目	平行移动方式	平行顺序移动方式	顺序移动方式
生产周期	短	中	长
运输次数	多	中	少
设备利用	差	好	好
组织管理	中	复杂	简单

在实际生产中，选择零件的移动方式需要考虑零件尺寸的大小、零件加工时间的长短、批量的大小以及生产单位专业化的形式。一般来讲，零件尺寸大宜平行移动，零件尺寸小则宜顺序移动或平行顺序移动，如表 4-3 所示。

表 4-3 选择零件移动方式的考虑因素

零件移动方式	零件尺寸	加工时间	批量大小	专业化形式
平行移动	大	长	大	对象专业化
平行顺序移动	小	长	大	对象专业化
顺序移动	小	短	小	工艺专业化

第三节 现代企业生产管理计划与控制

一、生产计划

（一）生产计划的概念及其系统

1. 生产计划的概念

企业的生产计划是企业对在计划期内应完成的产品生产任务和进度作出的统筹安排。它具体规定企业在计划期内（年、季、月）应当完成的产品品种、质量、产值、出产期限等一系列生产计划指标，并确定各车间、单位的协作任务。

除了规定企业内各车间、单位的生产任务和生产进度，还要编制生产作业计划，把企业全年的生产任务在时间和空间上具体展开，详细分配到车间、工段、班组以至个人，规定各自在月、旬（周）、日、轮班、小时的工作任务。生产作业计划是生产计划的具体化。

企业的生产计划要根据企业的销售计划和生产能力编制，它又是企业编制其他计划的依据。编制企业生产计划要充分利用企业的资源，保质保量，按品种、按期限完成订货合同以及规定的生产任务，不断生产出适销对路的商品，满足市场需求，提高企业效益。

2. 生产计划系统的层次

计划工作贯穿于现代企业各个管理层次，涉及企业所有生产经营活动，无论是作为企业整体的发展方针、目标的确定，还是某项局部具体工作安排，都离不开计划工作。计划运行过程中要处理各种信息,企业中会形成一个以计划信息为核心的信息流程,因此从系统的角度分析,可以将企业各种计划构成的体系称为计划系统。

计划是管理的首要功能,企业为了生产符合市场需要的产品,要根据销售计划确定生产什么产品、生产多少数量、质量要求、什么时候生产、在哪个车间生产以及如何生产的总体计划,这是对企业总体生产任务的确定与进度安排,一般为年度计划。生产计划是企业制订物料供应计划、生产任务平衡计划、设备管理计划、劳动力安排计划以及生产作业计划等的主要依据。生产计划系统的层次如图 4–5 所示。

生产计划
- 长期生产计划
- 中期生产计划
- 短期生产计划（主生产计划、物料供应计划、生产作业计划、劳动力安排计划、生产控制与反馈）

图 4–5　生产计划系统的层次

企业生产计划的核心问题是要解决生产与需求之间的矛盾,即生产均衡性要求与需求之间的矛盾,解决的主要问题是"生产能力—生产任务—市场需求"三者之间的关系,因此生产计划的编制过程是一个在一定条件下方案优化的过程。企业生产计划工作的主要内容包括:调查和预测社会对产品的需求,核定企业的生产能力,确定目标,制定策略,选择计划方法,正确制订生产计划、库存计划、生产进度计划和计划工作程序,以及计划的实施与控制工作等。生产计划系统流程如图 4–6 所示。

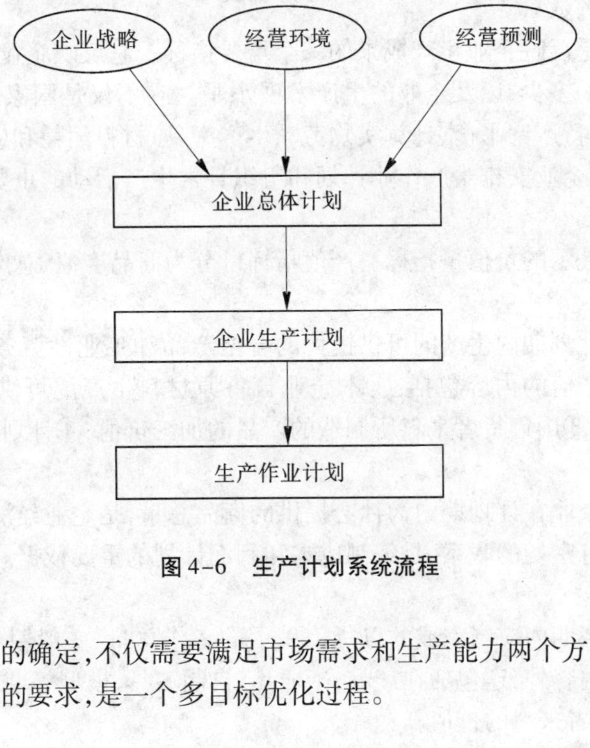

图 4–6　生产计划系统流程

生产计划方案的确定,不仅需要满足市场需求和生产能力两个方面的要求,而且要考虑收益和成本方面的要求,是一个多目标优化过程。

（二）生产计划指标

生产计划的主要指标有产品品种、产品质量、产品产量和产值等。

1. 产品品种指标

它是指企业在计划期内应当生产的品种，包括品名、品种数以及计划期内生产的新产品和升级换代的产品。产品品种指标表明企业在品种方面满足社会需要的程度，并在一定程度上反映企业的专业化协作水平、技术水平和管理水平。企业要按品种组织生产，以满足各部门的协作配套和正常生产的需要，保证国民经济协调发展。

2. 产品质量指标

它是指企业在计划期内各种产品应当达到的质量标准。产品质量指标可以分为两类：一类是反映产品本身的质量指标；另一类是反映生产工作的质量指标，常用的有废品率、返修率、成品交检一次合格率等。产品质量是衡量产品使用价值的重要标志，它是反映企业生产的产品能否适合社会需要的主要指标，它综合地反映企业的技术水平和管理水平。每个企业都应当努力保证和提高产品质量，更有效地实现其使用价值，以满足社会需要。

3. 产品产量指标

它通常是指企业在计划期内应当生产的合格产品的实物量。它是以适合于产品的性能特征并能体现产品使用价值的计量单位来表示的。如电视机多少台、钢多少吨等。有的产品用一种实物单位计量不能充分表明其产量时，需要用“复合计量单位”。如电动机用“台/千瓦”等。

产品产量包括企业在计划期内生产的符合质量标准的，用于销售的成品和半成品，以及完成的工业性劳务数量。

产品产量指标是反映企业生产成果的一个重要指标。它反映企业在一定时期内向社会提供的产品数量的多少，以及企业的生产发展水平。它不仅是国家进行物资平衡工作的依据，也是企业进行产销平衡，计算实物劳动生产率、原材料消耗和成本、利润等指标的基础。同时，它也是企业安排生产作业计划和组织日常生产活动的重要依据。

4. 产值指标

它是指用货币表示的价值量指标。产值指标可分为商品产值、总产值和净产值。

1）商品产值

它是指企业在计划期内生产的可供销售的合格产品和工业性劳务的价值，一般按现行价格计算。商品产值的内容包括：①本企业自备原材料生产的可供销售的成品价值；②外售半成品价值；③用订货者来料所制造的产品的加工价值；④计划完成的对外承接的工业性劳务价值。

商品产值表明企业在计划期内为社会提供的商品总量，是企业经济收入的主要来源。它与产品销售计划有密切的联系，是编制成本和利润计划的重要依据。

2）总产值

它是企业在计划期内应当完成的以货币表示的工作总量，一般用不变价格计算。它除包括商品产值的内容外，还包括在产品、半成品、自制工具、模型等期末与期初结存量差额的价值，以及订货者来料的价值。

总产值是按工厂法的原则计算的，如一个工业企业的总产值是以企业工业生产活动的最终成果来确定的，不允许产品的价格在企业内部重复计算。总产值反映在计划期内应当达到的企业生产总水平，是计算企业生产发展速度与劳动率等指标的重要依据。

3）净产值

它是从总产值中扣除各种物资消耗的价值后的余额，是企业在计划期新创造的价值，一般用现行价格计算。计算净产值，可采用生产法和分配法。

按生产法计算：

净产值=总产值 - 物质消耗价值

以上公式的总产值应该是用现行价格计算的总产值。

物质消耗价值是指原材料、燃料、辅助材料、外购动力、固定资产折旧以及其他物资消耗费用。

按分配法计算：

净产值=工资+税金+利润+其他属于国民收入初次分配性质的支出

其他属于国民收入初次分配性质的支出，主要包括差旅费、市内交通费、培训费、利息支出、罚金支出等。

净产值避免了转移价值变化对产值的影响，从而可以比较确切地反映企业的工作成果。

例：某企业本月计划产品产量及其他资料如表4-4所示，试计算商品产值、总产值和净产值。

表4-4　某企业本月计划产品产量及其他资料

产品名称	出产量（件）	现行单价（元）	不变单价（元）
甲	800	280	220
乙	600	320	260
丙	500	200	150

外售半成品价值40 000元，对外承接大修理60 000元，期初在制品价值50 000元，期末在制品价值55 000元，物资消耗200 000元。

解：商品产值=（800×280+600×320+500×200）+40 000+60 000

=224 000+192 000+100 000+40 000+60 000

=616 000（元）

总产值=（800×220+600×260+500×150）+40 000+60 000+（55 000-50 000）

= 176 000+156 000+75 000+40 000+60 000+5 000

=512 000（元）

净产值=616 000+（55 000-50 000）-200 000=421 000（元）

上述各项指标之间的关系是十分密切的。产品品种、质量、产量指标在生产计划中居于主要的地位，是计算各项产值指标的基础；而各项产值指标又是企业生产成果的综合反映。企业编制生产计划时,一般应首先安排产品品种、质量与产量,然后计算产值。

二、生产能力的核定

(一)生产能力的概念、分类及其影响因素

1. 生产能力的概念

企业的生产能力,是指在一定的组织技术条件下,企业各生产环节直接参与生产过程的固定资产,经过综合平衡,在一定时期内所能生产的一定种类和质量的产品或处理一定原材料的最大数量。

2. 生产能力的分类

企业生产能力一般分为设计能力、查定能力、计划能力三种。

(1)设计能力。它是指新建企业或进行技术改造扩建的企业,在设计任务书与技术文件中所规定的生产能力。

(2)查定能力。它是指在企业没有设计能力,或虽有设计能力,但由于生产技术与技术条件发生重大变化,原设计能力已不能反映实际情况时,企业根据新的条件而重新查定的能力。

(3)计划能力。它是指在计划年度内,依据现有生产技术条件所确定的,在计划年度内实际能够达到的生产能力。

3. 影响生产能力的因素

影响生产能力的主要因素有三个,即生产中固定资产的数量、固定资产的工作时间和固定资产的生产效率。

(1)生产中固定资产的数量,通常是指机器设备和生产面积。设备的数量应包括正在运转的、正在修理或待修理的、已到厂尚待安装的,以及因任务不足而暂时停用的设备。但不包括按规定作为备用的设备,已经批准决定封存、报废变价转让的设备。

(2)固定资产的工作时间,是指它的有效工作时间。固定资产有效工作时间与企业规定的工作班次、轮班工作时间、全年工作日数、设备计划预修制度以及轮班内工人的休息制度有关。机器设备的有效工作时间,在连续生产条件下,一般等于日历时间减去计划停修时间。在间断生产条件下,机器设备有效工作时间,一般是在日历时间中扣除节假日、计划停修时间。每日工作时间按企业规定的工作班次和每日工作时数来计算,季节性生产企业的有效工作时间应按全年可能的生产日数计算或者按其昼夜生产能力确定,而不核算全年生产能力。生产面积的利用时间则按制度工作时间来计算。

(3)固定资产的生产效率,是指单位设备的产量定额或单位产品的台时定额,以及单位产品占用生产面积的大小和时间长短的定额。它受各种因素影响很大,除机器设备本身的技术条件外,还受产品品种、质量,原材料、燃料的质量,企业的生产组织、劳动组织和工艺方法,工人的技术水平和熟练程度,企业对外协作条件等一系列因素的影响。

(二)生产能力的核定方法

1. 在单一产品情况下生产能力的核定方法

在单一品种生产情况下,生产能力的核定方法是按设备组进行计算的,其计算公式为:

$$设备组的生产能力=\frac{该设备组的设备台数\times单位设备有效工作时间}{单位产品台时定额\times压缩系数}$$

或 设备组的生产能力=设备组的设备台数×单位设备有效工作时间×单位时间产量定额

2. 在多种产品情况下生产能力的核定方法

第一,代表产品法。它是从多个品种中选出一种产品作为代表产品。代表产品是本企业专业方向中的主要产品,是占有劳动量较大,制造数量较多,并在工艺上具有代表性的产品。其计算方法与上述计算设备组生产能力的原理相同。其计算公式为:

$$某设备组生产能力=\frac{某设备组全年有效工作时间}{代表产品台时定额}$$

例:某企业生产甲、乙、丙、丁 4 种产品,它们的计划年产量分别为 50 台、100 台、125 台、25 台;在车床上加工的单位产品台时定额分别为 20 台时、30 台时、40 台时、80 台时;车床组共有 4 台车床,两班制工作 15.5 小时,设备停修率为 5%。求车床组的生产能力。

解:(1)选丙产品为代表产品(因为它的产量最大)。

(2)车床组生产能力=车床组全年有效工作时间÷代表产品台时定额

= (365-115)×15.5×(1-5%)×4÷40

= 14 725÷40 = 368.125≈368(台)

(3)计算各产品与代表产品的换算系数:

换算系数=某种产品的台时定额÷代表产品台时定额

甲产品= 20÷40 = 0.5

乙产品= 30÷40 = 0.75

丙产品= 40÷40 = 1

丁产品= 80÷40 = 2

(4)计算各具体产品产量,折合为代表产品产量:

甲产品= 50×0.5= 25(台)

乙产品=100×0.75 = 75(台)

丙产品= 125×1 = 125(台)

丁产品=25×2 = 50(台)

合计: 25 + 75 + 125 + 50 = 275(台)

(5)将折合为代表产品的计划产品总数除以设备能力即可求出设备负荷系数:

车床组设备负荷系数= 275÷368 =0.747

设备负荷系数小于1,说明车床组的生产能力大于计划需求能力,设备能力有富余,可采取措施,充分利用车床组的生产能力。

第二,将企业计划期各种产品对某类设备所需的总台时数与企业计划期该类设备有效台时数进行比较,确定企业的生产能力是富余还是不足。

例:某厂生产 A、B、C、D、E 5 种产品,各种产品的计划产量分别为300 台、100 台、200 台、100 台、30 台;各种产品在车床加工的台时定额分别为 30 台时、20 台时、25 台时、50 台时、40 台时;车床组共有 6 台车床。假设单位设备全年有效工作时间为 4 000 小时,试计算生产能力,并确定该车床组的生产能力是富余还是不足。

解:(1)计算各种产品对车床组所需的总台时数:

300×30 +100×20 + 200×25 + 100×50+30×40 = 22 200(台时)

(2)计算计划期内车床组有效台时数:

4 000×6 = 24 000(台时)

(3)企业计划期所需的总台时数与企业计划期设备有效台时数相比较:

企业计划期设备有效台时数-企业计划期所需总台时数=24 000-22 200= 1 800(台时)(即该车床组富余 1 800 台时的生产能力)

(4)计算设备负荷率:

设备负荷率=计划期内所需总台时数÷企业计划期有效台时数×100%

= 22 200÷24 000×100% = 92.5%

用减法比较的结果若是正值,说明企业设备能力有富余;若是负值,说明企业设备能力不足。设备负荷率若大于100 %,说明超负荷,设备能力不足;相反,说明设备能力有富余。本例说明设备能力有富余。

三、生产计划的编制

(一)生产计划指标的确定

编制生产计划主要是确定生产计划指标。为了使确定的生产计划指标符合实际,符合社会需要,企业在确定生产计划指标之前,必须深入实际进行调查,分析和研究历史统计资料,了解和掌握社会需要和生产可能,把社会需要与企业生产可能结合起来考虑。

社会需要归纳起来主要有两个方面:一是国家要求,二是市场用户的需要。生产可能是指企业外部和内部对保证企业生产条件的可能性,包括原材料、燃料、动力等供应情况,外协件、配套件、外购件等协作和供应的保证程度,以及企业的生产能力状况、劳动力和技术力量的状况、各种物资的库存状况等。企业在掌握这些情况的基础上,联系产品销售计划,初步拟订生产计划指标,再把它与生产条件进行全面的综合平衡。

1. 主要综合平衡因素

(1)生产任务与企业生产能力之间的平衡。主要是测算设备、生产面积对生产任务的保证程度。测算方法是按各个生产单位的设备组分别算出完成计划任务所需的某种设备台时数,与设备组现有台时数进行比较。

计算的步骤与方法如下:

首先,计算同类型设备组承担的计划任务所需台时数。

完成计划任务所需台时数=∑(计划产量×单位产品台时定额×计划定额压缩系数)

其次,计算同类型设备组计划期内的有效台时数。

计划期设备组有效台时数=设备台数×计划期工作日数×每日工作班次×每班工作小时数×设备开动率

最后,计算设备组负荷系数。

设备组负荷系数=完成计划任务所需台时数÷计划期设备组有效台时数

计算出这个负荷系数,可能出现三种情况:设备负荷系数大于1,说明设备能力不足;设备负荷系数小于1,说明设备能力有富余;设备负荷系数等于1,这种情况是理想的,表明负荷饱满。对于设备能力有富余和设备能力不足这两种情况都要采取措施,进行调整。

如果设备能力有富余,可以承接来料加工,或在原材料供应保证的情况下,增加一些社会需要的产品。

如果设备能力不足,首先应在企业内部采取措施,充分发动群众,针对"薄弱环节"开展技术革新,改进管理工作。如改进产品结构,采用先进的工艺技术,改进操作方法,提高工人技术水平和熟练程度,压缩定额等。企业经过在内部采取措施仍不能完成任务时,则可以组织厂外协作或新增加一些设备,或通过调整生产任务来解决。

(2)生产任务与企业劳动力之间的平衡。主要是测算各部门、各生产环节劳动力的工种、技术等级、数量和效率等是否与生产任务相适应。出现劳动力不足的情况时,要采取措施达到平衡。

(3)生产任务与物资供应之间的平衡。主要是测算各种物资的可供量、供应期限、库存量对生产任务的保证程度。在物资供应确实不能满足生产需要的情况下,应考虑调整生产计划指标。

(4)生产任务与技术准备力量之间的平衡。主要是测算设计、工艺、包装设计与制造力量是否与生产任务相适应。

(5)生产任务与财务状况之间的平衡。主要是测算两个方面:一方面测算完成生产任务所需要的资金;另一方面测算生产指标能否满足加速资金周转、实现成本控制目标和利润目标的要求。

此外,还有生产计划指标内部品种、质量、产值的平衡,生产与销售的平衡,生产任务与外部协作的平衡,等等。总之,这些平衡关系归根到底,就是社会对产品的需求与企业生产可能之间的平衡,也就是供、产、销之间,社会需要与企业人、财、物之间的平衡。确定生产指标,就是要正确处理这些关系。

2. 产量优选

生产指标的确定,实质上是一个统筹安排、平衡调整的过程。企业不但要满足国家的要求和市场的需要,同时还要考虑企业的经济效益,即要生产多少数量,企业才不至于亏本,这就要用计算盈亏平衡点的方法来进行优选。在平衡过程中,当涉及人力、设备、原材料、资金、时间等各种条件的制约,需要加以综合考虑时,可以运用盈亏平衡点和线性规划等定量方法进行优选。

(1)盈亏平衡点。简单地说,它就是总成本与销售收入相等的点,就是当产量在一定数值时,产品的固定成本和变动成本能为销售收入所抵偿,不盈不亏。以此为界限,产品产量小于盈亏平衡点,企业就要亏损;产品产量大于盈亏平衡点,企业才会盈利。

(2)线性规划法。它是运筹学的一个重要组成部分,即环境条件已定,在满足规定的约束条件下,寻求目标函数的最大值(或最小值),以求取最优方案的方法。

(二)产品生产进度的安排

合理安排产品生产进度的一般要求是:①确保生产任务和订货合同所规定的品种、质量、数量和期限;②尽可能使各季、各月的设备和劳动力负荷均衡;③要和生产的技术准备、技术组织措施,物资供应等工作,在时间上紧密衔接;④安排生产进度要留有余地,还要注意使计划年度与跨年度的生产安排相衔接。

安排产品生产进度的方法，因企业的不同特点而有所不同。以下介绍几种方法：

(1)在大量大批生产的企业，由于品种少、生产稳定、产量大，安排生产进度主要是合理地确定日产量水平和分季、分月产量增长幅度。根据社会需要和企业生产能力，全年任务可以采取平均分配、分期均匀递增、小幅度连续递增以及抛物线递增等形式。

(2)在多品种成批生产的企业，由于品种多，各种产品交错生产，其产量、批量和期限要求各不相同。生产进度的安排不仅要解决产量的分配问题，而且要考虑各种产品的搭配。在这种类型的企业，选择和确定合理的品种搭配是安排生产进度的关键。对于经常生产、日产量较大的产品，可采用细水长流的方式以稳定生产秩序；对于产量较小的产品，在符合国家要求和合同规定的交货期的前提下，尽可能采取集中或集中轮番生产，减少同期生产的品种，以利于扩大批量、简化生产组织工作、提高经济效益；对于新、老产品，应根据不同情况，逐渐交替；对于精密产品和一般产品、高档产品和低档产品等要适当搭配，避免生产技术准备工作忙闲不均，以利于资源的充分利用和生产秩序的稳定；对于需要关键设备和关键工种加工的产品也应适当分散。

(3)在单件小批生产的企业，一般品种繁多，每种产品的产量很小，而且很少重复生产，生产产品的规格、功能一般是根据用户要求确定的，按订货合同规定期限来组织生产。因此，一般应把已经订货、任务明确的先安排，任务尚不明确的只作概略的预计和安排，待接到订单以后再加以具体化。在安排生产任务时，应避免生产技术准备工作忙闲不均和关键设备负荷过于集中的问题，不能过多地超出企业生产能力接受订货。

四、生产作业计划

(一)生产作业计划的概念与特点

生产作业计划是详细规定生产什么产品、生产多少、何时何地何人进行生产的计划。生产作业计划是生产计划的具体执行过程，是生产计划的延续和补充。它把企业的年、季生产计划中规定的月度生产计划以及临时性生产任务，具体分配到各车间、工段、班组以至个人。它是组织企业日常生产活动的重要依据，具有指挥和控制功能。它规定了相关单位以至个人的月、旬(周)、日、小时的生产任务，并按日历顺序安排生产进度。

在制订生产作业计划时必须遵循按时完成生产任务，确保交货期，减少设备和工作的等待时间，工件在车间的流程时间最短，车间在制品的数量最少，停放时间最短的原则。生产作业计划对协调企业各个部门各个生产环节的活动，保证均衡地完成生产计划和订货合同规定的任务具有重要作用。

生产作业计划具有以下特点：

(1)计划期短。生产计划常常表现为年、季、月计划，而生产作业计划则详细地规定月、旬(周)、日、小时的生产任务。

(2)计划内容具体。生产计划是全厂性计划，而生产作业计划是将生产计划落实到车间、工段、班组、工人。

(3)计划单位小。生产计划一般只规定完整产品的生产进度，而生产作业计划则详细规定各零件，甚至工序的进度安排。

(二)期量标准

期量标准是对生产作业计划中的生产期限和生产数量,经过科学分析和计算而规定的一套标准数据。期量标准实质上反映了各个生产环节在数量上和时间上的相互联系。有了期量标准就可以准确地确定各种产品在各个生产环节的投入、生产的具体时间和数量,有利于均衡地、经济地完成计划任务。

由于企业的生产类型、产量大小和生产组织形式不同,采用的期量标准也不相同。大量生产一般采用节拍、节奏、流水线工作指示图表、在制品定额等;成批生产一般采用批量、生产间隔期、生产周期、生产提前期、在制品定额等;单件小批生产一般采用生产周期、生产提前期、产品装配指示图表等。

批量就是一次投入(或出产)同种制品的数量。生产间隔期也叫生产重复期,是指前后两批同种制品投入(或出产)的间隔时间。批量和生产间隔期之间的关系,可以用下列公式表示:

$$\text{批量}=\text{生产间隔期}\times\text{计划期平均日产量}$$

$$\text{生产间隔期}=\frac{\text{批量}}{\text{计划期平均日产量}}$$

从上式可以看出,当生产任务确定以后,批量加大,生产间隔期就会相应延长;相反,批量减少,生产间隔期就会缩短。它们之间的变化成正比例关系。

鉴于批量和生产间隔期的这种关系,确定批量和生产间隔期可以有三类方法:

(1)经济批量法。这是一种根据费用来确定合理批量的方法。这种方法不只是着眼于效率,而是更着重经济效益。生产批量的大小主要与两种费用有关:一是设备调整费用。批量越大,设备调整次数就越少,分摊到单位产品中的调整费用就越小;反之,批量越小,设备调整次数就越多,分摊到单位产品中的调整费用就越大。二是库存保管费用。它随着批量的增大而增多,随着批量的减小而减少。合理的批量应该是上述两种费用之和最小的批量。计算公式为:

$$Q=\sqrt{\frac{2ND}{C}}$$

式中 Q——经济批量;

N——年计划产量;

D——设备调整一次所需费用;

C——单位制品的年平均保管费用。

公式的推导如下:

$$\text{一年的库存保管费用}=\frac{Q}{2}\cdot C \quad \left(\frac{Q}{2}\text{是取其平均数}\right)$$

$$\text{一年的设备调整费用}=\frac{N}{Q}\cdot D$$

当以上两种费用相等时,总费用最低。

此时 $$\frac{Q}{2}\cdot C=\frac{N}{Q}\cdot D, Q^2=\frac{2ND}{C}, Q=\sqrt{\frac{2ND}{C}}$$

例:若 N=8 000 件,D=5 元,C=0.5 元,求 Q。

解：$Q = \sqrt{\dfrac{2 \times 8\ 000 \times 5}{0.5}} = 400$（件）

即经济批量为 400 件。

(2)最小批量法。它是以保证设备充分利用为主要目的的一种批量计算方法。这种方法着眼于充分利用设备和提高劳动生产率两个因素进行综合考虑，通过计算求出最小批量。计算公式为：

$$最小批量 = \frac{设备调整时间}{单件工艺工序时间定额 \times 设备调整允许损失系数}$$

设备调整允许损失系数，一般规定为 0.02～0.12，系数可按大、中、小批生产类型的不同，并考虑零件价值对流动资金的影响进行选择。

(3)以期定量法。它是先确定生产间隔期，然后再确定批量的一种方法。采用这种方法，当产量变动时，只需调整批量，不必调整生产间隔期。企业常采用的生产间隔期有季、月、旬、日等。

(三)生产周期

生产周期是指某种产品从原材料投入生产开始到成品出产为止的整个生产过程所需要的全部时间。以机械工业产品为例，生产周期包括毛坯准备、零件加工、部件装配，一直到成品装配、油漆、包装入库存为止的全部时间。生产周期是编制生产作业计划重要的期量标准之一，是确定产品在各工艺阶段的投入期和出产期的主要依据。生产周期的长短，反映企业的工艺技术水平和生产管理水平，对劳动生产率、流动资金、产品成本等都有影响。

在成批生产中，生产周期的确定比较复杂，通常要计算一批制品的工序周期、各工艺阶段生产周期和一批成品的总周期(产品生产周期)。

(1)工序周期，是指一批制品在某道工序上加工制造的时间。

$$工序周期(天) = \frac{工序单件工时定额 \times 批量}{一个工作日平均有效工作时间 \times 执行该工序的工作地数 \times 定额完成系数}$$

(2)工艺阶段生产周期，是指一批制品在某一工艺阶段(如毛坯制造、零件加工、部件装配、成品装配等)的周期。除各工序周期外，它还要考虑工序之间的中断时间、设备调整时间、跨车间协作工序时间、自然时效时间和各工序之间的平行系数等。

一批制品的工艺阶段生产周期 =（车间内部各道工序周期之和 × 工序之间的平行系数）× 各道工序设备调整时间之和 +（车间内部制品加工的工序数 × 平均各道工序之间的中断时间）+ 跨车间协作工序时间 + 工艺规定的自然时效时间

工序之间的平行系数，根据制品在工序之间的移动方式而定，顺序移动方式为 1，平行移动和平行顺序移动方式为 0.6～0.8。工序之间的中断时间是指转移运输、检验和等待加工时间，可根据统计资料分析确定。

(3)产品生产周期，是指各工艺阶段生产周期及保险期之和。

为了能够清楚地、准确地反映产品生产过程各个工艺阶段以及各道工序在时间上的衔接，便于有效地组织生产活动，单个产品的生产周期一般是用图表法，即在分别按车间计算的各种制品生产周期的基础上，根据装配系统图及各工艺阶段生产周期平衡衔接关系来绘制。

(四)在制品定额

在制品是指从原材料投入到成品入库前,处于生产过程但尚未制造完毕的产品,也叫半成品、在产品。在制品定额是指在一定的组织技术条件下,为保证生产正常进行,生产过程各环节所需占用的最低限度的在制品数量。在制品定额是协调和控制在制品流转交接、组织均衡生产活动的主要依据。合理的在制品定额应当既能保证生产的正常需要,又能使在制品占用量保持适当的水平。

在制品定额,按在制品存放地点和加工状况,可分为车间在制品定额和库存半成品定额。

车间在制品定额=车间平均每日生产量×车间的生产周期(日)

库存半成品定额=平均每日需用量×库存定额日数+保险储备量

车间平均每日生产量,可根据产品(零件)的月产量和一个月的工作日数来确定。平均每日需用量是指需用这种半成品的车间平均每日领用量。大量生产可按需用车间的投入量和工作日数来确定;成批生产可按需用车间投入批量和投入间隔期来确定。库存定额日数,可根据经验或用统计资料来分析确定。保险储备量一般是根据经验或统计资料来分析确定。

(五)生产提前期

生产提前期是指产品(毛坯、零件)在各工艺阶段(车间)投入或出产的时间,比成品出产的时间所要提前的时间。生产提前期是以产品最后完工的时间为起点,根据各个工艺阶段的生产周期、保险期和生产间隔期,按工艺阶段的逆序进行计算的。正确确定生产提前期,对保证各工艺阶段的生产活动,使时间紧密衔接,缩短生产周期,减少在制品占用量,保证按期交货等有重要作用。每一种在制品在每一个生产环节都有投入和出产之分。因此,出产提前期也分为投入提前期和出产提前期。

制定生产提前期有两种不同的情况:

(1)当前后工序车间的生产批量相等时,生产提前期的确定。最后工序车间的投入提前期等于该车间的生产周期。任何一个车间的投入提前期都应比该车间的出产提前期提早一个该车间的生产周期。此外,出产提前期还要考虑保险期。生产提前期可按下列公式计算:

某车间投入提前期=本车间出产提前期+本车间生产周期

某车间出产提前期=后车间投入提前期+本车间保险期

保险期是指为防止可能发生出产误期而预留的时间,以及办理交库、领用、运输等所需要的时间。

各车间的生产周期、出产提前期和保险期的关系如图 4-7 所示。

(2)当前后工序车间生产批量不等时,生产提前期的确定。当前后工序车间批量不等时(前工序车间的批量为后工序车间的批量的若干倍),各车间的投入提前期的计算与上述公式相同,但是出产提前期的计算有所不同。前后工序车间生产批量不等,造成前后工序车间生产间隔期不等,前工序车间出产一批可供后工序车间生产几批之用。因此,出产提前期的计算公式为:

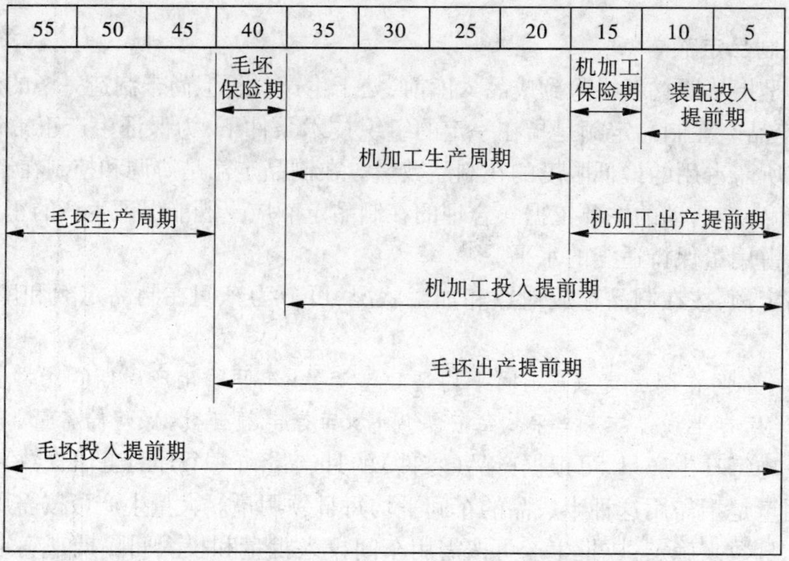

图 4-7 车间的生产周期、出产提前期和保险期的关系

某车间出产提前期=后车间投入提前期+本车间保险期+(本车间生产间隔期-后车间生产间隔期)

五、生产作业计划的编制

生产作业计划的编制工作,是各级分工负责进行的。一般的中小型企业都采用二级分工,首先是将全厂的生产任务分解到车间,编制各车间的生产作业计划;然后把车间任务分解到工段、班组。生产作业计划的基本任务就是保证按品种、质量、数量、期限和成本全面地完成企业的生产计划。

(一)厂级生产作业计划的编制

编制厂级生产作业计划,就是厂部根据全年产品生产进度计划的分月任务、供货合同要求,规定各车间的生产任务,包括月度投入量、出产量以及投入和出产期限。这项工作的核心是要组织各个车间之间的衔接平衡。

厂部安排车间生产任务的方法很多,主要是根据生产组织形式和生产类型来选择。在品种单一、生产稳定的大量流水生产的车间,通常可以采用“季计划、月调整”的办法,即按季编制作业计划。按对象专业化建立的车间,每个车间分别独立完成一定产品的全部生产过程,各车间之间是平行完成相同的或者不同的产品生产任务,它们之间没有依次提供半成品的关系。在这种情况下,厂级编制生产作业计划,主要是按照车间的产品分工、生产能力和生产条件,把任务分配给车间。按工艺专业化建立的车间,各车间是顺序加工半成品的关系,车间之间的衔接关系比较复杂,安排各车间的投入和出产任务,就是按照工艺过程的逆序,在各车间之间进行衔接平衡。但是,在不同生产类型的企业,进行衔接平衡的方法也不同。下面主要介绍三种方法。

1. 在制品定额法

在制品定额法是以预先制定的车间在制品定额和库存半成品定额为主要依据规定车间任务的方法。它适用于大量大批生产。在大量大批生产的条件下,生产任务比较稳定,各车间之间的联系主要表现在提供一种或少数几种产品的在制品、半成品的数量上。在制品和半成品具有联系和调节前后车间生产的作用。因此,可以通过调节在制品和半成品的数量来保证车间之间的合理配合与衔接。

应用在制品定额法确定车间投入、出产任务时,首先根据计划期企业某种产品的生产任务,规定成品装配车间的出产数量,然后运用下列公式,按工艺过程的逆序,依次计算装配车间的投入量和后面各个车间的出产量、投入量。

某车间出产量=后车间投入量+本车间半成品外销量+(库存半成品定额-期初预计半成品库存量)

某车间投入量=本车间出产量+本车间计划允许的废品数量+(本车间在制品定额-本车间期初预计在制品数量)

半成品外销量可根据月度生产任务确定。计划允许的废品数量,可以根据计划废品率计算或用以往统计资料并结合考虑计划期内工作改进情况加以确定。

2. 提前期法

提前期法又称累计编号法。它是以生产提前期为依据确定各车间出产和投入应达到累计数的方法。这种方法适用于成批轮番生产的企业。在成批生产条件下,各种产品轮番生产,各个生产环节在制品的品种、数量不稳定,但是主要产品的生产间隔期、批量、生产周期和生产提前期都比较固定。因此,可以采用累计编号法,将预先制定的生产提前期转化为提前量来确定各车间在计划期内应该达到的投入和出产的累计数,然后减去各车间在上期所投入或出产的累计数,求得各车间在计划期内应完成的投入和出产任务。

采用提前期法确定车间任务的具体方法与步骤如下:

(1)计算产品在各车间计划期末应达到的出产和投入累计数。

某车间出产(或投入)累计数=最后车间出产(或投入)累计数+最后车间平均日产量×本车间出产(或投入)提前期

(2)计算各车间在计划期内完成的出产量和投入量。

计划期车间出产(或投入)量=计划期末出产(或投入)累计数-计划期初已出产(或投入)累计数

其中,累计数是指从年初(或从开始生产该产品起)计算的累计数。最后车间出产累计数,可以根据从年初开始到上月末为止已出产的累计数,加上本月计划出产量求得。

(3)如果企业是严格按照批量进行生产的,则当计算出来的车间出产量和投入量多于或不足一个批量时,还应按批量进行修正,使车间出产(或投入)的数量与批量成整数倍。

3. 生产周期法

这是根据生产周期规定车间生产任务的方法,适用于单件小批生产企业。在单件小批生产条件下,产品品种很多,每种产品的数量很少,大部分产品是根据用户的订货要求组织生产的。在这种情况下，制订生产作业计划主要是使每项订货在各车间的投入时间和出产时间上协调衔接，合理搭配品种，使各车间达到均衡负荷，缩短生产周期。

采用生产周期法，就是根据订货以及产品（零件）的生产周期，按工艺过程的逆序，依次确定产品或零件在各个生产阶段的投入和出产时间。步骤如下：

（1）为每一项订货或每一种产品编制一份产品生产周期进度表。它是根据产品零件明细表和工艺路线以及定额资料编制的。通常把生产与生产技术准备的周期结合在一起编制。

（2）编制包括各项订货的综合日历进度图表。在编制过程中，要对各单位负荷进行平衡核算，避免负荷不均的现象。同时，要做好品种的搭配。

（3）通过上述两个表落实了各项订货在各个单位的投入和出产日期后，把进度图表中属于某车间计划月份应当投入及出产的任务摘录出来，发给车间就可以了。

（二）车间内部生产作业计划的编制

各个车间根据厂部下达的生产作业计划任务，要进一步分解下达到工段或班组，工段或班组还要把任务分配到各个工作地和个人。车间分配工段或班组任务的方法，基本上与厂部规定车间任务的方法相同，一般是按月下达。

工段或班组根据车间分配的月度作业计划来规定工作地和个人的任务，这是生产作业计划的最后一个环节。分配任务时也要根据不同的生产类型采用不同的方法进行安排。通常有三种方法。

1. 标准计划法

在大量大批生产的工段或班组中，每个工作地和每个人执行的工序比较少，而且是固定的。因此，可以编制成标准计划指示图表。把所加工的各种制品的投入及出产顺序、期限和数量，制品在各工作地上加工的顺序、期限和数量，以及各个工作地上加工不同制品的顺序、期限和数量全部制成标准，并固定下来，按此标准计划指示图表严格执行。

2. 定期计划法

在成批生产的工段或班组中，每个工作地和每个人要轮番生产多种零件、轮番执行多种工序，为了使各道工序能够相互衔接，设备充分负荷，就要采取每隔一定的时间（旬（周）、日），根据生产任务与班组各种设备情况，按工作地编制零件加工进度计划和设备负荷计划。在品种较多的情况下，为了简化计划工作，可以只编制某些零件的加工进度计划和某些关键设备的负荷计划，其他零件可采用日常分配法解决。

3. 日常分配法

在很不稳定的单件小批生产的工段或班组中，工作地和个人负担加工的零件和工序很复杂，一般采用日常分配任务的方法（日常分配法），即根据生产任务和准备工作的情况，并考虑工作地的实际情况，采用任务分配箱或派工单，随时把任务下达给工作地或个人。

第四节 现代企业生产现场管理

一、生产作业控制

生产作业控制是指在生产作业计划执行过程中，对有关产品（零件）的数量和生产进度进行控制。生产作业控制是实现生产作业计划的保证。这里分生产进度控制、在制品占用量控制和生产调度工作三个方面进行介绍。

（一）生产进度控制

生产进度控制，是指对从原材料投入生产到成品入库为止的全过程所进行的控制。生产进度控制是生产作业控制的关键。它包括投入进度控制、出产进度控制和工序进度控制等。

（1）投入进度控制。它是指控制产品（零件）开始投入的日期、数量和品种是否符合生产作业计划的要求，同时也包括对原材料、毛坯、零件投入提前期，以及设备、劳动力、技术组织措施、项目投入使用日期的控制。搞好投入进度控制，可以避免造成计划外生产和产品积压现象，保持在制品正常流转，保证产品（零件）投入的均衡性和成套性。

（2）出产进度控制。它是指控制产品（零件）的出产日期、出产提前期、出产量、出产均衡性和成套性等。搞好出产进度控制，是保证按时、按量、均衡、成套完成生产任务的有效手段。

（3）工序进度控制。它是指对产品（零件）在生产过程中经过的每道加工工序的进度所进行的控制。它主要应用在单件生产、成批生产中。对那些加工周期长、工序多的产品（零件），除控制投入进度和出产进度外，还要对工序进度进行控制。工序进度控制的方法有按工票和加工路线单进行控制等。

（二）在制品占用量控制

在制品占用量控制，是指对生产过程各个环节的在制品实物和账目进行控制。搞好在制品占用量控制，不仅对实现生产作业计划有重要作用，而且对减少在制品积压，节约流动资金，提高企业效益也有重要作用。在制品占用量控制，主要包括控制车间内各工序之间在制品的流转和跨车间协作工序在制品的流转，加强检查站对在制品流转的控制。此外，还可以采用"看板管理"法控制在制品占用量。

（三）生产调度工作

生产调度工作是对企业生产过程进行直接控制和调节的一项工作。生产调度工作以生产作业计划为依据，生产作业计划要通过生产调度工作来实现。生产调度工作的任务就是在日常生产活动中，按照生产作业计划的要求，对企业生产进行有效的指挥、监督和控制，使生产能够均衡地进行，从而保证生产计划任务全面完成。

生产调度工作的主要内容包括：控制生产进度和在制品流转；督促做好生产技术准备和生产服务工作；检查生产过程中的物资供应和设备运行状况；合理调配劳动力；调整厂内运输；组织厂部和车间生产调度会议，监督有关部门贯彻执行调度决议；做好生产完成情况的检查、记录和统计分析工作。

为了完成调度工作的任务,应遵循计划性、统一性、预见性、及时性和群众性的原则,建立一个全厂统一的强有力的生产调度系统。一般应设立厂部、车间、工段(班组)三级调度组织。厂部集中统一领导,统一指挥。各部门各环节都必须服从厂部的统一调度。车间可设立调度组,工段(班组)设调度员,在上级调度机构的领导下,做好本单位的生产调度工作。各车间或科室的调度组或调度员,一方面接受车间主任或科长的领导,另一方面接受上级调度机构的领导,形成一个上下贯穿、左右协调、集中统一的生产调度系统。调度会议是企业生产调度工作的基本方法,一般分厂部、车间两级进行。厂部调度会由生产调度室(或生产调度科)召集,由负责生产方面的副厂长主持,有关科室和车间负责人参加。车间调度会由车间调度组长(或调度员)召集,由车间主任主持,各职能组长和班组长参加。调度会议的重点是处理和解决问题,而不是调查研究。为了保证信息及时正确地传递,迅速高效地协调生产过程各方面的活动,还应把正确的调度工作方法与先进的调度技术装置结合起来,以充分发挥调度工作对生产作业计划的控制作用。除定期各级调度机构分别召开调度会议外,还可以根据不同的情况召开现场调度会,讨论和解决生产中急需解决的关键问题。同时,还应建立调度报告制度。为了使各级调度机构和领导及时掌握生产情况,企业各级调度机构都要建立一套报告制度,定期或不定期地向上级报告。企业总调度室应将各车间的调度报告及中间仓库的收发日报表等资料,汇编成生产日报,报厂部领导并发至有关科室和车间。

调度工作要实行调度值班制度。只要有生产,就有调度员值班。调度员在值班期间,要经常检查、及时处理生产中发生的问题,填好值班记录,严格实行交接班制度;要做到事事有人管、有人负责,以保证生产顺利地进行,保证生产作业计划按质、按量、按时完成。

二、网络计划技术及优化

(一)网络计划技术及其基本原理

(1)网络计划技术。它是指对许多相互联系、相互制约的活动(作业或工序)所需资源与时间及其顺序进行安排的一种网络状计划方法。

(2)网络计划的基本原理。首先,通过网络图的形式表达某项计划(工程)中各项具体活动(任务、工序)的先后顺序和相互关系;其次,通过计算和分析,找出计划中的关键活动和关键路线;再次,利用时差,不断改进网络计划,求得工期、资源和成本的优化方案,并实施计划;最后,在计划执行过程中,通过有效的控制与监督,保证人、财、物的合理使用,并按质、按量、按时地完成任务。网络计划技术的应用范围很广。特别是那些任务规模大,需要很多部门、各类人员通力合作,需要多种不同来源的大量资源,以及需要相当长时间才能完成的工程,采用网络计划技术来管理最有效。它一般适用于新产品的试制、设备维修、技术改造、基本建设工程、单件小批生产、生产技术准备等。它的应用能给企业带来良好的经济效益。

(二)网络图的构成要素

网络图是反映一项任务中各组成部分相互关系的图。因为图的形状如同网络,故称网络图。

网络图由活动、事项、路线三部分组成。

(1)活动,活动也叫作业或工序,通常用一条箭线"→"表示。箭线上方标明活动名称,下方标明该项活动所需的时间。箭尾表示该项活动的开始,箭头表示该项活动的结束。从箭尾到箭头表示该项活动的作业时间。

(2)事项,也叫结点或时间。它是指一项活动的开始或结束那一瞬间,它不消耗资源和时间,一般用圆圈表示。在网络图中有始点事项、中间事项和终点事项之分,如图 4-8 所示。

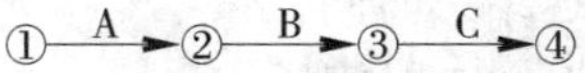

图 4-8　关系图

图 4-8 中事项 ② 既表示 A 项活动的结束,又表示 B 项活动的开始。对中间事项②来说, A 为其紧前工序, B 为其紧后工序。

(3)路线。它是指从网络始点事项开始,顺着箭线方向连续不断地达到网络终点事项为止的一条通道。在一个网络图中通常有多条路线,其中作业时间之和最长的那条路线称为关键路线,可用粗实线或双线表示。

(三)绘制网络图的规则

绘制网络图一般应遵守以下规则:①有向性。各项活动按顺序排列,从左到右,不能反向。②无回路。箭线不能从一个事项出发,又回到原来的事项上。③箭线首尾都必须有结点,不允许从一条箭线中间引出另一条箭线。④两点一线。它是指两个结点之间只允许有一条箭线,若出现几项活动平行或交叉作业,应以虚箭线表示。⑤事项编号。按从小到大顺序编号,不能重复。⑥源汇合一。每个网络中,只能有一个始点事项和一个终点事项。如果出现几道工序同时开始或结束,可用虚箭线将其同网络始点事项或终点事项连接起来。

(四)网络时间的计算

(1)作业时间。它是指完成某一项工作或工序所需要的时间,可以用小时、日、月等单位来表示。确定作业时间时,要进行深入调查研究,使作业时间既能反映生产实际情况,又能反映先进的技术水平。可以采用以下公式计算作业时间:

作业时间=(最乐观完工时间+4×最可能完工时间+最悲观完工时间)÷6

(2)结点时间。结点本身不占用时间,它只表示某项活动应在某一时刻开始或结束。因此,结点时间有最早开始时间和最迟结束时间之分。

①结点最早开始时间。它是指从始点事项到该结点的最长路程的时间,用 T_E 表示,其数值记入"□"内,并标在网络图上。网络始点事项的最早开始时间为零。网络中间事项的最早开始时间的计算方法可归纳为前进法、加法、挑最大法。计算公式为:

$$T_E(j) = \max[T_E(i) + T(i,j)]$$

式中　$T_E(j)$ ——箭头事项的最早开始时间;

$T_E(i)$ ——箭尾事项的最早开始时间;

$T(i,j)$ ——作业时间。

②结点最迟结束时间。它是指以本结点为结束的各项活动最迟必须完成的时间,用 T_L

表示，其数值记入“ △ ”内，并标在网络图上。网络终点事项的最迟结束时间等于它的最早开始时间。其他事项的最迟结束时间的计算方法有后退法、减法、挑最小法。计算公式为：

$$T_L(n)=T_E(n)$$

$$T_L(i)=\min[T_L(j)-T(i,j)] \quad (i=n-1,n-2,\cdots,1)$$

式中 $T_L(n)$——终点事项的最迟结束时间；

$T_E(n)$——终点事项的最早开始时间；

$T_L(i)$——箭尾事项的最迟结束时间；

$T_L(j)$——箭头事项的最迟结束时间。

(3)工序时间。工序时间包括工序最早开始时间、工序最早结束时间、工序最迟开始时间、工序最迟结束时间。有了结点的时间参数，工序时间参数的计算就很简单了。工序时间的计算如下：

①工序最早开始时间等于该工序箭尾结点的最早开始时间。

②工序最早结束时间等于该工序最早开始时间加上该工序的作业时间。

③工序最迟结束时间等于该工序箭头结点最迟结束时间。

④工序最迟开始时间等于该工序最迟结束时间减去该工序的作业时间。

计算工序最早开始和结束时间，应从网络始点事项开始，自左向右，“前进加法取大值”。计算工序最迟开始和结束时间，应从网络终点事项开始，自右向左，“后退减法取小值”。

(4)时差。它是指某道工序的最迟开始时间与最早开始时间的差数。时差表明某道工序可利用的机动时间的多少。时差的计算公式如下：

某道工序的时差=该道工序最迟结束时间−该道工序最早开始时间−
该道工序的作业时间

(五)绘制网络图

已知某项工程的作业程序及作业时间如表4-5所示。绘制网络图，并根据关键路线确定工程周期，进行工序时差计算。

表4-5 某项工程的作业程序及作业时间

工序(作业)代号	紧前工序(作业)	工序(作业)时间(天)
A	—	4
B	—	6
C	A	6
D	B	7
E	B	5
F	CD	9
G	CD	7
H	EF	4
I	G	8

第一步,根据工程顺序绘制网络图,如图 4-9 所示。

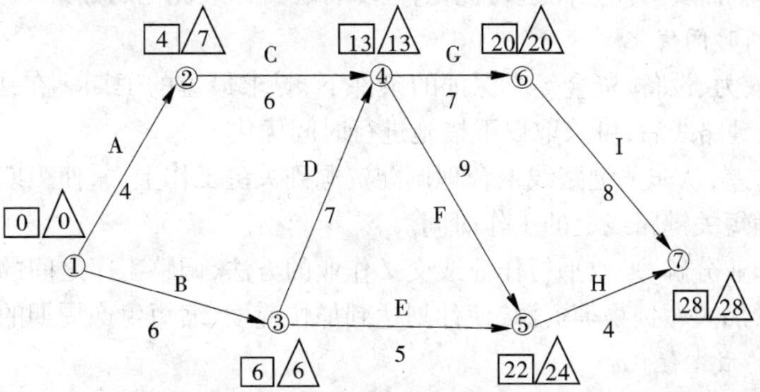

图 4-9　图络图(单位:天)

第二步,计算事项的最早开始时间和最迟结束时间,标在网络图上。

第三步,计算时差(见表 4-6)。

表 4-6　时差计算　　(单位:天)

工序(作业)	工序(作业)时间	开始时间		结束时间		时差
		最早	最迟	最早	最迟	
A	4	0	3	4	7	3
B	6	0	0	6	6	0
C	6	4	7	10	13	3
D	7	6	6	13	13	0
E	5	6	19	11	24	13
F	9	13	15	22	24	2
G	7	13	13	20	20	0
H	4	22	24	26	28	2
I	8	20	20	28	28	0

关键路线为:

工程周期为:

$$6+7+7+8=28(\text{天})$$

(六)网络计划的优化

编制网络计划的过程,是一个协调各项工作的相互关系、合理使用资源的决策过程,其目的是找到一个成本最低、工期最短、使有限资源发挥最大效果的最佳计划方案。为了达到这个目的,就需要对网络图进行优化,寻求管理目标最优化的方案。

1. 网络图的时间优化

它是指在人力、设备、资金等有保证的条件下,寻求最短的工期。在初步编制了网络图,并找出了关键路线后,可采取以下措施进行时间优化。

(1)利用时差,从非关键路线上合理调配资源到关键工作上去,使工期缩短。

(2)设法缩短关键路线上的工作时间。

(3)进行作业分解,采取平行作业或交叉作业的方法,调整工序之间的衔接关系。

(4)通过增加人、财、物等资源,使计划达到加快速度、缩短生产周期的目的。

2. 网络图的成本优化

它是指以最低的成本提前或按期完成任务。一项工程的总成本可分为直接成本与间接成本两大类。直接成本是指能够直接计入成本计算的费用,如生产工人的工资、原材料费用等;间接成本是指不能直接计入成本,而需按一定标准分摊于成本计算的费用,如各种管理费等。直接成本和间接成本与工期的关系如图 4-10 所示。

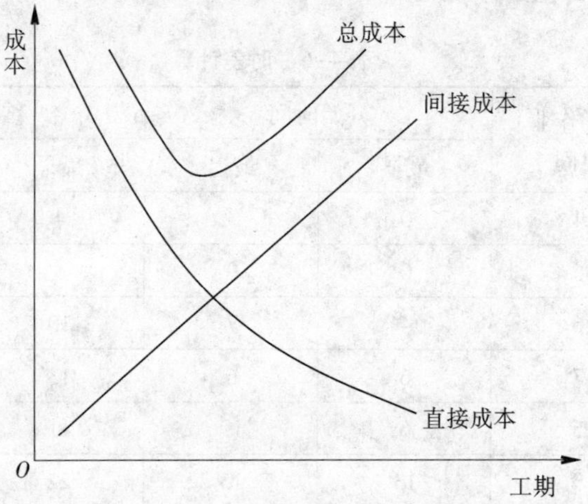

图 4-10　直接成本和间接成本与工期的关系

从图 4-10 可以看出,工期缩短将增加直接成本的投入,间接成本相应得到节省;反之,工期延长则增加间接成本而节省直接成本。这必然会产生一个总成本最低的最佳工期。网络图的成本优化就是要找出成本最低的最佳工期。一般在正常研制、生产和施工的工期条件下,成本小;在以较短的时间加速完工的工期条件下,成本大。由于加快某项工作的进度而支出的费用叫赶工成本。某项工作缩短一天工期所增加的成本叫成本斜率,其计算公式如下:

成本斜率 =(赶工成本-正常成本)/(正常时间-赶工时间)

同一工期中不同工作的成本斜率值不同,成本斜率越大,说明压缩一个单位时间所增加的成本也越大。

成本优化的步骤是:

(1)绘出网络图后,按正常工作时间计算网络时间,确定关键路线和总工期。

(2)求出正常工作时间条件下的总成本,并计算各项工作的成本斜率。总成本的计算公式为:

$$总成本 = \sum(各项工作直接成本 + 整个计划间接成本)$$

(3)选择被压缩的工作(作业、工序),计算压缩后的工期及工程成本节约额。要注意以下事项:其一,压缩工期的工作必须是关键工作;其二,被压缩对象的顺序是从成本斜率最低的工作开始。

(4)重复第(3)步骤,直到节约额出现负数为止。在重复以上步骤时,关键路线会逐渐增多,同时要压缩的工作项目增多,因此直接成本急剧上升。至此,成本优化工作结束。

3. 网络图的资源优化

它是指在投入资源最少,或在合理使用资源的条件下,如何合理组织,使任务提前或按期完成。

资源包括各工作过程中的人员、设备以及有关的材料等。实施一项计划的可用资源,其运用数量都是有限的,不可能忽多忽少地运用。例如,就人员的运用来说,通常不可能今天用200人,明天只用50人,后天又需要100人。所以,有限资源的运用,不但需要考虑其供应数量有限,而且需要考虑供应或使用的适当平稳,变动幅度不宜过大。

资源优化工作是一项工作量较大又十分具体的工作,它要按每一物资种类、每一工种、每种设备逐一进行平衡。资源优化工作主要靠试算。网络计划中的资源优化可采用启发式方法进行,步骤如下:

(1)按时间顺序,运用所需要的资源。也就是说,从第一天开始,逐日安排所有可能做到的工作,然后再安排第二天的工作,以此类推。

(2)如果有几项工作都需要使用同一种资源,则先安排给作业宽裕时间最少的工作。

(3)重新安排非关键路线上的工作,将更多的资源用于关键路线上的工作。也就是说,各种资源要优先安排给关键路线上的工作。

三、制造资源计划(MRPⅡ)

(一)MRPⅡ及其发展

制造资源计划(Material Resource PlanningⅡ,简称MRPⅡ),是一种适用于多品种、多级制造装配系统的、具有代表性的现代管理思想、管理规范和管理技术。它通过对企业的制造资源进行科学、周密的计划和严格的控制,以保证其得到最充分有效的利用,达到企业生产经营的最佳效益。

MRPⅡ在20世纪六七十年代产生于美国,它的发展一般来说可分为四个阶段:①MRP阶段。它是作为一种库存计划方法的改进的物料需求计划(Material Requirement Planning)阶段。②闭环MRP阶段。它是作为一种生产作业计划与控制系统的闭环物料需求计划(Closed-loop MRP)阶段。③MRPⅡ阶段。它是作为一种企业经营生产管理计划系统的制造资源计划阶段。④ERP阶段,即企业资源计划(Enterprise Resource Planning)阶段。它是MRPⅡ的新发展,融合了多种现代化管理思想和方法,反映了信息时代的企业管理趋势。下面对MRPⅡ作一简述。

（二）MRPⅡ系统的组成

生产管理系统是企业经营管理系统中的一个子系统。它与其他子系统，尤其是经营与财务子系统有着密切的联系。在闭环 MRP 已完成对生产的计划与控制的基础上，进一步扩展，将经营、财务与生产管理子系统相结合，形成制造资源计划。MRPⅡ系统的组成如图 4-11 所示。

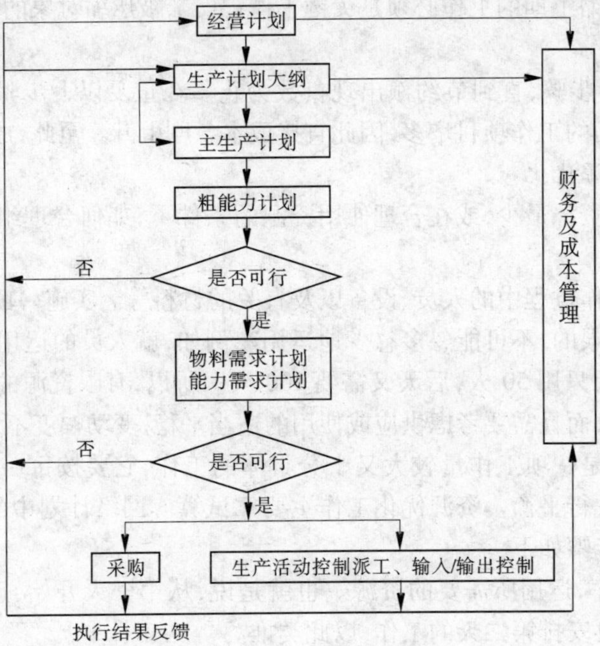

图 4-11　MRPⅡ系统的组成

（三）MRPⅡ的功能和特点

（1）MRPⅡ将生产作业和财务系统整合在一起，使用同一套数据，处理各种管理事务。财务数据是生产作业数据的扩展。扩展包括财务子系统是 MRPⅡ的一个主要特点。

（2）MRPⅡ具有模拟能力。所谓模拟能力，是指其能够利用 MRPⅡ系统中现有的运作数据来分析某种方案或决策的可能后果，以便作出决策或进行某种方案的选择。因为 MRPⅡ中的数据具有很高的可信度，因此利用这些数据进行模拟得出的结论是非常可靠的。这是 MRPⅡ系统对管理决策支持的重要特征。

（3）MRPⅡ是整个企业的运作系统。它不再是生产作业人员的专有工具，而成了整个企业的规则，所有部门、所有人员都要根据 MRPⅡ的规则来开展自己的业务。企业运作过程中的各种管理事务一般会涉及多个部门的职能，MRPⅡ系统使它们能够更紧密地协作起来，这是 MRPⅡ的一个重要特征。

（四）MRPⅡ与现行计划方式的主要区别

MRPⅡ在 20 世纪六七十年代产生于美国，20 世纪 80 年代得到广泛的应用，并取得了很大的成效。MRPⅡ是在市场竞争条件下，融合了生产管理者智慧的产物。在市场需求多变、人们的消费需求多样化，企业生产以多品种小批量为宜，同时计算机技术迅猛发展和应用的条件下,MRPⅡ应运而生,它是以计算机为手段辅助生产管理的有效方式。我国在最近几年才逐渐引进和推广 MRPⅡ,尚未能广泛应用。MRPⅡ与我国现行的计划方法是有所不同的,主要表现在以下三个方面:

(1)计划对象不同。我国现行计划多是按台套下达生产任务的,而 MRPⅡ在安排零件作业计划的过程中,打破了产品的界限,汇总各时间周期对各零件的总需求量,按照批量准则组织计划订单下达,实现按零件组织生产。它将各时间周期中各产品生产任务的特点去掉,将多品种小批量的需求在零件一级统一安排,实现按适宜的批量生产,从而缩短生产周期,降低成本。

(2)计划时段不同。我国现行计划方式多数是按月、按旬下达生产任务的,而 MRPⅡ的计划时段可根据需要精细到日甚至小时安排生产。这样容易做到及时、准确、均衡地组织生产,克服常见的月初松、月末紧的现象以及因其导致的物流不畅、设备和人力等资源利用不善、资金占用多、成本高的弊端。市场在不断变化,计划也应随着市场需求的变化而变化。计划时段越短,应变能力就越强,就越容易做到能力平衡,实现均衡生产。

(3)计划编制方式不同。我国现行计划方式往往由销售、生产、供应、财务等部门分头编制计划,各部门间沟通不够。MRPⅡ则做到计划体系统一,各级计划能及时、准确地反馈,可以进行动态调整。

计划是企业管理的首要职能,是企业管理中的"龙头",企业的各种生产经营活动都是在计划的指导下进行的。MRPⅡ就是突出了计划这个最重要的职能,以计划管理作为系统的主线,遵循计划管理的客观规律,使用计算机为工具辅助处理大量的数据,科学地解决了生产制造的计划与控制问题。

典型案例

如何提高家具生产效率

家具企业的老板最关心的问题是:如何提高生产效率,降低营运成本。精明的老板非常明白,提高生产效率、降低营运成本并不意味着压缩雇员,也不是简单地雇用廉价的劳动力。事实上,如何提高生产效率、降低营运成本有一套有效的实施方案。

一、高效的员工培训

企业的每一个员工包括经理、总监和领班及普通员工都应该定期接受培训,从而使每一个人都明确自己的使命,提高工作效率。例如,一名受过工业制图方面培训的员工在安装新机器时能够迅速理解手册中的图解。毫无疑问,受过专业培训的员工的工作效率远远超过没有受过培训的员工。从管理的角度来说,培训不但是训练员工的工作技能,还应提高员工团结协作的精神,使每一个人对公司都有强烈的责任感。

二、系统的生产计划

在很多情况下,员工在完成分配给他的任务后,需要等待下一步工作任务的传达,因此浪费了很多时间。制定系统的生产规划能尽量减少这种浪费，每天仔细的工作安排和对每一位员工明晰的分工将十分有效。任何延误或原材料库存空缺都可能影响下一个生产任务甚至整个生产过程。因此，生产前应把不同生产阶段所用的原材料及时配齐，保证提前一天对原材料配备进行检查。

三、合理的工厂设计

将工厂设计为几个集中、专业的部分，比单一、复杂的系统更容易控制。在检验厂房设计是否合理时，要努力找出生产中的瓶颈并加以调整，避免瓶颈现象的出现。可合理安装一些简单的原材料处理设备以减少人力物力，从而实现提高工作效率、降低成本的目标。

总之，要提高生产效率、降低营运成本，管理者应该从一个比较高的位置看问题，从宏观的角度出发，不但顾及眼前的利益，还要考虑长久的经济效益。

（源自《世界经营者》，作者：石滋宜）

【案例讨论】

(1)家具企业提高生产效率有哪些技巧？

(2)从技术资源、人员素质、企业文化、企业管理制度构建等方面研究，家具企业提高生产效率的模式是什么？

思考题

(1)试述企业生产能力及其分类，并分析说明影响生产能力的因素。

(2)企业生产计划的主要指标有哪些？这些指标各自反映什么问题？

(3)什么是期量标准？企业一般应制定哪些期量标准？如何制定？

(4)什么是生产作业控制？企业应如何进行生产作业控制？

(5)试述网络计划技术的基本原理、网络图的构成要素和绘制网络图的规则。

(6)MRPⅡ的功能与特点是什么？它与我国现行计划方式有何不同？通过比较分析说明 MRPⅡ的优越性。

(7)某工厂生产甲、乙、丙、丁 4 种产品，在车床上加工的单件台时定额分别为 35 台时、25 台时、40 台时、30 台时，4 种产品的年订货任务为甲 100 件、乙 80 件、丙 150 件、丁 50 件，车床组有 3 台车床，年计划工作日为 250 天，每天开两班生产，每班工作 8 小时，设备计划修理停工率为 15%。试根据上述资料进行车床组的设备能力核算平衡（注：用台时进行平衡）。

(8)某工厂计划的产品量及其他计划资源如表 4-7 所示。

表 4-7　计划的产品量及其他计划资源

产品	出产量(件)	现行单价(元)	不变单价(元)
甲	800	250	200
乙	500	300	250
丙	400	200	150

外售半成品 60 000 元，对外承接大修理 50 000 元，期初在制品价值 65 000 元，期末在制品价值 45 000 元，计划物资消耗费用 150 000 元。试求商品产值、总产值、净产值各为多少？

(9)某厂计划装配出产某类机床 2 400 台，每台需用 A 零件 10 件，该零件由机加工车间分批生产，每件零件的年平均保管费用为 1.2 元，每次生产的准备和调整费为 100 元。试求 A 零件的经济批量、生产间隔期以及全年所需调整费和库存保管费的金额各为多少？

(10)某厂生产甲、乙两种产品，其单位利润分别为 6 元和 5 元。生产该两种产品均需经过加工与装配过程，生产一件甲产品需使用加工设备 4 小时、装配设备 2 小时，生产一件乙产品需使用加工设备 3 小时、装配设备 5 小时。若计划期内加工设备可用时间为 400 小时，装配设备可用时间为 300 小时，试求计划期内甲、乙产品各生产多少能获得最大利润？

(11)根据下面的工序清单（见表 4-8），要求：①绘制网络图；②计算网络图的有关参数；③确定关键路线。

表 4-8 工序清单

工序代号	紧前工序	工序时间(天)
A	—	4
B	—	3
C	A	7
D	AB	14
E	C	4
F	DE	10

实训题

丰田式生产管理原则

杜绝浪费任何一点材料、人力、时间、空间、能量和运输等资源，是丰田生产方式最基本的概念。

那么，丰田生产管理的关键原则是什么呢？可以归纳如下。

提高整体竞争力。诸如美国三大汽车制造商，越来越依赖于折扣来维持销售，对于丰田而言，这可能是短视而无利润的做法。丰田公司提出了 UMR（United Manufacturing Reform）计划，用来强化汽车基本零件的设计开发能力，提高效率。由于丰田公司追求高效率的汽车制造和开发能力，其零件成本只占汽车总成本的 1/20，而销售一台 5 000 美元的汽车，成本只需 2 000 美元，因此无形中大大提升了利润。

建立看板体系。即重新改造流程，改变由经营者主导生产数量的传统，转而重视顾客的需求，由后面的工程人员借看板告诉前一项工程人员的需求(比如需要多少零件、何时补货等)，亦即逆向控制生产数量的供应链模式。这种方式不仅能节省库存成本(达到零库存)，更重要的是能提高流程的效率。比如，丰田公司曾投入上百亿日元预算开发引擎设计软件，目的是使生产引擎设备小型化、作业工程简单化，并且贯彻生产一体化，在工厂通过中心看板就可以掌握所有汽车制造进度。

强调实时存货。依据顾客的需求，生产必要的东西，在必要的时候，生产必要的量，这种丰田公司独创的生产管理概念，在20世纪80年代就已经为美国企业所用，并有很多成功案例。

标准作业彻底化。丰田公司对生产的内容、顺序、时间控制和结果等所有工作细节都制定了严格的规范，比如装轮胎和引擎需要几分几秒等。但这并不是说标准是一成不变的，只要工作人员发现了更好更有效率的方法，就可以变更标准作业。

杜绝浪费和模糊。杜绝浪费任何一点材料、人力、时间、空间、能量、运输等资源，是丰田生产方式最基本的概念。丰田公司要求每个员工在每一项作业环节里，都要重复问为什么(why)，然后想如何做(how)，并确认自己以严谨的态度完成完美的制造任务。

生产平准化。平准化指的是取量均值性。假如后一项工程生产作业的取量变化大，则前一项工程生产作业必须准备最高量，由此造成库存浪费。丰田公司要求各项工程生产作业的取量尽可能达到平均值，也就是前后一致，为的是将需求与供应达成平准，降低库存与生产浪费。

活人、活空间。在对流程进行不断改善的过程中，丰田公司发现，在生产量不变的情况下，生产空间却可精简许多，而这些剩余的空间可以灵活地运用。人员也是一样，假如一个生产线上有6个人，在组装时抽走1个人，则那个人的工作空间自动缩小，空间空出来而工作线上由6个人变成5个人，原来那个人的工作由其他5人完成。这样灵活的工作体系，丰田公司称之为活人、活空间，即鼓励员工都成为多能工，以创造最高价值。

养成自动化习惯。这里的自动化不仅包括机器，还包括人员的自动化，也就是人员养成良好的工作习惯，不断学习创新，这也是企业的责任。借生产现场教育训练的不断改进与完善，成立丰田学院(Toyota Institute)，让人员的素质越来越高，反应越来越快，动作越来越精确。随着日本经济的低迷，日本汽车市场也陷入长期衰退之中，然而丰田公司却在日益激烈的竞争中继续保持利润增长，最近更提出“世界第一”的宣言，宣称要实现全世界汽车销售总量15%的目标，显示了其迈向世界顶点的决心。

(源自《世界经营者》，作者：石滋宜)

【教学功能】

本案例利用企业生产管理的各类分析工具，对丰田公司生产管理整体框架的设计和实施进行了分析，本案例内容为研究日资企业生产管理模式的特点提供了素材。

【思考与讨论】

(1)讨论丰田公司标准作业模式构建方法及杜绝浪费和模糊方式的技巧。

(2)探讨丰田公司生产管理整体框架执行的支持平台。

【答题提示】

(1)本题应结合企业生产管理的各类分析工具,对丰田公司标准作业模式构建方法及杜绝浪费和模糊方式的技巧进行讨论。

(2)本题应从技术资源、人员素质、企业文化、外部经济环境特点等方面,对丰田公司生产管理整体框架执行的支持平台进行探讨。

第五章

现代企业质量管理

学习目标

□理解质量的概念、意义与内容；
□了解质量管理的发展过程；
□了解全面质量管理；
□了解质量管理体系；
□了解质量认证；
□了解 ISO 9000 族标准；
□掌握质量管理的统计方法；
□掌握质量管理的方法。

睿智名言

完成靠自己，完善靠朋友，完美靠对手。

成功者的秘诀就是：把别人不愿意做的事做好。

对产品质量来说，不是 100 分就是 0 分。质量是产品的灵魂、企业的生命。20 世纪是生产率的世纪，21 世纪是质量的世纪，质量是和平占领市场最有效的武器。

案例导入

中国的海尔　世界的海尔

海尔公司为了抓好产品质量管理，制订了一套易操作的以“价值券”为中心的量化质量考核体系，行使“质量否决权”。简单地说，如果干一件得一分钱的活，干坏了一件则罚一元钱，即干坏一件等于白干了 100 件，并即时兑现。“质量否决权”的管理方式在每一位员工心里深植了“质量第一”的观念。生产中，员工把每一道工序都想象成用户，产品依次流转，质量层层把关，环环紧扣，保证了出厂的都是全优的产品。

从1990年开始，海尔公司先后通过ISO 9001质量保证体系认证和美国UL、德国GS等一系列产品安全认证，在102个国家、地区注册商标406本。

海尔公司的成功是产品质量管理的成功，优良的产品质量管理是提高产品竞争力的支柱，质量对提高企业的经济利益有巨大的作用。以质量开拓市场，以质量占稳市场，这是许多企业提高产品在市场中竞争力的行动准则。无论是国内还是国外市场，产品质量不好，就没有竞争力，就无法取得很好的经济效益。

一、以人为本的OEC管理法

OEC的含义如下：O——Overall（全方位），E——Everyone（每人）、Everything（每件事）、Everyday（每天），C——Control（控制）、Clear（清理）。OEC管理法也可表示为：每天的工作每天完成，每天工作要清理并要有所提高，即："日事日毕、日清日高"。海尔公司的OEC管理法由三个体系构成：目标体系→日清体系→激励机制。首先是确立目标；日清是完成目标的基础工作；日清的结果必须与正负激励挂钩才有效。它的实施需借助于一个叫做3E的卡将每个员工每天工作的七个要素（质量、产量、物耗、安全、文明生产、工艺操作、劳动纪律）量化为价值，员工收入就跟这张卡直接挂钩。每天由员工自我清理计算日薪并填写记账，检查确认后交给班长。不管几点钟下班，不管多晚，班长都要把签完字的卡拿回来。OEC管理法的执行过程是非常枯燥的，但海尔公司一直到目前为止还丝毫没有准备放弃的迹象。

（一）OEC管理法的"一核心"、"三原则"、"四阶段"

一核心：根据变化的市场不断提高目标，因为市场不变的法则在于它永远在变。三原则：比较分析原则——纵向与自己的过去比，横向与同行业比，没有比较就没有发展；闭环原则——凡事要善始善终，都必须有PDCA循环原则，而且要螺旋上升；不断优化的原则——根据木桶理论，找出薄弱项，并及时整改，提高全系统水平。四阶段：P——Plan（计划）、D——Do（实施）、C——Check（检查）、A——Action（总结）。P阶段——根据用户要求并以取得最佳经济效益为目标，通过调查、设计、试制，制订质量目标、技术经济指数、管理项目，以及达到这些目标的具体措施和方法；D阶段——按照所制订的计划和措施付诸实施；C阶段——在实施了一个阶段之后，对照计划和目标检查执行的情况和结果，及时发现问题；A阶段——根据检查的结果，采用相应的措施，或制订新的计划，修正改进原来的计划或寻找新的目标。按照OEC的管理模式，上至总裁，下至一般员工，无论在什么岗位，都应该十分清楚自己一天工作的目标，知道自己应该干什么，干多少，按什么标准干，要达到什么效果。当天发现的问题必须当天处理，就是所谓的"日日清"。如果让一些本来极易排除而未能及时处理的小问题和事故隐患积聚下来，时间长了就会成为积重难返的大问题，以致严重影响目标的实现；而目标得不到实现，反过来会使员工产生一种麻木不仁的思想情绪，影响员工的工作热情和干劲，导致企业管理流于形式。

（二）强化规章制度的权威性

OEC模式最关键的一点就是强化规章制度的权威性，并一丝不苟地坚持。OEC颁布之初，一位质检员在检查中发现一颗螺丝没有安装到位，于是按责任价值和缺陷性质做了记载。不料被查工人对质检员出言不逊甚至动手打人，拒绝签字。于是张瑞敏将这名已有20年工龄的犯规者降为试用员工,并下令全厂通报批评。制度就这样坚持下来了。后来工人们发现,由于制度的坚持使质量指标提高了,虽然每天出现问题马上要受到处罚,而且要立即整改,但到月底一算,在质量方面的收入反而比以往增加了。现在的海尔公司,156个质量控制点都有质量跟踪单,10个重点工序设有质量控制台,产品从第一道工序到出厂都建立了详细的档案。即使不合格产品到了用户手中,一旦接到反映,哪怕是一张门封条的毛病,也可以凭着"出厂记录"找到直接的责任人。一个企业的管理水平达到了这样的境界,已经十分难能可贵了。然而张瑞敏清醒地认识到,打破平衡状态,创造新动力,才能带动企业攀上新的台阶,取得持续、稳步的增长。企业原先发展的动力最多不过是使企业在"市场的斜坡"上维持原来的高度。动力来自差距,认清差距,就明确了目标,也就产生了缩小这种差距的新动力。于是张瑞敏在"日日清"的基础上,给OEC模式又添了一项内容:"日日高"。这个理论又被形象地称为木桶理论:木桶盛水的高度总与木桶最低的一块板高度持平,若想木桶多装水,就必须不断向上提最低的那块木板。因此,海尔公司在高起点上稳扎稳打的要诀便是不厌其烦地每天清理薄弱环节。张瑞敏曾借用美国一位管理学家的话来阐述OEC模式的核心思想。这位美国人认为,企业该在任何时候都没有激动人心的事情发生。张瑞敏认为,企业运行过程中时时处于正常,才可能没有激动人心的事发生,而这只有通过每个瞬间都进行严格控制才可能实现。中国企业热衷于搞这个"月"那个"日",一直摆脱不了"运动"式的管理,看起来轰轰烈烈、激动人心,但运动一过,又回到原来的低水平状态。

斜坡球体定律这一理论主要是根据中国的实际情况提出的。在中国企业里,最麻烦的问题就是今天达到了标准,明天就可能达不到标准。对一种标准的贯彻或一项规章制度的执行要求,如果个人没有"可持续性",会导致团队没有"可持续性"! 比如要求某员工把桌子擦干净,今天他擦干净了,明天就差点,后天可能就不擦了。而在国外发达企业里,这种情况就很难看到。所以,经营中国的企业,就要不断地要求员工,海尔公司把这叫做"反复抓,抓反复"。

二、业务流程再造

海尔公司的市场链流程再造自1998年开始已完成两个阶段。第一阶段:以机构重组、流程再造、资源整合为主的市场链流程再造。1998年9月,海尔公司开始实施市场链流程再造;2000年底,市场链的基本定义、工作流程图确立,并据此完成了组织结构重组工作。通过整合全球的市场链资源和全球的用户资源,实行"三个零"目标的业务流程再造,形成了以订单信息流为中心,带动物流和资金流的新业务流程。第二阶段:以开展全员参与市场链并成为创新的战略业务单位为主的市场链流程再造。2001年海尔公司开始进入了第二阶段的工作,在此阶段主要以BOM(Bill Of Material)为基础,以"三化"为原则,以订单为中心,实施全员的市场链工资核算,将订单的目标变成每个员工的预算目标,使每个员工都成为市场链中的一环,建立一个创新系统,构筑企业的核心竞争力。其中,"三化"原则是:①网络化,即形成工作BOM以及能实现同步流程的管理网络。②扁平化,即必须具有即时激励功能和SST(即索酬、索赔、跳闸),建立可一步到位的操作平台。③即时性,即能在计算机系统上即时显示OEC日清数据,所有信息都进入数据平台,每个终端都可以共享信息、利用信息并使信息增值。为使公司总的战略落实到每一个员工,每一个员工的策略创新又能够促进公司战略的实现,海尔公司要求每个事业部乃至每个人都成为一个SBU。以市场链为纽带的业务流程再造,使每个员工、每个部门都面对市场,变职能为流程,变企业利润最大化为顾客至上。创建"市场链管理模式",意味着企业的大调整:机构重组、流程再造、资源整合。

三、全面质量管理

(一)树立质量观念

"有缺陷的产品就等于废品"是海尔公司首先树立的观念。20世纪80年代,中国的企业虽然将产品分为一等品、二等品、三等品、等外品之类,但无论属于哪一"等",总归要让它出厂。张瑞敏想让员工明白,如果让带有缺陷的产品出厂,这个产品就不会有生命力,就无法问津名牌,"全面质量管理"的精髓就是创名牌。张瑞敏在全体员工当中确立"全面质量管理"思想的一个契机是1985年的砸冰箱的情景,这让全体员工开始明白了海尔的前途与有没有严格的质量管理是密不可分的,一定要重视产品的质量。冰箱总厂的老职工胡秀英说:"忘不了那沉重的铁锤,高高举起又狠狠落下,76台质量不合格的冰箱顷刻间成了一堆废铁。它砸碎的是我们陈旧的质量意识,唤醒了我们去努力提高自身素质的意识。有了质量,我们才有了现在的一切。"的确,张瑞敏这一锤,砸醒了海尔公司全体员工:谁生产了不合格的产品,谁就是不合格的员工。这种观念一旦树立,员工的责任心迅速增强,职工在每一个生产环节都精心操作,"精细化,零缺陷"变成全体员工的心愿和行动,从而使企业奠定了扎实的质量管理基础。

(二)质量零缺陷

质量管理的目的是把错误减至最少,这种传统的观点本身就是一个错误。应该努力的目标是达到"零缺陷",也就是说,第一次就把事情完全做好。如果第一次就能把事情做好,那些浪费在补救工作上的金钱、时间和精力就可以避免,生产成本也会大大降低。它将质量管理的重点由事后检查转向事中控制;同时,它不认同"人难免会犯错误"这种根深蒂固的看法,主张任何缺陷都不能接受,不论缺陷大小。这是质量管理的一个全新境界,只有顾客的完全满意,产品的完美无缺,才是企业应全力追求的标准。为提高产品质量,海尔公司宁可停产也不降低标准,对零部件严格执行国际标准。张瑞敏提出"下道工序是用户",依靠"三检制"(自检、互检、专检)对生产过程进行质量控制。同时,强化职工的自主管理意识,成立群众性的质量控制小组,对症下药,随时解决已出现或可能出现的问题。海尔公司实行了严格的质量否决权,以正确处理产量和质量的关系,根据每道工序的质量责任大小,编制质量责任"价值券",上下工序之间出现质量问题均可当场撕券,奖优罚劣。员工们明白了只有在高质量的前提下提高产量才是唯一正确的选择。

"带缺陷的产品是废品,优秀的产品是优秀的人才干出来的"是海尔公司文化中的质量理念。这种价值观在企业中被认同,使每个员工从个人素质角度认识到提高质量的重要性,让质量意识深入人心。在海尔公司生产线上可以看到,每件产品都有一张质量跟踪单,小到一个标贴工序都要填写,一旦出现质量责任,可以追究到个人,这样就从制度上防止了员工因麻痹大意而导致的质量事故。

四、标准国际化

随着海尔公司的不断发展壮大,海尔公司的产品已由冰箱发展到洗衣机、空调、微波炉、冷柜等系列家电,但海尔公司在内部实行了五级 HR 质量认证制度,实行严格的质量控制,根据这一制度决定是否允许新加入海尔的公司使用海尔商标。"要在国际市场竞争中取胜,第一是质量,第二是质量,第三还是质量"是海尔公司在国际化道路上为自己制定的方针。在家电质量方面要参加国际比赛,必须取得三项资格:一是产品国际认证——取得德国 VDE、GS、TUV,美国 UL,加拿大 CSA 等认证;二是质量保证体系——取得 ISO 9001 认证;三是检测水平必须达到国际认可,如美国 UL 用户测试数据认可,加拿大 EEV 等能效测试。这三项资格海尔公司都拿到了。

(源自《现代企业管理案例精选》,作者:陈国生)

【思考分析】

(1)你认为海尔公司的质量管理工作有什么特点?

(2)海尔公司以"价值券"为中心的量化质量考核体系的理论依据是什么?

(3)海尔公司的 OEC 管理模式的核心思想是什么?

第一节　现代企业全面质量管理

一、质量

质量的概念:在全面质量管理中,质量是一个广义的概念,它不仅指产品质量,还包括与过程和服务有关的工序质量和工作质量。

(一)产品质量

产品质量是指产品(包括硬件产品、软件产品、服务、流程性材料等)适合于规定用途,满足用户需要所具备的特性。不同性质的产品,其质量特性是不同的。对于软件产品,其质量特性包括功能性、可靠性、易使用性、可维修性、保密性和经济性等方面。服务性产品的质量特性包括功能性、经济性、安全性、时间性、舒适性和文明性等方面。对于硬件产品,其质量特性可概括为六个方面:

(1)性能。性能是指产品满足使用要求所具备的技术性能,主要是产品的物理或化学性能,如电视机的清晰度、机床的转速和功率、钢材的化学成分等。性能还包括产品结构是否合理,使用、拆装、维修是否方便,操作是否灵活等。

(2)寿命。寿命是指产品在规定条件下能够使用的期限,如电视机显像管的使用小时数、汽车轮胎的行驶里程数等。

(3)可靠性。可靠性是指产品在规定的时间内、规定的条件下完成规定的工作任务的能力,如电视机平均无故障工作时间、机床精度的稳定期限等。

(4)安全性。安全性是指产品在操作或使用过程中保证安全的程度。

(5)经济性。经济性是指产品寿命周期总成本(包括设计制造成本和使用成本)的大小。

(6)外观。外观是指产品外型、色泽等受使用者欢迎的程度。

在质量特性中,性能是最基本的。不同的产品,因用户的需要不同而具有不同的质量特性。根据这些质量特性满足人们需要的程度,就能衡量产品质量的好坏。

产品的质量特性,有的可以直接定量,如材料的强度、硬度等,但有的则难以直接定量,如外观、操作方便程度等。对于不能直接定量的质量特性,需要通过综合分析或试验研究,确定某些技术参数来间接地反映。若把这些反映产品质量特性的技术指标或技术参数明确规定下来,形成技术文件,就是产品质量标准。产品质量标准是衡量产品是否合格的技术依据。按照颁发的单位和适用范围的不同,产品质量标准可分为国家标准、部门标准和企业标准等。

(二)工序质量

工序质量又称为工程质量,是工序(工程)中诸因素能满足产品质量要求的程度。工序中的基本因素通常归纳为五个方面:

(1)人(Man),即操作人员,包括其质量意识、责任感、文化素养、技术水平、操作熟练程度、精神状态和组织管理能力等。

(2)机器(Machine),即各种设备、工艺装备、工具及设施的质量。

(3)材料(Material),即原材料、零部件、标准件等的质量。

(4)方法(Method),包括工艺过程、试验分析、组织管理方法以及工作方法的正确性、合理性和过程的严肃性。

(5)环境(Environment),即工作环境对质量的影响和保证程度。

上述五方面的因素简称4M1E,它们在生产过程中同时发生作用,影响着产品的质量。这种诸因素同时起作用、产生影响的过程就是工序。因此,工序质量也可理解为影响产品质量五大因素的实际综合水平及其稳定程度。由于工序质量直接影响着产品质量,所以它是产品质量的基础和保证。

(三)工作质量

工作质量是指企业各方面的工作对产品质量的保证程度。它反映了企业各方面工作的质量水平,包括企业的经营管理工作、生产技术工作、组织领导工作、后勤服务工作以及其他工作的质量。工作质量不像产品质量那样直观、具体,一般难以定量。它客观地存在于企业整个生产经营活动之中,通常是通过企业各部门、各岗位的工作效率、工作成果,最终通过产品质量和经济效益表现出来的。反映工作质量的指标有合格品率、品级率、返修率、材料利用率等。

产品质量、工序质量和工作质量虽是三个不同的概念,但三者之间有着密切的联系。保证和提高产品质量,必须从提高工作质量入手,而工作质量的提高,最根本的是提高全体职工的综合素质。

二、全面质量管理

全面质量管理(Total Quality Management,简称TQM),是组织企业全体职工和各相关部门参加,综合运用现代科学和管理技术成果,控制影响质量形成全过程的各因素,以经济地研制、生产和提供用户满意的产品和服务为目的的系统管理活动。

（一）全面质量管理的基本观点

1. 为用户服务

全面质量管理的一切活动都以“为用户服务”作为指导思想，以为用户提供满意的产品和服务为目标。在这里，“用户”不仅指本企业产品的用户，而且还包括企业生产和工作中的下道工序。“下道工序就是用户”，下道工序的要求就是前道工序的质量目标，每道工序都为下道工序着想，“一切以用户为中心”。这样，各个工作环节之间相互协调，相互促进，切实保证了本环节的工作质量，从而促使企业的工作质量得到保证。

2. 以预防为主

全面质量管理认为，产品质量是在设计、制造、流通和使用过程中逐步形成的，必须“以预防为主”，把管理的重点从产品的“事后”检验，转变为对质量形成因素进行控制，把不合格品消灭在产品的形成过程中。

3. 用数据说话

全面质量管理强调用数据和事实来分析处理各种问题。通过掌握真实可靠的数据并进行分析、整理，从而掌握质量波动的规律，发现质量问题，采用适当措施进行控制。这就使定性管理变为定量管理，提高了管理的准确性和科学性。

（二）全面质量管理的特点

同质量检验和统计质量控制阶段相比较，全面质量管理具有以下特点：

（1）管理的指导思想是以向用户提供完全满意的产品和服务为目标，即“一切以用户为中心”。

（2）管理的内容是全面的，即管理内容不仅包括产品本身的质量，而且包括与产品质量有关的工序质量和工作质量，必须对影响产品质量的各种因素进行全面的控制。通过改善和提高工作质量来保证和提高产品质量，预防和减少不合格品产生，降低成本，周到服务，满足用户各方面的需要。

（3）管理的范围是全面的。它包括产品的设计、制造、辅助生产、供应服务、销售直至使用的全过程。产品质量是整个企业生产经营活动的成果，它有一个逐步形成的过程。全面质量管理要求对产品质量形成的每一个环节都加强管理，保证每一个环节的质量。同时，在全过程的管理中，使各个环节紧密联系，互相制约，互相促进，最终使产品质量螺旋上升。质量螺旋上升过程如图 5-1 所示。

（4）参加管理的人员是全面的，即企业全体人员都参加质量管理。质量的高低既然是企业生产经营活动全过程的综合结果，那么它必然涉及企业的所有部门和全体职工。要保证和提高产品质量，必须依靠企业全体人员的努力。因此，要在全企业中形成人人关心质量管理、人人对质量负责的良好氛围。

（5）质量管理的方法是全面的，即在质量管理中综合运用多种管理技术和科学方法，组成多样性的全面的质量管理方法体系。在全面质量管理中，不是单一地依靠质量检验、统计方法，而是把质量检验、统计方法与改善组织管理、改革专业技术以及激励等方面紧密结合，综合运用。

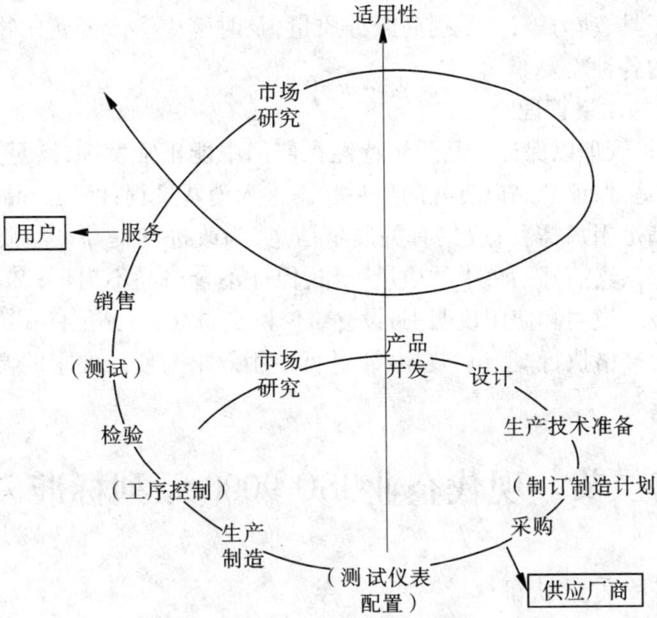

图 5-1　质量螺旋上升过程

三、全面质量管理的内容

从产品质量形成的全过程来看，全面质量管理的内容包括设计过程、制造过程、辅助生产与服务过程、使用过程的质量管理。

（一）设计过程的质量管理

设计过程是指产品正式投产前的全部开发研制过程。这个过程的质量管理的目的是保证产品开发设计的质量，避免产品“先天不足”。设计过程的质量管理工作主要有：①正确制定质量目标；②保证产品先行开发的工作质量；③严格设计审查和工艺验证；④保证产品的试制和鉴定工作质量；⑤保证技术文件的质量。

（二）制造过程的质量管理

制造过程的质量管理的主要任务是，建立一个能够稳定地生产合格产品的管理网络，贯彻“预防为主”的方针，抓好每个环节的质量保证，防止和减少废品的产生，严格把关，保证不合格品不转工序、不出厂。具体工作有：①加强工艺管理，严格遵守工艺规程，全面控制影响产品质量的各因素；②严格质量检验，把好质量关；③开展质量分析，掌握质量动态；④加强不合格品的管理。

（三）辅助生产和服务过程的质量管理

辅助生产和服务过程的质量管理以提供优质服务和物质技术条件来保证质量为目的。辅助生产与服务工作（包括物资供应、工具供应、动力供应、设备维修、运输保管等）都是为产品直接加工创造物资和技术条件的。辅助服务与生产过程的质量管理工作内容主要包括两个方面：一是搞好本身工作的质量，保证设备经常处于良好的状态，提供符合标准要求的物资、工具、动力等；二是提高服务质量，及时解决生产经营中物资、技术方面的问题，确保生产的各种需要。

（四）使用过程的质量管理

使用过程的质量管理以保证产品质量特性在使用中能正常发挥，满足用户使用要求为目的。主要任务是：保证产品以良好的质量状态进入消费过程；保证产品在使用过程中正常发挥其作用，满足用户需要；收集有关质量信息，为改进和提高产品质量提供依据。具体工作内容有：①认真搞好销售中的质量工作，保证不合格品不出厂；②积极开展技术服务，提供详尽的技术说明和使用说明书，设立维修网点，提供备品配件；③认真处理好出厂产品的质量问题，严格执行“三包”规定；④进行使用效果与使用要求的调查，及时反馈质量信息。

第二节　现代企业 ISO 9000 系列标准

一、质量审核和质量认证

（一）质量审核

质量审核就是由具备一定资格且与被审核部门的工作无直接责任的人员，为确定质量活动是否遵守了计划安排，以及结果是否达到了预期目的所做的系统的、独立的检查和评定。它与传统的上级对下级的工作检查，无论在性质上、内容上还是在方法上都是不同的。质量审核是为获得质量信息以便进行质量改进而进行的质量活动。

按审核对象分，可以将质量审核分为三种类型，即产品质量审核、过程（工序）质量审核和质量体系审核。产品质量审核是指对准备交给用户使用的产品的适用性进行审核。过程（工序）质量审核是指对过程（工序）质量控制的有效性进行审核。质量体系审核是指对组织质量体系的有效性进行审核，即对为达到质量目标所进行的全部质量活动的有效性进行审核。

按审核方分，可以将质量审核分为第一方审核、第二方审核和第三方审核三种类型。第一方审核是指组织对自身的产品、过程或质量体系进行审核，第一方审核由组织内部审核人员完成，目的是为了推动组织内部质量改进。第二方审核由顾客或其代表对有关产品、控制过程进行审核。第三方审核由独立的第三方机构（认证机构）对产品、质量体系进行审核，第三方审核由第三方机构的国家注册审核人员完成，其目的在于对产品和质量体系的有效性进行确认，以便提供对外质量保证证据。

（二）质量认证

质量认证也称合格评定，它是由第三方依据程序对产品、过程或服务符合规定的要求给予书面保证（合格证书）。质量认证是国际上通行的管理产品质量的有效方法。

质量认证按认证的对象分为产品质量认证和质量体系认证两类。产品质量认证是指依据产品标准和相应技术要求，经认证机构确认，并通过颁发认证证书和认证标志来证明某一产品符合相应标准和相应技术要求的活动。产品质量认证的对象是特定产品。质量体系认证是指依据有关标准(如 ISO 9000),经认证机构确认并通过颁发认证证书和认证标志来证明质量体系符合相应标准的活动。质量体系认证的对象是企业的质量体系,或者说是企业的质量保证能力。

质量认证是随现代工业的发展作为一种外部质量保证的手段(第三方证实)逐步发展起来的。最初,供方(第一方)为了推销产品,采用“合格声明”的方式确认产品为合格产品。合格声明是供方单方面通过某种形式的说明或文件等标记证明产品符合规定的技术要求,最常见的合格声明就是合格证。合格声明虽然能够在一定程度上取得需方(第二方)的信任,但毕竟是单方面的证明,可信度不高。

为了能够得到符合质量要求的产品,在供方合格声明的基础上,需方(或其委托人)对产品或供方质量体系进行审核,但这种做法具有很大的局限性。首先,随着科学技术的发展,产品结构和性能日益复杂,仅凭需方的知识和经验很难判断产品是否符合要求;其次,审核的内容仅与特定的合同有关,很难对供方质量体系作准确的评价;最后,审核的费用较高,而且供方难于应付每个需方的审核。在这种情况下,由专业认证机构(第三方)来对供方的产品或质量体系进行确认的现代质量认证制度就应运而生了。

质量体系认证是对质量保证能力的认证。它由专业机构(认证机构)通过定期或不定期检查的方式,对供方的质量体系是否具有保证生产合格产品的能力进行确认。很显然,第三方认证比合格声明更加客观,更能取得需方的信任。

质量认证制度有利于提高供方的信誉,有利于保护需方的利益,有利于组织完善质量体系,有利于组织提高经济效益,有利于组织减少社会重复评定费用,有利于促进本国产品的出口。正因为质量认证制度对供方、需方、社会和国家的利益保障都有十分重要的意义,因而得到了各国普遍重视。

(三)质量认证制度的基本内容

质量认证制度是指为进行质量认证而建立的一套程序和管理制度的总称。质量认证制度的基本内容包括认证和认可。认可是指由权威机构依据一定的程序对某一团体或个人具有从事特定任务能力给予正式承认。质量认证制度中的认可包括校准/检验机构认可、认证机构认可、审核机构认可、审核员/评审员认可。

我国认证体系的组织机构有四级:授权机构,认可机构,认证机构,企业。授权机构是国家权力机构,授权认可机构对认证机构的认可。目前,我国认证制度中的授权机构是中国国家认证认可监督管理委员会,隶属于国家质量监督检验检疫总局。认可机构是对认证机构认证资格进行认可的组织机构。目前我国的认可机构有:中国认证机构国家认可委员会(CNAB),中国实验室国家认可委员会(CNAL),中国认证人员与培训机构国家认可委员会(CNAT)。认证机构是负责对企业的产品质量和质量体系进行认证的机构。目前我国的认证机构有很多,如中国质量认证中心等。

质量体系认证的基本程序如下:

(1)由企业做认证前的准备工作,包括准备资料,并对照有关标准(ISO 9000 等)进行自我检查,发现质量体系文件有不合格项后,要补充、完善质量体系文件。

(2)企业向认证机构提交申请。

(3)认证机构初步审核。审核的结果中如有不符合项(没有满足规定要求),则要求企业进行整改。

(4)企业根据审核的结果进行整改。

(5)经认证机构检查,合格后颁发证书。

(6)认证机构的监督管理。企业应及时向认证机构通报出现的问题。认证机构对获证的企业在证书有效期(一般为三年)内进行定期监督审核或复审。认证期满后,企业可以提出延长有效期的申请。认证机构审查合格后,可以延长认证的有效期。

二、ISO 9000 族标准

(一) ISO 9000 标准产生的背景

ISO 9000 标准的产生与发展是与科学技术的进步、世界贸易的快速增长密切相关的。

随着科学技术的进步,产品品种越来越多,产品结构越来越复杂。一方面,消费者无法根据自己的能力判断产品质量的好坏,生产者的合格声明往往又不大可靠,因此从消费者角度来看,他们希望由第三方来公正客观地对产品质量进行评判。另一方面,生产者也希望通过第三方的评判来增加产品的信誉度,获得更多消费者的信任。为了增加第三方评判的公正性、客观性,需要有大家统一遵守的标准作为评判的依据。在这种情况下,许多国家建立了一些质量认证标准。

第二次世界大战后,世界经济得到快速增长,与此同时,世界贸易的增长速度更快,产品跨越国界变得更加频繁更加容易。虽然国际贸易有利于交易双方,但为了保护本国企业和产品,许多国家都制定了较高的市场准入制度,对进入该国的产品都有一定的限制,这些限制主要表现为关税壁垒和其他非关税壁垒(如技术壁垒、绿色壁垒、许可证制度等)。为了促进世界贸易的增长,"关税及贸易总协定"在削减关税方面作出了重要贡献,关税的降低促进了世界贸易的增长,但与此同时其他方面的壁垒就凸显出来了。在 ISO 9000 颁布之前,许多国家都形成了自己的质量管理标准。在进行贸易交往时,有时出现以质量管理不符合本国规定为由,拒绝他国产品进入的情况,从而阻碍了世界贸易的发展。为促进世界贸易的增长,协调各国的质量保证和质量管理标准,国际标准化组织(ISO)决定统一各国的质量管理标准,于是产生了 ISO 9000 标准。

(二) ISO 9000 标准的制定及其发展

1979 年,ISO 成立质量保证技术委员会(TC 176),从事质量管理和质量保证标准的制定工作。经过多年的努力,在总结了世界各国质量管理和质量保证经验的基础上,于 1986 年正式颁布了 ISO 8402《质量——术语》。该标准为在世界范围内统一质量术语、澄清模糊概念起到了重要作用。1987 年,ISO/TC 176 正式公布了 ISO 9000 ~ ISO 9004 五个标准,即 ISO 9000 系列标准。这些标准包括: ISO 9000:87《质量管理和质量保证标准——选择和使用指南》、ISO 9001:87《质量体系——设计、开发、生产、安装和服务的质量保证模式》、ISO 9002:87《质量体系——生产、安装和服务的质量保证模式》、ISO 9003:87《质量体系——最终检验和试验的质量保证模式》和 ISO 9004:87《质量管理和质量体系要素——指南》。

ISO 9000 系列标准公布后,很快得到各国的承认和推广。许多国家开始规定,只有通过 ISO 9000 系列标准认证的产品才能进入该国。我国 1988 年等效采用该标准,后又于

1993 年改为等同采用。针对实施中出现的问题,以及质量保证、质量管理理论的发展,ISO/TC 176 对 ISO 9000 系列标准进行了修订和扩展后,于 1994 年正式颁布新标准,命名为“ISO 9000 族标准”,该标准于 1995 年被我国等同采用为国家标准 GB/T 19000:1994。

1994 版 ISO 9000 族标准包括:基础标准(ISO 8402、ISO 9000)、核心标准(ISO 9001 ~ ISO 9004)、支持性标准(ISO 10001 ~ ISO 10020)。其中 ISO 8402:1994 定义了与质量有关的基本术语 67 个;ISO 9000:1994 提供了 ISO 9000 族标准的选择和使用指南;ISO 9001 ~ ISO 9003:1994 是可供选择的三个质量保证模式, ISO 9001:1994 要求的要素最多,范围最广,ISO 9003:1994 要求的要素最少; ISO 9004:1994 提供了内部质量管理的标准模式;ISO 10000 系列标准是各种质量标准的实施方法指南。

(三)2000 版 ISO 9000 族标准

2000 年底,ISO/TC 176 又在 ISO 9000 族标准的基础上进行了大幅度修改,重新颁布了 2000 版 ISO 9000 族标准。该标准颁布后,我国立刻等同采用为国家标准 GB/T 19000:2000。2000 版 ISO 9000 族标准的基本结构见表 5-1。

表 5-1 2000 版 ISO 9000 族标准结构

核心标准	其他标准	技术报告	小册子
ISO 9000	ISO 10012	ISO 10006	质量管理原理
ISO 9001		ISO 10007	选择和使用指南
ISO 9004		ISO 10013	小型企业的应用
ISO 19011		ISO 10014	
		ISO 10015	
		ISO 10017	

其中 4 个核心标准为:

ISO 9000:2000《质量管理体系基础和术语》。该标准描述了质量管理体系的基础,并规定了质量管理体系术语。它取代了 ISO 8402:1994《质量管理和质量保证术语》和 ISO 9000-1:1994《质量管理和质量保证第 1 部分:选择和使用指南》两个标准。

ISO 9001:2000《质量管理体系要求》。该标准提供了质量管理体系的要求,供组织证实其提供满足顾客和适用法规要求产品的能力时使用。组织通过有效地实施体系,包括过程的持续改进和预防不合格产品,使顾客满意。此标准取代了 1994 版的 ISO 9001、ISO 9002 和 ISO 9003 三个质量保证模式标准,成为用于第三方认证的唯一质量管理体系要求标准。

ISO 9004:2000《质量管理体系业绩改进指南》。该标准提供了改进质量管理体系业绩的指南,包括持续改进过程,提高业绩,使组织的顾客及其他相关方满意。此标准取代了 1994 版的 ISO 9004。

ISO 19011:2001《质量管理体系和环境管理体系审核指南》。该标准提供了质量管理体系和环境管理体系审核的基本原则、审核方案的管理、审核的实施以及审核员资格要求等。此标准取代1994版的ISO 10011、ISO 14010、ISO 14011和ISO 14012。

其他标准只有一项:ISO 10012《测量控制系统》,取代1994版的ISO 10012-1和ISO 10012-2。

三、ISO 9000与全面质量管理

自从ISO 9000问世以来,便引起了对ISO 9000和全面质量管理(TQM)之间关系的讨论。早在ISO 9000标准颁布之前,TQM已经有了长达20多年的深入研究和有效实践。随着ISO 9000标准贯彻运动的不断发展,经过各方人士的共同研究、探讨与实践,关于ISO 9000与TQM两者之间的关系已经取得基本共识。

(一)ISO 9000与TQM的联系

(1)理论基础相同。质量管理先后经历了质量检验、统计质量控制和全面质量管理三个实践阶段,而这些实践活动,逐步形成和丰富了质量管理学的基本原理,并使其成为一门独立的学科。TQM与ISO 9000的共同理论基础是质量管理学,ISO 9000吸收了TQM的成果。

(2)最终目标一致。两者都突出以一个组织的全员参与使本组织的产品(服务)质量提高,达到顾客满意为共同目标。

(3)强调不断进行质量改进。两者都认为质量是一个螺旋上升的过程,每经过一个循环,质量便提高一次。两者都注重通过过程质量改进来不断改进产品和服务质量。

(4)重视应用现代统计技术和现代管理技术。两者都强调采用多种多样的方法进行质量管理,包括现有的和待开发的技术和方法。ISO 9000强调应用多种统计技术和方法,特别是进行质量改进时,推荐采用调查表、因果图、控制图、直方图、排列图等统计工具。

(二)ISO 9000与TQM的区别

(1)ISO 9000作为质量管理和质量保证标准,具有标准的属性,实现了质量管理的有序、统一、规范并保持相对稳定性。TQM则是质量管理学发展到一定阶段的一种新的理论,是一个实践的、不断改进的过程。

(2)ISO 9000是从购买方(顾客)的角度向企业提出质量管理和质量保证方面的要求,强调符合性。TQM则是从组织本身的角度出发,动员组织的各方面参与质量管理工作,强调质量的不断改进。

(3)ISO 9000注重质量体系的文件化,强调贯彻标准,具有可操作性和规范性。TQM更注重统计方法和工具的使用,相对比较抽象。

四、质量管理体系

(一)质量管理体系的有关概念

1.质量保证

质量保证是质量管理的一部分,它"致力于按质量要求提供信任"。质量保证的核心是向人们提供足够的信任,使顾客和其他相关方确信企业的产品、体系或过程达到质量要求。它一般有两方面的含义:一是企业在产品质量方面对用户所做的一种担保,具有"保证书"的含义。这一含义还可引申为上道工序对下道工序提供的质量担保。二是企业为

了提供信任所开展的一系列质量保证活动。这种活动对内来说是有效的质量控制活动；对外来说是提供依据以证明企业质量管理工作实施的有效性，以达到使人确信其质量的目的。因此，质量保证包括取信于企业领导的内部质量保证和取信于用户的外部质量保证。

2. 质量控制

质量控制是指为了满足质量要求所采取的作业技术和活动。质量控制是质量管理的内容之一，也是质量管理体系的主要活动。它是在质量形成的全过程中，控制所有影响质量的因素，及时发现并排除过程中导致质量问题的原因，从而有效地保证质量，取得经济效益。质量控制与质量保证有一定的关联性。质量控制是为了达到规定的质量要求所开展的一系列活动，而质量保证是提供客观证据证实已经达到规定质量要求的各项活动，并取得顾客和相关方面的信任。因此，有效地实施质量控制是质量保证的基础。

3. 质量管理体系

质量管理体系是指“建立质量方针和质量目标并实现这些目标的体系”。这一体系是由若干有关的要素相互联系、相互制约而形成的一个有机整体。质量管理体系的要素包括与质量管理相关的工作过程以及每一过程中应开展的质量活动，可分为硬件和软件两大部分。人力、技术和各种设施等条件是质量管理体系的“硬件”；组织机构、职责、程序和质量工作过程则形成质量管理体系的“软件”，通过它们把企业各部门、各环节的质量管理活动严密地组织起来，从而形成一个相互联系、相互促进、相互协调的有机整体。企业质量管理正是通过建立健全质量管理体系来实施的，它使质量管理工作制度化、系统化和程序化。所以，质量管理体系是质量管理的精髓和核心。

（二）质量管理体系的建立

建立健全质量管理体系是一项复杂的系统工程。质量管理体系自身是一个较为复杂的系统，它与企业组织外部和内部的其他管理体系之间有众多的接口。在实际操作时，企业必须针对市场、产品、生产特点、用户需要等具体情况和自身特点，采取相应的步骤和方法，对体系的要素进行适当的组合，以建立适应本企业特定条件的质量管理体系。建立和实施质量管理体系的程序如图 5-2 所示。

需要强调的是，质量管理体系是整个企业管理体系的一个组成部分，因此在建立质量管理体系时，必须明确该体系与企业内其他体系的关系。这种关系是通过一系列的质量管理文件体现出来的。所以，质量管理体系是一个文件化的体系。质量管理体系的文件主要有质量手册、质量计划、程序文件、记录等几种类型。成套的质量管理文件对内是实施各项质量管理活动的依据，对外是企业存在一个符合国际标准的质量管理体系的表征，是证实企业能力的证据之一。另外，质量管理体系必须不断改进，以适应发展变化的环境，保持其有效性。

五、质量管理体系的运行方式

质量管理体系是按照计划（Plan）、实施（Do）、检查（Check）、处理（Action）四个阶段周而复始地进行质量管理工作的。这个工作过程简称为 PDCA 循环（见图 5-3）。

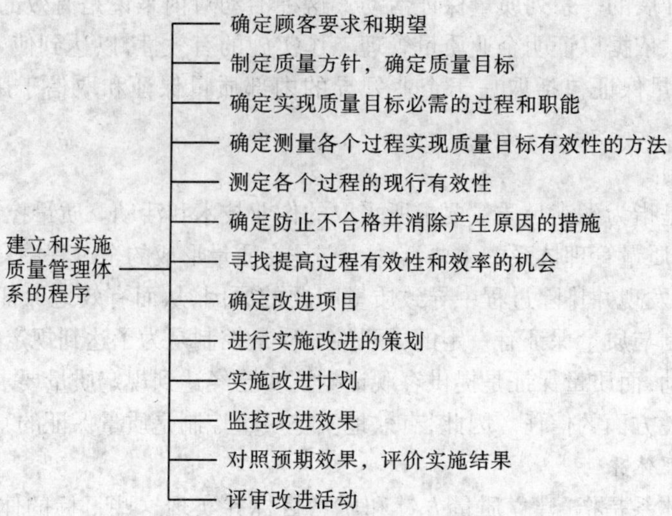

图 5-2　建立和实施质量管理体系的程序

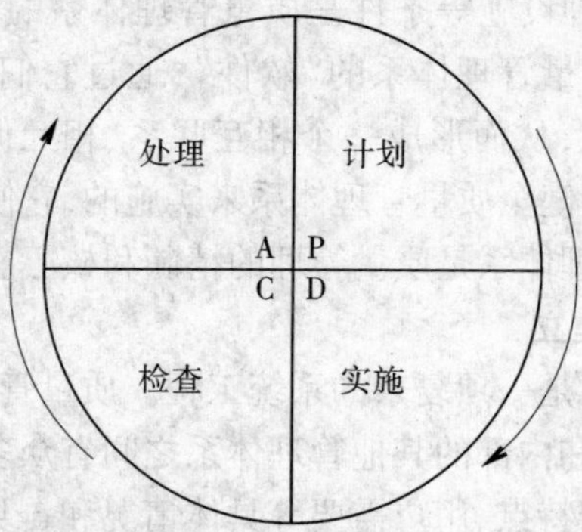

图 5-3　PDCA 循环

(一) PDCA 循环的内容

PDCA 循环分为四个阶段、八个工作步骤(见图 5-4)。

1. 计划阶段

计划阶段是在分析研究的基础上,确定质量管理目标、项目和拟订相应的措施,制订活动计划的阶段。这个阶段分为四个工作步骤:①分析现状,找出存在的质量问题;②逐个分析产生质量问题的各种因素;③找出产生质量问题的主要原因;④针对主要因素拟订措施计划。

2. 实施阶段

实施阶段是根据预定目标和措施计划,组织计划实施的阶段。

3. 检查阶段

检查阶段是检查计划实施情况,衡量取得效果的阶段。

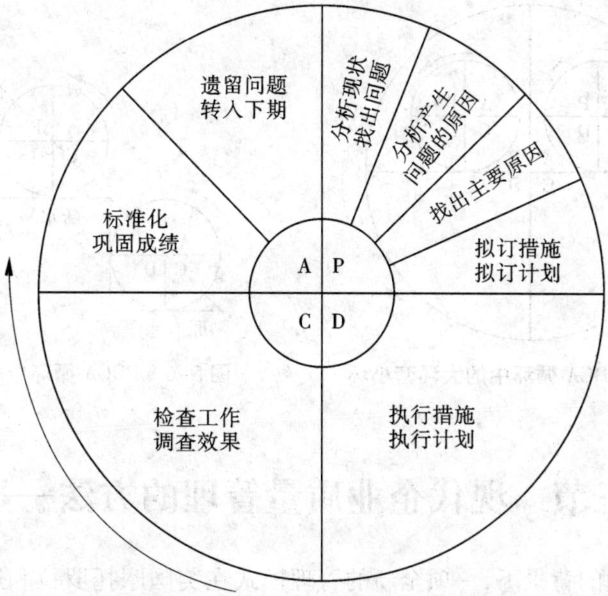

图 5-4　PDCA 循环的八个工作步骤

4. 处理阶段

处理阶段是总结经验和教训、巩固成绩、处理未解决问题的阶段，它包括两个步骤：①总结经验教训，将成功的经验制定成标准加以推广，将失败的教训加以总结，并记录在案，防止再度发生。②将没有解决的问题转入下一个管理循环，作为制订下一循环计划目标的依据。

(二)PDCA 循环的特点

(1)大环套小环，小环保大环，相互促进，推动大循环(见图 5-5)。PDCA 循环作为质量体系的一种科学运转方式，适用于企业内各个部门与环节的质量管理工作。整个企业的保证体系是一个大的管理循环，每个职能部门、车间直至班组和个人，又各自根据企业总的质量目标和要求，按照 PDCA 程序进行自己的小循环，从而形成大环套小环的综合循环体系。同时，企业各部门、各环节又通过自己的循环保证和推动大循环的运转。

(2)PDCA 循环每转动一周，质量就提高一步(见图 5-6)。每个循环都不是简单的重复，而是在前一循环的基础上上升到一个新的高度。因为每经过一次循环，解决一批质量问题，就有了新的经验，为下一循环提供了良好的基础。随着循环的不断进行、质量问题不断得到解决，工作质量和产品质量也不断得到提高，如同上楼梯一样，逐级上升。

(3)循环的关键在于巩固，即总结经验、巩固成绩、防止错误。这是 PDCA 循环可以逐级上升的关键所在。如果只有计划、实施、检查三个阶段，没有经过处理阶段将成功的经验和失败的教训纳入有关标准、规定和制度中，就不能巩固成绩、吸取教训，防止同类问题的发生。因此，推动 PDCA 循环一定要抓住处理阶段。

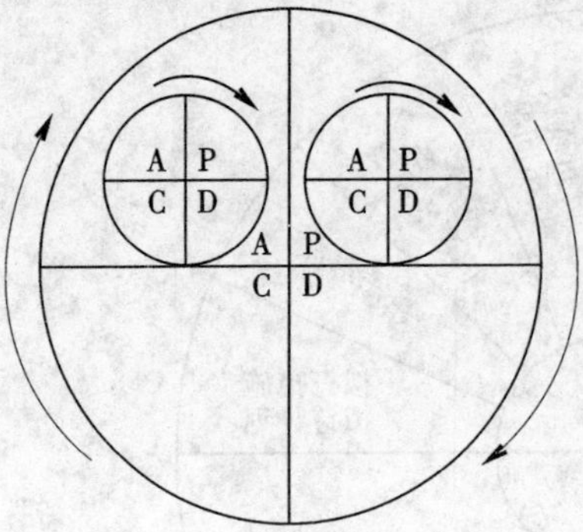

图 5-5　PDCA 循环中的大环套小环

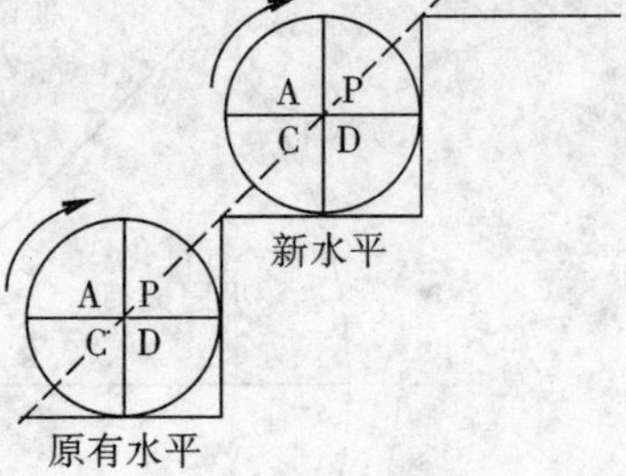

图 5-6　PDCA 循环中的逐级上升

第三节　现代企业质量管理的方法——6σ

在经济全球化的背景下，一项全新的管理模式在美国摩托罗拉和通用电气两大企业巨头中试行并取得立竿见影的效果后，逐渐引起了欧美各国企业的高度关注，这项管理模式便是现代企业质量管理的方法，即六西格玛管理（6Sigma 管理，简称 6σ 管理）。

一、6σ 管理的概念

"σ"是统计学中的概念，指的是正态分布中的标准差，六西格玛即为六倍标准差，在质量上表示每百万件的产品中的不合格品只有不到 3.4 件，或每百万次出现缺陷的机会中只有不到 3.4 次出现缺陷。但 6σ 管理不仅仅指产品质量，而是一整套系统的企业管理理论和实践方法。6σ 管理的核心理念实际上不仅仅是一个质量上的标准，它更代表一种全新的管理理念，即要企业不断地追求近乎完美的产品与服务质量。

6σ 管理的定义为：6σ 管理是获得和保持企业在经营上的成功并将其经营业绩最大化的综合管理体系和发展战略；是使企业获得快速增长和竞争力的经营方式；是寻求同时增加顾客满意和企业经济增长的经营战略途径。它不是单纯的技术方法的引用，而是全新的管理模式。

二、6σ 管理的特点

6σ 管理的特点是：

（1）具有比以往更广泛的业绩改进视角，强调从顾客的关键要求以及企业经营战略角度出发，寻求业绩突破的机会，为顾客和企业创造更大的价值。

（2）强调对业绩和过程的度量，通过度量，提出挑战性的目标和水平对比的平台。

（3）提供了业绩改进方法。针对不同的目的与应用领域，这种专业化的改进过程包括：六西格玛产品/服务过程改进方法 DMAIC（6σ 改进方法 DMAIC）、6σ 设计方法 DFSS（详见下文）等。

（4）在实施上由倡导者、黑带大师、黑带、绿带等经过培训、职责明确的人员作为组织保障。

(5)通过确定和实施六西格玛项目,完成过程改进项目。每一个项目的完成时间为3~6个月。

(6)明确规定成功的标准及度量方法,以及对项目完成人员的奖励。

(7)组织文化的变革是其重要的组成部分。

三、6σ管理方法

6σ管理不仅是理念,而且也是一套业绩突破的方法。它将理念变为行动,将目标变为现实。这套方法就是6σ改进方法DMAIC和6σ设计方法DFSS。

(一)6σ改进方法DMAIC

6σ改进方法DMAIC是指定义(Define)、测量(Measure)、分析(Analyze)、改进(Improve)、控制(Control)五个阶段构成的过程改进方法,一般用于对现有流程的改进,包括制造过程、服务过程以及工作过程等。各阶段的主要工作如表5-2所示。

表5-2 DMAIC过程各阶段的主要工作

阶段	主要工作
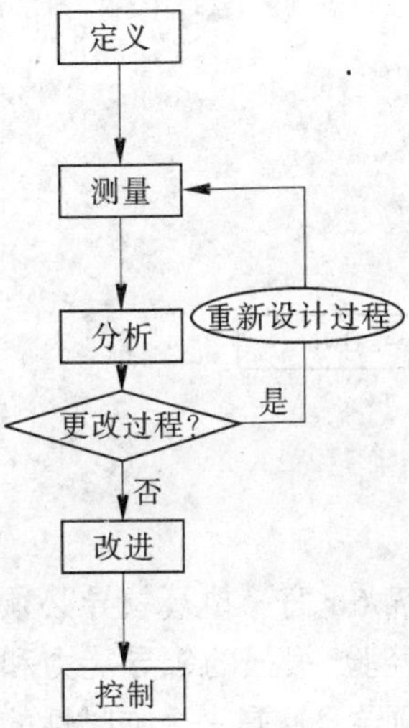	(1)定义阶段D:确定顾客的关键需求并识别需要改进的产品或过程,将改进项目界定在合理的范围内
	(2)测量阶段M:通过对现有过程的测量,确定过程的基线以及期望达到的目标,识别影响过程输出Y的关键Xs,并对测量系统的有效性作出评价
	(3)分析阶段A:通过数据分析确定影响过程输出Y的关键Xs,即确定过程的关键影响因素
	(4)改进阶段I:寻找优化过程输出Y且消除或减小关键Xs影响的方案,使过程的缺陷或变异(或称为波动)降低
	(5)控制阶段C:使改进后的过程程序优化,并通过有效的监测方法保持过程改进的成果

(二)6σ设计方法DFSS

DFSS是Design For Six Sigma的缩写,是指对新流程、新产品的设计方法。

(三)6σ设计的模型DMADV

6σ设计的模型DMADV即定义(Define)、测量(Measure)、分析(Analyze)、设计(Design)和验证(Verify)五个阶段。定义阶段(D)的内容包括目标描述、过程范围界定、过程输出及需求修改;测量阶段(M)的内容包括描述过程、验证测量系统和测量过程绩效;分析阶段(A)的内容包括流程价值分析、流程时间分析和设计分析;设计阶段(D)的内容包括确认/调整范围、绘制高水平流程图、创造设计理念和建立详细的设计方案;验证阶段(V)的内容包括每个操作步骤的设计评估、改进设计、试验新的流程、产品和服务、全面推广和控制。6σ 设计不仅应用于流程的再设计,更多地应用在新产品和新服务的设计中,因此涉及很多专业技术知识,需要技术专家和设计师才能完成。

(四)6σ 组织

6σ 管理作为一项事业,一种文化,一项系统的改进活动,必须依靠有效的组织体系和一批优秀的人才来推动和保证。启动 6σ 管理时,应挑选合适的人才,经系统培训合格后,安排到 6σ 管理的相应岗位,并规定和赋予明确的职责与权限,形成 6σ 管理的组织体系,这是实施 6σ 管理的基本条件和必备资源。

1. 6σ 组织的结构

典型的6σ 组织结构如图 5-7 所示。有些公司在绿带下还设有黄带,少数公司在黄带下还设有白带。

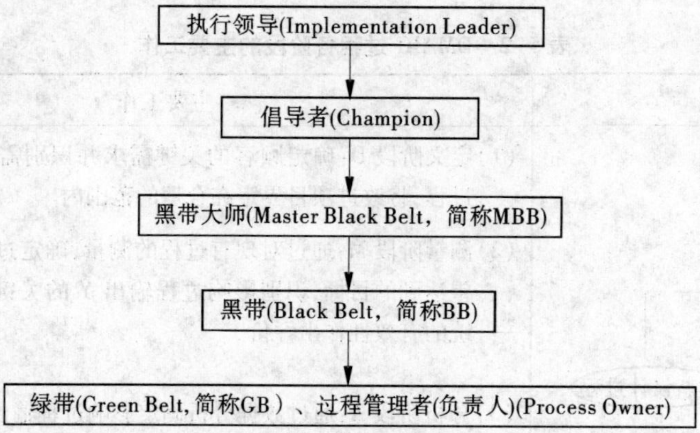

图 5-7　6σ 组织结构

2. 6σ 组织的关键角色

(1)执行领导。这个角色还有其他名称,如 6σ 副总裁、首席 6σ 官。执行领导必须是企业质量改进活动中经验丰富的专家或是拥有丰富企业管理经验、很强的领导能力和管理能力、受人尊敬的内部行政人员,通常是企业副总裁级别的领导。这是一个临时性的职位,几年后执行领导一般会调至其他行政或管理职位。执行领导负责协调整个 6σ 活动,直接向首席执行官、总裁或者其他最高层领导汇报工作。执行领导的主要职责是使高层管理人员具有 6σ 管理的意识,使 6σ 项目在他们的工作计划上有较高的优先级,制订和推动 6σ 管理开展计划。

(2)倡导者。倡导者是 6σ 管理的关键角色,一般是高级经理或行政人员,他们必须熟悉基本和高级的统计规律,具有较强的平衡协调能力,由他们发起和支持(负责)黑带项目。这个职位表示着高层管理人员最后会对 6σ 活动负责。换句话说,6σ 管理成果的责任没有落到企业的底层,而是落在高层和中层以上管理人员身上,因此倡导者在 6σ 管理中起着承上启下的重要作用。倡导者通常是企业推行 6σ 管理领导小组的一员，其职责是：保证项目与企业整体目标一致，指明项目方向；使其他领导知道项目的进展；制定项目选择标准，核准改进方案，特许项目展开；为黑带团队提供或争取必需的资源，建立奖励制度，推进 6σ 活动展开；检查阶段任务执行的状况，排除障碍；协调与其他 6σ 项目的矛盾；评价已完成的 6σ 项目。

(3)黑带大师。在大多数情况下，黑带大师是 6σ 管理的专家，他们通常具有理工科背景，或者有管理学方面的较高学位，是 6σ 分析工具的使用高手。他们要具有 5 年以上实施 6σ 管理的经验，并且是有成功记录的黑带大师，同时至少要得到两名副总裁的推荐；他们还应该具备较高的培训技能、技术技能和组织能力。在企业刚开始推行 6σ 管理时，黑带大师一般来自专门的咨询或培训机构，也可以从具备相当资格的专家中聘用。经过一段时间以后，企业的黑带大师会从专业的黑带中产生。黑带大师的主要职责是为参加项目的黑带提供指导和咨询，协助黑带及其团队顺利完成工作，帮助企业推广 6σ 管理。具体职责包括：接受 6σ 管理的专业训练；指导若干位黑带，发挥 6σ 管理的专业经验；扮演变革推进者的角色，引进新观念与新方法；执行及管理 6σ 培训；与倡导者共同协调各种活动，确保完成项目；指导黑带向上级提出报告。

(4)黑带。黑带是 6σ 管理中最关键的一个角色。黑带通常是全职的，他们专职从事 6σ 改进项目。黑带的任期一般是 18 个月或 2 年，要求完成 4 ~ 8 个项目。在 6σ 项目中，黑带负责发现突破性改进和变革的机会，组织、管理一支特定的 6σ 项目团队开展工作，最终使项目获得成功。黑带的职责通常是：在倡导者及黑带大师的指导下，界定 6σ 项目；带领团队运用 6σ 方法；选择、指导并使用最有效的工具和技术；拥有适宜的人际关系及组织技巧，让团队始终保持高昂的士气与稳定的情绪；开发、管理项目计划，必要时建立评价制度，监督资料收集和分析；担任与财务部门间的桥梁，核算项目节约的成本和收益；让所有与过程相关的人员知道项目的经济效益；项目完成后提出项目报告；指导和培训绿带。最好的黑带候选人往往是那些对公司的产品、服务和流程非常熟悉的中层管理人员、技术人员或未来的高层领导，但有时候一些缺乏团队经验和对公司历史不太了解的新来者常常会给公司带来新鲜的观点，并有利于克服公司传统的束缚。

(5)绿带。绿带接受 6σ 技术的培训，培训的项目与黑带类似，但所达到的层次略低。绿带还有本职工作要做，一般作为团队的成员，他们的作用是把 6σ 管理的新概念和工具带到企业日常活动中去。绿带要有技术背景和支持背景，其现有的职位应与需解决的难题相关，而且要熟悉基本统计工具。绿带是 6σ 活动中人数最多也是最基本的力量，一些 6σ 管理的先驱企业，很大比例的员工都接受过绿带培训。通常其职责是：提供与流程有关的专业知识；与非团队成员的同事进行沟通；收集资料；接受并完成所有被指派的 6σ 项目；执行改进计划。

(6)过程管理者(负责人)。成功的 6σ 管理还需要过程管理者(负责人)的支持和配合。过程管理者(负责人)不能独立完成项目。他们的职责是：建立对 6σ 管理的共识，确保流程改进能够落实；进行流程知识的沟通；推荐团队成员；保持成果。

四、6σ 组织的培训

任何 6σ 管理都需要过程性能、改进方法、统计工具、推广、框架以及其他广泛的知识，这些知识需要在整个组织中形成梯次，并成为全体员工的知识。6σ 组织培训中有三种标准化的课程，从最基础的到广泛的，每一课程都有不同的详细程度和实际应用水平。

（1）基础培训。基础培训提供对 6σ 管理的基本介绍，一般是针对广大一线员工的一天的课程（有些公司针对所有员工）。

（2）绿带培训。绿带培训任务一般由黑带大师和黑带担当。绿带作为黑带的助手和团队成员，其培训不需要像黑带培训那样密集和全面，通常给予两周的训练。课程结束时，一般会向成功完成课程的参加者签发一张证书。取得绿带资格之后，多数公司要求绿带每年完成一个改进项目，不符合要求的绿带将被收回证书。

（3）黑带培训。黑带培训被分为五个连续的教育期间，大体上对应着定义、测量、分析、改进和控制五个阶段。每个教育期间为 1 个月（包括 1 个星期的教室教育和 3 个星期的实践）。培训期间，通常要求黑带受训者完成 4 个改进项目，大多数提供黑带培训的实施 6σ 管理的公司和一些咨询机构会向成功完成课程的黑带受训者颁发证书。取得资格之后，黑带一般被要求每年完成 4 个改进项目。

五、实施 6σ 管理的意义

（1）6σ 管理是一种综合管理体系和发展战略，它能够严格、集中、高效地改善企业流程管理的实施原则和技术，以 6σ 水平为追求目标，带动质量成本的大幅度降低，最终实现财务效益的显著提升和企业竞争力的重大突破。

（2）6σ 管理融入了现代科学的诸多成果，它可以使团队学会如何确定任务和目标、如何收集数据、如何计算和推导、如何形成有效的解决方案，最终解决一个个现实问题，保持企业旺盛的发展势头。同时，6σ 管理可以为企业培养大批诸如黑带、绿带等类型的项目管理人才，塑造持续作战的企业团队，有助于企业建立一套科学有效的管理流程体系，使得管理不再难以确定。

（3）6σ 管理迎合了知识经济的发展趋势，要求团队的每一个成员不断学习、交流，告诉员工如何有效学习，最终掌握和驾驭系统全面的思维方式，这种技能的获得将是企业持久发展的动力所在。

典型案例

ATC 公司的质量管理创新

通用电气公司的群策群力法，是质量管理中的重要创举。这种方法起初是由通用电气公司的韦尔奇率先使用的。群策群力法的基本原则在于，坚信一线员工可以协助公司大大改进业绩，其前提是他们拥有简单的工具，能够对自己的行为负责，而管理层也能快速作出决策。

美国的 ATC 公司为改进质量借鉴并发展了这一方法。

一、召开会议，确定方案

ATC 公司按照群策群力法设计了一个完整的计划，在各个分支机构部署小规模行动小组，寻求并落实提高利润的方法。在部署行动小组之前，ATC 公司邀请所有的区域经理参加为期两天的领导力协调会议。会议使每个人都认识到改革的必要性和采取行动的迫切性，统一了内部的认识。在会议上，ATC 公司的领导班子一致认为，最初的重点应该锁定在以下几个方面：提高安全驾驶水平，减少事故和加班工时，改进预防性维护。至于其他的绩效驱动因素则留待日后再议。围绕这些关键的绩效驱动因素，领导班子再进一步细分成几个小组。每一个小组需要针对某个绩效驱动因素制订出一套最佳实践方案。在制定控制成本、提高服务质量的关键措施时，ATC 公司希望每个小组都能达成共识。同时，ATC 公司限定每个小组在 60 天之内完成任务。它认为 60 天是个上限，超过 60 天，小组成员的干劲和工作质量都会快速下滑。

二、着手实施

会议后，ATC 公司针对“群策群力 60 天流程”对小组领导进行了培训。公司还规定每个小组的发起人（通常是区域经理）也必须参加培训。培训确保了一套专门用于小组改进工作质量的流程得到普遍运用。这套流程拥有小组为完成任务所需要的一切工具——指南手册、海报、工作安排表、记事贴和钢笔。

ATC 公司还任命了 10 位小组教练，他们是流程经理，还负责管理用来监控项目进展和记录结果的追踪系统。这样的先期安排再次确保了团队的纪律和动力。仅仅几周的时间，ATC 公司的举措就收到了成效，比如：“安全卫士”小组致力于降低每 10 万英里行驶里程事故率，最终目的是减少由驾驶事故而引发的其他费用。造成这些费用的因素包括强制性药品和酒精测试、改正不良行为的培训，以及驾驶员因为受伤或暂时被吊销驾驶证而不能开工的时间。小组成员根据最佳实践路线图，采用头脑风暴的方式，对问题挖根溯源，寻求解决良方。针对驾驶员在换班前不对车辆进行检查这个问题，小组进行了深入剖析，最后设计并落实了一个名为“红点”的激励方案。在换班之前，每辆车上都有 25 到 30 个需要检查的部位，而在这其中的某个部位会藏着一张小小的红色贴纸。如果驾驶员在换班前对车辆进行检查并发现了这张贴纸，他就会得到表彰并可以参加随后的抽奖，从而有可能获得更大的奖励。由于实施了“红点”方案和其他事故预防措施，仅在一个地区，每季度就可节约因事故造成的上万美元的额外费用。ATC 公司计划在所有地区都推行这些措施，预计节约的成本也将成倍增长。

三、总结经验

成功以后，ATC 公司的管理层及时总结了经验教训。他们将所有的小组领导、教练和高层领导团队召集到一起，举行了一次独特的会议，所有与会者都将漫步于一条“成果长廊”，长廊两边挂满了宣传各个小组成果的海报。

这一举措鼓舞了员工的斗志。尽管每个小组均有上佳表现，但仍难免有技高一筹者和稍稍逊色者。对于每一位参与项目的员工,公司管理层都确保他们的努力得到认可。而对于那些最有效地落实了改进流程的小组,ATC 公司则予以嘉奖。

对于 ATC 公司的各个小组而言,切实有效地落实流程指的是运用流程中的质量改进工具,尤其是用于记录行动计划和财务成果的工具。这包括一份行动清单和一个简单的用来计算财务成果的公式。行动清单是模拟六西格玛管理模式,围绕“定义、测量、分析、改进和控制”这几个步骤设立的。

通过强调在结果和流程之间寻求平衡,ATC 公司不仅实现了利润目标,还总结了经验教训,以改进下一轮的行动小组。在第一阶段的工作结束后一个月内,ATC 公司就启动了第二阶段的行动小组。这次共设立 24 个小组。小组结构不变,保持了原有的领导结构和教练模式,但组成人员不同,领导和成员都是新的。这一方式既保持了项目的持续性和连贯性,又保证了新鲜血液的注入。

(源自美国 Quality Progress 杂志)

【案例分析】

(1)讨论 ATC 公司质量控制模式第二阶段的成效好于第一阶段的原因。

(2)从全面质量管理的分析角度,对 ATC 公司的质量管理模式进行阐述。

(3)结合管理学中的反馈控制理论,探讨 ATC 公司质量控制模式两个阶段之间的总结分析过程。

思考题

(1)什么是质量?如何全面理解质量的含义?

(2)什么是全面质量管理?它有何特点?

(3)全面质量管理的内容是什么?

(4)什么是工序质量?影响工序质量的因素是什么?

(5)提高产品和服务质量对社会经济以及企业自身的发展有何意义?

(6)质量管理的发展可分为几个阶段?各有什么特点?

(7)全面质量管理有什么特点?PDCA 循环是如何进行质量改进的?

(8)质量成本各组成部分与质量水平有何关系?何谓最适宜的质量水平?

(9)何谓质量认证?简述质量体系认证的基本程序。

(10)2000 版 ISO 9000 由哪些文件构成?

实训题

SV 公司的质量管理

SV 公司是一家以制药为主,兼有多种经营的综合、开放、外向型公司,下辖原料药厂、制剂厂、添加剂厂、生物制品厂、医药中间体厂和药物研究所等 20 多个具有独立法人资格的分厂和经济实体。全公司现有员工约 3 000 人,主要产品有维生素类、磺胺类、营养保健品类、兽药类等百余种,年产量 2 500 余吨,1994 年销售额达 5 亿多元,利润 4 000 多万元，产品的60%以上出口，远销欧美50多个国家和地区，年创汇3 500万美元，名列全国医药行业第二位。SV公司是全国医药行业的骨干企业。

药品是一种用于预防、治疗疾病和恢复机体功能的特殊商品，药品质量的优劣直接关系到人的身体健康和生命安危。因此，该公司大力加强质量管理，取得了较好的成效，1994年度被评为公司所在省份二十家质量标兵企业之一。该公司质量管理的主要内容如下。

一、组织结构

随着市场经济体制改革，SV公司内部体制也有了较大改革。在组织机构方面，SV公司将原有的29个管理科室按照新的职能合并成八部三室。有关质量管理的科室合并成质量保证部，下设质量监督、质量检验和计量管理三个室。质量保证部部长直接对总经理负责，业务上受总工程师领导。质量保证部的组织结构如图5-8所示。

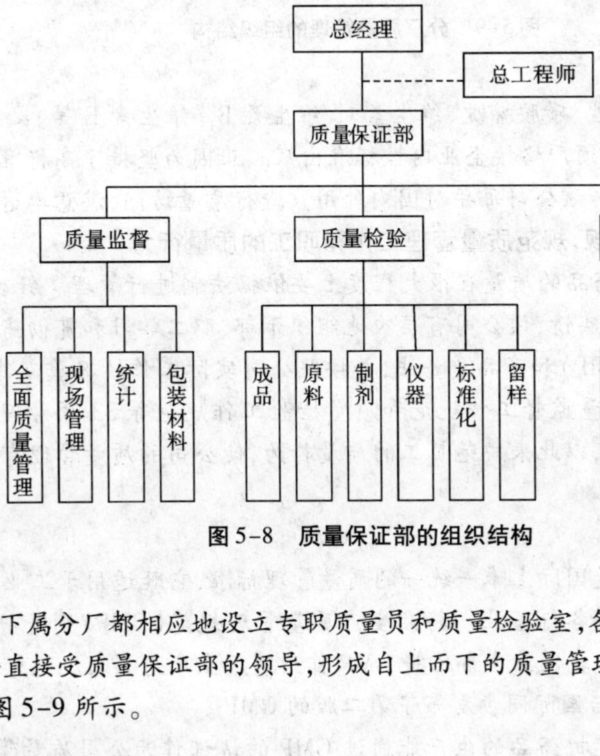

图5-8　质量保证部的组织结构

SV公司下属分厂都相应地设立专职质量员和质量检验室，各工段及班组设立兼职质量员，其业务直接受质量保证部的领导，形成自上而下的质量管理网络。分厂质量管理的组织结构如图5-9所示。

二、质量管理规范

SV公司的领导充分意识到药品的质量对人身体健康和生命安危的重要意义，也认识到质量就是企业的生命，质量就是经济效益的来源，始终把质量管理作为企业管理的中心内容。该公司质量管理工作从制定各项规范着手，主要有三个方面。

（一）建立高于法定标准的企业标准

SV公司有生产批文的产品共131种，其中药品有95种。对这些产品的质量，SV公司都制定了高于法定标准的企业内控标准和集各国标准之优的优级品标准。SV公司规

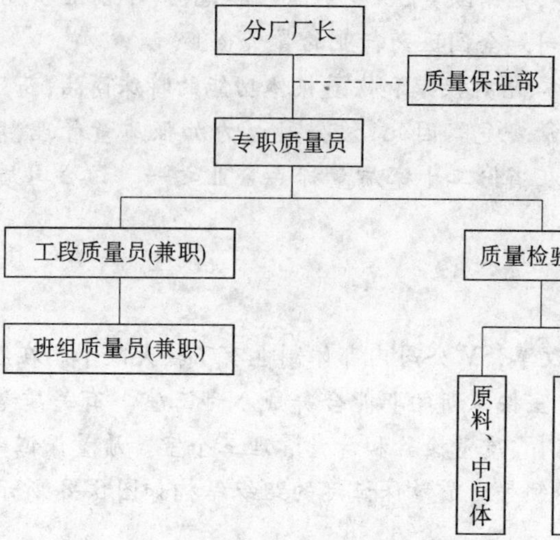

图5-9　分厂质量管理的组织结构

定，主要产品（如磺胺噻唑、磺胺嘧啶、维生素 C、维生素 B_1、维生素 E 等）必须以 100% 优级品出厂，其余产品也必须严格按企业内控标准出厂。正因为坚持了高标准，该公司的产品普遍受到用户的欢迎。该公司每年对国内外用户进行质量访问，满意率达 100%。

（二）建立本公司法规，规范质量管理工作和职工的质量行为

SV 公司领导认为，药品的质量在很大程度上要依据法制进行管理。针对公司体制转换、组织结构发生变化的实情，该公司有层次地组织干部、职工学习和贯彻药品管理法、药品生产质量管理规范（GMP）和产品质量法，并按照公司实际工作情况重新修订了本公司的质量管理工作规范、质量监督工作规范和质量检验工作规范等 33 项管理制度以及 12 项质监、质检员工作标准，以此来规范员工的质量行为，使公司的质量管理有法可依，有规可循。

（三）努力实施 GMP

ISO 9000 系列标准是国际上唯一统一的质量管理标准，它既适用于工业企业，也适用于建筑业、商业、服务业等各行各业。药品生产质量管理规范（GMP）则是针对医药行业制定的全球性质量标准。我国卫生部已将 GMP 作为药厂生产药品的规范文件，以便与国际接轨。1992 年我国也与国际同步发布了第二版的 GMP。

近几年，SV 公司一直把药品的生产能通过 GMP 的认证作为公司质量管理优化的目标，也作为实现企业管理全面上档次的重要内容之一。首先，该公司按照 1992 年版 GMP 的标准改造了制剂分厂、老产品精烘包以及质检楼，添置了符合 GMP 要求的分析仪器；其次，在普及宣传第二版 GMP 的内容上做了大量工作，公司明确规定，GMP 的内容是新职工必修的内容，通过 GMP 考核是上岗的必备条件。SV 公司通过与美国、瑞士两个药厂合作的方式引进原料药和制剂生产的标准操作程序和严格的管理方法，为全公司现场管理树立样板，从而带动整个公司的质量管理。

另外，SV 公司在实施质量监督、质量考核、实行质量否决权等方面采取了有力措施。

例如,各分厂的奖励工资与产品质量直接挂钩。凡是产品质量水平和工作质量达到目标任务要求的给予奖励;没完成目标任务要求的则予以惩罚。与其他工作奖惩办法不同的是,其他工作的奖惩用金额表示,其总数是各项奖惩之和,而质量工作的奖惩用系数表示,各分厂及职工最后获得的奖励工资是其他各项奖励工资与质量系数的乘积。如果其他工作任务完成得很好,而质量目标任务完成得不好,质量系数低,则总的奖励工资也会相应降低。这就是质量否决权。由于有严格的质量监督、质量考核措施,所以全面质量管理能得以落实。

(源自《经典的工业贸易思想》,作者:冯志强)

【教学功能】

(1)理解质量、质量管理、全面质量管理的概念和原理。

(2)掌握质量管理的方法。

【思考与讨论】

(1)SV 公司是如何进行质量管理的?它的质量管理组织结构有何特点?

(2)SV 公司下一步的质量管理重点应放在哪里?

【答题提示】

从质量管理、全面质量管理、质量管理方法方面分析回答。

第六章

现代企业营销管理

学习目标

□理解市场营销的含义及市场营销观念的演变；

□认识市场营销的微观和宏观环境；

□掌握市场营销管理过程中各环节的基本知识、技能和方法；

□学会正确运用各种市场营销策略。

睿智名言

企业最大的陷阱就是不放弃成功的经验。市场营销是一种创造性行为，一种自愿的交换行为，一种满足人们需要的行为，一种管理的过程，一种参与社会沟通的行为。中国传统文化非常看重方法，中国人是最善于使用方法的。知“法”则不必用兵，成功必得有术。化干戈为玉帛，不战而屈人之兵。

营销是一种穿越游戏，当我们做一个穿越的时候，我们使用聆听、区分、发问、回应四种基本能力，应用穿越的技巧：定向，联系，挖掘，选择，行动。制订计划，看清焦点，向着效应目标，由目标到效果去实现，用百分百的行动完成。不以感觉、感悟、心理评估、度量去主宰我们的生命。全然地贡献，用成果兑现我们的承诺。

以爱和尊重对待自己，就会吸引爱你尊重你的人，要让某种关系顺利，就要把焦点放在对他人的欣赏上，而不是抱怨上。因为这个世界是一个不抱怨的世界，你好我好，世界才好。

案例导入

蒙牛酸酸乳：整合营销“超女”商业价值

“超级女声”节目的热播，吸引了无数人的眼球，成就了不少有明星梦的年轻人，同时也让众多厂商眉开眼笑、财源广进。蒙牛公司就是这样一家厂商：成千上万套印着“超级女声"宣传信息的蒙牛酸酸乳包装盒、宣传单四处可见,蒙牛酸酸乳的销量激增,其品牌也变得与"超级女声"密不可分。合作方实现了双赢。

一、产品借机转型

上海铭泰·铭观乳业营销咨询公司总裁劳兵认为,整合营销传播的关键点有三个:一是能否找准市场定位,二是能否利用企业的潜在资源,三是能否得到渠道、媒体等各种资源的配合。此次蒙牛公司的整合营销正满足了这三点要求。

2004 年,湖南卫视的"超级女声"节目首战告捷。湖南卫视公布的《2004 超级女声影响力分析》显示,2004 年湖南卫视的平均收视率位列同时段全国所有卫星频道第二,仅次于央视一套。

蒙牛公司从中嗅到了商机。孙先红认为,"超级女声"节目对酸酸乳产品而言是个很好的整合营销良机,于是便从 2004 年 9 月开始筹划介入"超级女声"。2005 年 2 月,蒙牛公司与湖南卫视宣布共同启动"2005 超级女声"。

蒙牛公司的战略目标很明确。根据有关统计数字,2004 年蒙牛乳业已占液体奶市场的 22%,成为蒙牛公司的主要收入来源,占其总营业额的 85% 左右,但其毛利率却由 25.1% 下跌至 22.3%。英昂调查公司总经理英昂林认为,蒙牛公司一贯擅长利用事件进行营销,此次该公司正是希望借机转型,调整产品结构,由主攻液态奶到进军酸奶市场。

虽然蒙牛公司对这场整合营销的费用三缄其口,但据媒体估测,仅其广告投入一项就有 1 800 万元,总投入更达近亿元。对此,孙先红并不否认,但他算了这样一笔账:"整个营销费用包括包装费、户外广告费、电视广告费等,赞助节目费只是其中一项。如果以 20 亿元销售额计,1 亿元的营销费用不过是 5%,也很正常。"

孙一民认为,整合营销的效果评估有定量的标准,如市场占有率、销售额等;而一些定性的评估,如消费者满意度与品牌资产的增加等,一两年后才能看出来,并且很难估算。但无论从哪个角度看,蒙牛公司都收获不小。

二、整合广告、传媒终端促销助推

此次营销活动中,令人印象最深刻的莫过于蒙牛公司强大的宣传攻势。孙一民说,整合营销的核心正是综合利用各种手段进行传播,所以继新闻发布会之后,蒙牛公司的电视广告、路牌广告等一系列广告宣传全面铺开。

蒙牛公司将酸酸乳的目标消费群体定位为 12 ~ 24 岁的女孩,并选择首届"超级女声"季军张含韵为形象代言人,发布以"酸酸甜甜就是我"为号召的广告,充分表达了个性、前卫的广告诉求,彰显了消费者的个人魅力与自信。此广告已在以中央电视台为主、各地卫星电视为辅的电视广告中迅速铺开。

活动及产品层面的传播是蒙牛公司此次宣传的侧重点之一。在五大主赛区——也就是蒙牛公司主攻的五大市场的各种媒体中,对活动的报道此起彼伏:从赛事的举办及内涵,到蒙牛酸酸乳的"酸甜"新口味、代言人张含韵及该产品定位等都有相关报道。

另外,每件蒙牛酸酸乳产品包装上都印有"超级女声"宣传信息,它们本身就是一个很好的宣传,在提升"超级女声"知名度的同时,也为自己造了势。

孙一民指出，整合营销要求营销人员以新的思维方式来理解营销中的传播，它不单表现在广告传播环节，而且还渗透到促销与销售环节，扩展至产品包装、零售店产品的摆放等。蒙牛公司正是采取典型的拉引策略，通过对终端市场中消费者的宣传，以提升知名度来促进购买。所以，强大宣传攻势后，随之而来的正是强大的终端促销攻势。

终端方面，蒙牛公司在众多的超市、卖场采用买6送1的促销方式，形成拉力。

借助"超级女声"节目之势，蒙牛公司还设立了"超级女声"夏令营：凡购买蒙牛酸酸乳夏令营六连包即有机会参加抽奖活动，中奖者可以免费去长沙观看"超级女声"总决赛，还有机会享受长沙游。此活动进一步与终端销售进行结合，将活动影响力转化为产品销售力。

（源自《每日经济新闻》）

【思考分析】

(1)通过整合营销，蒙牛公司是如何提高产品和公司的知名度的？

(2)"超级女声"节目掀起的热浪过去后，蒙牛公司会用什么市场营销策略？

第一节　现代企业市场营销概述

营销是现代企业成功的因素。现代市场营销学以其独特而系统的理论及方法，向中国企业展示了通往成功之路的生存、竞争、发展的谋略。伴随着经济发展和现代企业营销管理需要而出现的市场营销学，是20世纪发展最快的管理学科之一，它是现代企业和企业家营销实践的总结。这门基于哲学、数学、经济学、管理学、心理学和行为科学之上的学科，已经成为企业在变化多端的市场环境和日趋激烈的竞争中求生存、谋发展的锐利武器。市场营销正在企业中发挥着越来越大的作用。

本章将介绍有关市场营销的理念、市场营销的基本理论、进行市场分析的方法以及市场营销组合策略。

一、市场营销理念

(一)市场营销理念的含义

市场营销学主要是沿着营销理念的不断深化、营销对象的内涵外延和营销理论基础的不断发展而来的。营销理念也称营销观念，是指企业的营销哲学或营销指导思想，市场营销观念的演进历经数个阶段，每一新观念的提出都是对前一观念的扬弃，使得营销观念不断地深化。

(二)市场营销理念的演进

企业的市场营销理念可归纳为六种，即生产观念、产品观念、推销观念、市场营销观念、社会营销观念及战略营销观念。

1. 生产观念

生产观念产生于供不应求的卖方市场，是一种最古老的营销观念之一。生产观念认为：消费者喜欢那些可随处买得到且价格低廉的产品，企业应致力于提高生产效率，扩大生产，降低成本以扩展市场。其实质是重生产、轻营销的哲学思想。

生产观念在西方盛行于19世纪末20世纪初，这种营销观念与西方当时的生产力水平相适应。那时，资本主义国家处于工业化初期，市场需求旺盛，企业只要提高产量、降低成本，便可获取丰厚利润。企业的中心问题在于扩大生产物美价廉的产品，而不必过多地关注市场需求。

2. 产品观念

产品观念亦产生于卖方市场的条件下，它几乎与生产观念同时盛行。产品观念认为：消费者喜欢高质量、多功能和具有特色的产品，企业应致力于生产高质量的产品，并不断精益求精，其实质是重质量、轻营销。

产品观念易导致“营销近视症”。“营销近视症”是指不适当地将注意力放在产品上，而不是顾客需求上。出现产品观念是由于消费者的购买力有所提高，市场竞争也在深化，但总体上还处在供不应求状况。企业若只强调自己的产品质量好，看不到顾客的需求变化，必使企业营销陷入困境。

3. 推销观念

推销观念产生于卖方市场向买方市场的过渡时期。推销观念认为：消费者购买具有惰性，若随其自然，消费者或者不会足量购买某种产品，或者不会足量购买本企业的产品。因此，企业必须积极推销和大力促销。其实质是重推销，轻营销。

在推销观念的指导下，企业相信产品是“卖出去的”而非“买去的”。因此，企业期望通过产品的推广和广告，以求说服、刺激、诱惑，甚至强制消费者购买产品。推销观念在一时或许会获得成功，但很难长久维持。例如，一家靠夺得中央电视台黄金时间段“标王”而使销售量大增的企业，两年之后却陷入严重亏损的局面，后因拖欠货款被法院裁定拍卖注册商标。

4. 市场营销观念

市场营销观念认为：实现企业目标的关键，在于确定目标市场的需要和欲望，并能比竞争者更有效地满足目标市场的需要和欲望，其出发点是满足顾客的需要。

市场营销观念是对传统营销观念的挑战，它穿透企业销售的表观现象，从更深的层次揭示市场的本质。市场营销观念依据“消费者主权论”，相信生产何种产品的主权不在于生产者，不在于政府，而在于消费者。它抛弃“一切以企业为中心”的旧观念，树立“一切以顾客为中心”的新观念。市场营销观念有四大支柱：目标市场、顾客需求、整体营销和企业盈利。树立并全面贯彻市场营销观念，是企业在竞争中赢得顾客、赢得市场的关键。

5. 社会营销观念

社会营销观念是对市场营销观念的补充和修正。社会营销观念认为：企业的任务是确定目标市场的需要、欲望和利益，并以保护和提高顾客与社会福利的方式，比竞争者更有效地满足目标市场的需要。

企业在尽可能地满足消费者需求时，往往出现这样的情况，即在满足个人需求时，与社会公众利益发生冲突。而市场营销观念回避了消费者需求、企业利益和社会利益的矛盾。社会营销观念要求企业在制定营销策略时，必须统筹兼顾企业利益、顾客需要及社会利益这三者之间的关系。

6. 战略营销观念

战略营销观念是指用战略管理的思想和方法进行营销管理。其强调，企业应创造竞争优势，向顾客及参与者提供最大的利益。

二、顾客满意

通过满足需求达到顾客满意，最终实现企业的各个目标。这一观念的变革及在管理中的应用，曾带来西方国家20世纪五六十年代的商业繁荣。“利润是对创造出顾客满意的回报”已得到一些企业的认可。企业通过质量、服务和价值实现顾客满意，通过市场导向的战略奠定竞争基础。

研究表明，顾客满意与否不仅影响其是否再购买，也影响其他顾客的购买，即关系到能否维持老顾客，能否吸引新顾客。因此，顾客满意是企业赢得顾客、占领市场的关键。

（一）顾客满意的含义

顾客满意是顾客的一种主观感受状态，是顾客对企业产品和服务满足其需求程度的体验与综合评价。顾客购买后是否满意，取决于实际效果和期望效果的差异。如果实际效果小于期望效果，顾客不满意；如果实际效果等于期望效果，顾客满意；如果实际效果大于期望效果，则顾客高度满意。

研究表明，顾客满意既是顾客本人再购买的基础，也是影响其他顾客购买的重要因素。对企业来说，前者关系到能否维持老顾客，后者关系到能否吸引新顾客。因此，使顾客满意，是企业赢得顾客、占领和扩大市场、提高效益的关键所在。

有关研究还进一步表明，吸引新顾客要比维持老顾客花费更高的成本。在激烈竞争的市场上，维持老顾客，培养顾客忠诚感具有重要意义。而要有效地维持老顾客，仅仅使其满意是不够的，只有使其高度满意，才能有效地达到此目的。一项消费者调研资料显示，44%宣称满意的顾客经常变换其所购买产品的品牌，而75%高度满意的顾客却很少改变。这些情况说明，高度满意能培养某种品牌对顾客的吸引力，而不仅仅是一种理性偏好。

（二）顾客让渡价值

1. 顾客让渡价值的含义

顾客让渡价值是指顾客总价值与顾客总成本之差；顾客总价值是指顾客购买某一产品与服务所期望获得的一组利益；顾客总成本是指顾客为购买某一产品所耗费的时间、精神、体力以及所支付的货币资金等。顾客让渡价值的决定因素如图6-1所示。顾客让渡价值可用下式表示：

顾客让渡价值 = 顾客总价值 - 顾客总成本

顾客在购买产品时，总希望把有关成本包括货币、时间、精神和体力等降到最低限度，而同时又希望从中获得更多的实际利益，以使自己的需要得到最大限度的满足。因此，顾客在选购产品时，往往从价值与成本两个方面进行比较分析，从中选择出价值最高，成本最低，即“顾客让渡价值”最大的产品，作为优先选购的对象。

企业为在竞争中战胜对手，吸引更多的潜在顾客，就必须向顾客提供比竞争对手具有更多“顾客让渡价值”的产品，这样，才能提高顾客满意程度，进而更多地选择本企业产

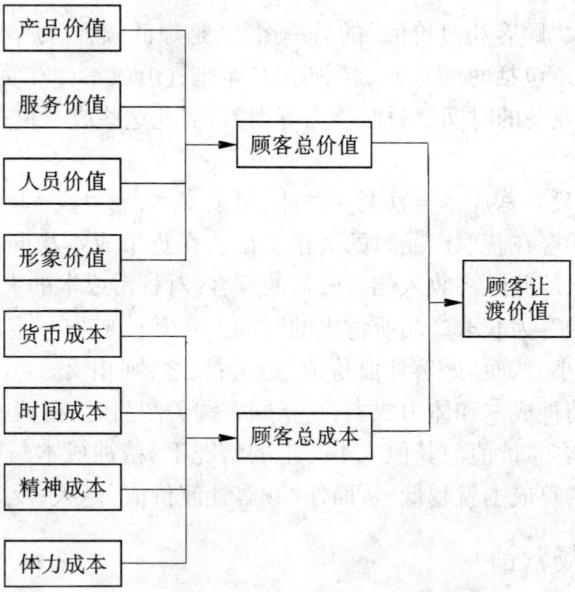

图 6-1　顾客让渡价值的决定因素

品。为此,企业可从两个方面改进自己的工作:一是不断地提升顾客的总价值,二是不断地降低顾客总成本。

2. 顾客总价值

使得顾客获得更大"顾客让渡价值"的途径之一,是增加顾客总价值。顾客总价值由产品价值、服务价值、人员价值和形象价值构成,其中每一项价值的变化均对顾客总价值产生影响。

顾客总价值 $=f($产品价值,服务价值,人员价值,形象价值$)$

产品价值是指产品的价值,是由产品的功能、特性、品质、品种等所产生的价值。

服务价值是指服务的价值,它是指伴随产品,企业向顾客提供的各种附加服务,比如咨询、特殊服务等产生的价值。顾客在选择产品时,不仅注意产品本身价值的高低,而且更加看重产品附加价值的大小。特别是在同类产品的质量与性质大体相同或类似的情况下,企业向顾客提供的附加服务越完备,产品的附加价值越大,顾客从中获得的实际利益就越大,从而购买的总价值越大;反之,则越小。

人员价值是指企业员工的经营思想、知识水平、业务能力、工作效率与工作作风、应变能力等所产生的价值。一个综合素质较高且具有顾客导向营销思想的员工,会比知识水平低、业务能力差、营销思想不端正的员工为顾客创造更高的价值,从而赢得更多顾客的满意。

形象价值是指企业及其产品在社会公众中形成的总体形象所产生的价值,包括企业的产品、技术水平、产品质量等所构成的价值,企业及其员工的职业道德行为,服务态度、作风等行为所产生的价值,以及企业的价值观念、管理哲学等理念所产生的价值等。企业应高度重视自身形象塑造,为顾客带来更大的价值。

3. 顾客总成本

使顾客获得更大“顾客让渡价值”的另一途径，是降低顾客总成本。顾客总成本不仅包括货币成本，而且还包括时间成本、精神成本等非货币成本。在货币成本相同的情况下，顾客还会考虑所花费的时间、精神、体力等因素，因此这些成本也是构成顾客总成本的重要因素。

$$顾客总成本 = f(货币成本,时间成本,精力成本)$$

货币成本是指顾客在获取产品时的货币支出。在货币成本相同的情况下，才会比较其他的成本。尤其是那些经济收入相对较低的顾客，对货币成本的大小较为敏感。

时间成本是指顾客为获取产品所付出的时间。在其他成本一定的情况下，时间成本越低，顾客总成本越小，从而“顾客让渡价值”越大；反之，则相反。

精力成本包括精神成本和体力成本，是指顾客购买产品时，在精神和体力方面的耗费与支出。同理，在顾客总价值与其他成本一定的情况下，精神成本与体力成本越小，顾客为购买产品所支出的总成本就越低，从而使“顾客让渡价值”越大；反之，则相反。

三、市场与市场营销

（一）市场

市场是指具有特定的需要和欲望，并愿意和能够以交换来满足需要和欲望的所有现实顾客和潜在顾客的集合。我们可用一个公式来表示：

$$市场 = f(人口,购买力,购买欲望)$$

人口的多少、购买力的大小、购买欲望的强弱决定了市场的规模。一般情况下，我们将买方的集合称为市场，将卖方的集合称为行业。

（二）市场营销

市场营销在一般意义上可理解为与市场有关的人类活动。关于市场营销的定义，国内外营销学者曾给出了上百种诠释，企业界的理解更是各有千秋。

现代市场营销学大师科特勒认为：市场营销是个人和群体通过创造并同他人交换产品和价值以满足需求和欲望的一种社会和管理过程。

根据这一定义，可将市场营销概念归纳为如下要点：

第一，市场营销的最终目标是“满足需求和欲望”。

第二，交换是市场营销的核心，交换过程是一个主动、积极寻找机会，满足双方需求和欲望的社会和管理过程。

第三，交换过程能否顺利进行，取决于营销者创造的产品和价值满足顾客需求的程度和交换过程管理的水平。

第二节　现代企业市场营销环境

企业的营销活动是在一定的动态环境中进行的，既要受到自身条件的限制，也要受到外部条件的限制。企业营销环境的变化，既可能给企业带来发展的机会，也可能对企业形成威胁。企业必须对营销环境的变化进行跟踪分析，以保证企业的营销活动与营销环境相适应。

一、宏观环境分析

宏观环境是指给企业造成市场机会和环境威胁的主要社会力量,包括人口、经济、科技、自然、政治法律及社会文化六大因素。

(一)人口环境

(1)总量。人口数量是直接影响市场规模的重要因素之一,许多日用品的需求与人口数量高度正相关。一般来说,在经济发展和收入水平相等的条件下,人口规模大,则市场规模就大。截至2000年,世界人口超过65亿人,我国人口达到13亿人。由于经济发展的不平衡性,人口增长差异较大。发达国家及地区,人口增长较慢,而欠发达国家及地区,人口增长较快。

(2)结构。①年龄结构。不同年龄的人群其需求不同,目前人口年龄呈老龄化上升趋势。②性别结构。性别不同则需求差异较大,女性比男性更喜欢打扮。③家庭结构。家庭是市场需求的基本单位,目前家庭规模趋于小型化。④民族结构。不同的民族其消费习俗、文化生活特点不同,决定了其差异性的需求。⑤社会结构。城市、农村人口的消费需求不同,农村是一个广阔的市场,潜力巨大。

(3)分布。由于自然地理条件及经济发展程度的影响,人口分布是不均匀的,城市人口比较集中,而农村人口相对分散。随着经济的活跃和发展,人口的区域流动性越来越大,其特点是农村流向城市,内地流向沿海。

(二)经济环境

经济环境是指企业市场营销活动所面临的社会经济条件及运行状况和发展趋势。

(1)收入。国民收入表明一个国家的经济发展水平,用来衡量一个国家居民的富裕程度。个人收入决定了消费者的购买力水平。个人收入是指个人从多种来源所得到的收入(包括工资、利息、奖金、福利、第二职业的收入、股票分红等)。各个国家及地区在收入水平和分配上差异很大。收入不同将导致消费结构不同。

(2)储蓄。消费者的消费模式还会受到储蓄的影响,近几年,我国城乡居民储蓄存款不断增加。

(3)信贷。信贷也叫信用消费,是个人金融服务的一种形式。信用消费是影响消费者购买力和支出的重要因素。我国从20世纪90年代开始发展信用消费,但进展缓慢。另外,经济发展水平、城市化程度、基础设施等均影响企业的市场营销。

(三)科技环境

邓小平说:科学技术是第一生产力。科学技术创造了很大的奇迹,对国民经济的影响巨大。每一种新科技都是一种"创造性的毁灭力量"。新的科学技术可为企业提供无限商机,有利于增强企业的竞争力,有利于企业改善经营管理,甚至能影响零售业结构和消费者购物习惯,企业必须给予足够的重视,善于把握机会。

(四)自然环境

自然环境包括自然资源、地形地貌和气候条件。随着工业化的高度发展,企业所面临的自然环境日益恶化,许多自然资源严重短缺,对企业的发展构成了极大的威胁。企业应最大限度地利用环境变化带来的机会，尽可能避免环境变化所带来的威胁。

（五）政治法律环境

市场营销决策在很大程度上受政治与法律环境变化的影响。政治与法律环境直接与一个国家的体制、宏观政策联系起来，它规定了整个国家的发展方向及政府采取的措施。

（六）社会文化环境

社会文化环境是指一个国家、地区或民族的传统文化，如风俗习惯、伦理道德、价值观念等，其具有较长期的持续性，不易改变。社会文化特征影响和制约着人们的行为，因此企业在做市场营销决策时，要充分考虑当地的传统文化，努力适应不同的市场文化环境。

二、顾客分析

管理大师德鲁克说：企业成功的关键不在于厂商，而在于顾客。因此，企业应了解自己的顾客。顾客分析是企业市场营销活动的出发点，不同类型的顾客，其消费行为、对企业的回报、伦理道德是不同的，因此我们首先应甄别顾客的类型。

（一）甄别顾客类型

顾客类型有：①好顾客与不好顾客。好顾客想方设法履行合同，而不好顾客则相反。②高回报顾客与低回报顾客。一般来说，公司80%的销售额或利润，来自于20%的顾客，而绝大多数（80%）的顾客仅为公司贡献了20%的销售额或利润。这20%的顾客就是高回报顾客，而其他80%的顾客就是低回报顾客。③忠诚顾客与游移顾客。忠诚顾客倾向于固定购买某一品牌的产品，而游移顾客的购买活动则随机性较大。④现实顾客与潜在顾客。有购买能力、愿意购买的顾客为现实顾客，而想买无力购买或有能力购买不愿购买的顾客为潜在顾客。

（二）消费者市场与消费者购买行为分析

消费者市场是指为了个人消费而购买商品的个人和家庭的集合。

1. 消费者市场特点

消费者市场是一个复杂而多变的市场，与其他类型的市场相比，具有其特殊性。

（1）购买者的分散性。消费者人数众多，分布面广，每次购买量少，但购买次数较多。

（2）需求的层次性。消费者的经济实力差异较大，导致需求的层次性。

（3）需求的扩展性。人们的需求是无止境的，不会永远停留在一个水平上，随着经济的发展、消费者收入的提高，其需求也在扩展。

（4）购买的非专业性。消费者大多缺乏专门的产品知识，其购买呈非专业性购买的特点。

2. 消费者购买行为模型

在消费者购买行为模型中，我们应考察如下几个问题：

（1）哪些人构成该市场（Who）？

（2）他们购买什么东西（What）？

（3）他们为什么购买（Why）？

（4）谁参与购买（Who）？

（5）他们如何购买（How）？

(6)他们何时购买(When)?

(7)他们何地购买(Where)?

3. 影响消费者购买行为的因素

消费者生活在复杂的社会中,其购买行为要受到众多因素的影响,主要有文化因素、社会因素、个人因素和心理因素。

文化的差异将引起消费行为的差异,每一个国家的文化中又包含具体的亚文化。社会消费阶层具有典型的消费文化特性与特征,社会消费阶层是社会中按收入等级排列的具有相对同质性和持久性的群体。

社会因素包括相关群体及家庭、角色与地位。相关群体是指能影响消费者购买行为的个人和集体;家庭成员在购买活动中往往起着不同的作用并相互影响;一个人在群体中的位置可用角色与地位来确定,消费者在做出购买选择时,会考虑自己相应的角色和地位。

个人因素是指消费者年龄、性别、职业、收入、生活方式等对购买行为的影响。

心理因素是指消费者的购买行为受到动机、知觉、学习、价值观念等心理因素的影响。

4. 消费者的购买程序

在复杂的购买行为中,消费者的购买决策由五个过程构成。

第一,确定需求。每个消费者都有需要与欲望,消费者都会对需要与欲望加以清理、确认,以决定是否采取和如何采取行动。

第二,收集信息。消费者会针对自己的需要与欲望收集信息。

第三,综合评价。在收集了一定数量的信息之后,消费者会对多种备选消费品进行评估。

第四,购买决策。在消费者对备选消费品进行评估后,消费者就会做出到底购买哪种产品的决策,并采取购买行动。

第五,用后感受。消费者购买后,可能获得满足,这将鼓励他今后重复购买或向别人推荐此产品,如果不满意,就会采取完全不同的做法。

(三)生产者市场与生产者购买行为分析

1. 生产者市场特点

生产者市场与消费者市场相比有其自身的特点。诸如:①购买者的集中性。购买者的数量较少、购买规模较大、购买的次数少,供需双方的关系比较密切,购买者地理位置也比较集中。②生产者市场的需求具有派生性和波动性。生产者市场的需求是由消费者市场的需求派生出来的,而且随着消费者市场需求的变化而变化,如消费者饮酒的需求将引起酒厂对粮食、酒瓶、酿酒设备的需求,连锁引起相关企业对化肥、玻璃、钢材等产品的需求。消费者市场的微小波动会引起生产者市场的巨大波动。③生产者市场的需求缺乏弹性。即生产者市场的需求受价格的影响比较小,价格下降不能引起采购量大增,同样,价格上升也不会引起采购量大减。采购对企业的成本控制影响较大,管理严格的企业其采购有着严密的程序和制度。一般来说,采购的数量越多,价值越高,参与决策的人员就越多,决策的论证时间就越长。④专业性购买。生产者市场的购买是较理性的,采购任务由受过专门训练、具有专门知识的人员来承担。

2. 影响生产者购买行为的因素

生产者市场的购买者做出购买决策要受到许多因素的影响。影响因素主要有:①环境因素。营销环境及其变化,诸如市场需求水平、经济展望、利率、竞争状况、政治法律变化、科技变革等,都会对生产者市场的购买决策产生重大影响。②企业因素。如企业的经营目标、战略、采购政策、制度、程序、组织结构等。以追求低成本为目标的企业,会对低价产品更感兴趣。③个人因素。参与购买的人员,其职务、地位、年龄、性格、风险态度等都会影响对采购产品和供应商的看法,从而影响购买决策。

3. 生产者购买行为的主要类型

根据购买行为的复杂程度,生产者的购买行为主要有:①直接重购。这是最简单的购买行为,是指生产者的采购部门依照供应商过去的供货情况,订购以往采购过的产品。②修正购买。购买者要修改采购产品的规格、型号或其他条件,或者准备寻求新的供应商。③新购。这是一种最为复杂的购买类型,是指采购者首次购买某种产品,新购产品大多为一些不常购买的项目,如大型设备等。

三、竞争分析

竞争是市场经济的特征,市场竞争所形成的优胜劣汰,是推动市场经济运行的强大力量。市场竞争说到底是企业之间竞争力的竞争,竞争者的一举一动对企业营销活动的影响极大。因此,必须研究竞争者,以求有的放矢,在激烈的竞争中求得生存。

(一)行业竞争分析

1. 竞争类型

经济学家认为,行业动态取决于需求与供给的基本情况,供求影响行业结构,行业结构又影响行业行为。行业的竞争类型有:①完全竞争行业。即行业内竞争者很多、很小,相互之间的产品差异很小,无一家企业可自主定价。②完全垄断行业。即行业内仅有一家企业,可自由决定供给量及价格。③寡头垄断行业。即行业内只有少数几家企业,每一企业决策必须判断竞争对手的反应。④垄断竞争行业。即行业内竞争者比寡头垄断行业多,比完全竞争行业少,企业可部分决定价格,但定价的可变动范围很小。

2. 影响行业竞争的五种力量

供方、替代品、买方、新进入者及行业内的竞争程度,形成了影响行业竞争的五种力量。决定企业盈利能力的根本因素是行业吸引力,五种力量的合力决定企业在行业内取得平均投资收益率的能力。

3. 竞争地位

依据各企业在行业竞争中所扮演的角色不同及其市场占有率高低,来划分企业的竞争地位。例如:①市场领导者。即拥有最大的市场占有率,在价格变化、新产品开发、促销策略等方面对其他企业起着领导作用的企业。绝大多数的行业都有一个公认的市场领导者,例如信息行业的IBM公司,彩电行业的长虹集团,冰箱行业的海尔集团等。②市场挑战者。即具有较高的市场占有率,仅次于市场领导者。他们往往是一些相当大的企业,例如汽车行业的福特公司,饮料行业的百事可乐公司。③市场跟随者。即具有较低的市场占有率的企业,他们没有实力与市场领先者抗衡。④市场补缺者。即那些市场占有率最低的企业，是一些规模较小的企业，无力与大、中企业竞争，在市场上往往扮演着拾遗补缺、见缝插针的角色。

（二）竞争者分析

（1）识别竞争者。识别竞争者实际上是确定企业的竞争对手是谁。企业往往是以产品竞争观念来判别其竞争对手，即从产品的角度，将能提供同类产品的企业视为竞争对手，如东方航空公司的竞争对手是南方航空公司；还可以市场竞争观念即从市场的角度来判定竞争对手，将能满足顾客相同需求的企业视为竞争对手，如东方航空公司的竞争对手，还有铁路运输企业、公路运输企业等。

（2）判定竞争者的战略。企业最直接的竞争者是那些处于同一行业同一战略群体的企业。区分战略群体有助于认识如下问题：不同战略群体的进入与流动障碍不同，同一战略群体内的竞争最为激烈，不同战略群体之间存在现实或潜在的竞争。

（3）判定竞争者的目标。企业应清楚竞争者在市场上追求什么，竞争者的行为推动力是什么。竞争者的最终目标当然是利润，但每一个企业对长期利润和短期利润的重视程度差异很大。

（4）评估竞争者的优势和劣势。竞争者能否实现其目标，实施其战略，取决于竞争者的资源和能力。因此，企业应根据所获信息资料综合评估竞争对手的实力。

（5）估计竞争者的反应模式。单凭如上分析还不足以解释竞争者可能采取的行动，应继续评估竞争者的反应模式。竞争者常见的反应模式有从容型、选择型、凶暴型和随机型。

（6）选择竞争者。在了解竞争对手之后，企业就应确定与谁展开最为有力的竞争。

强与弱之争。竞争对手有强有弱，攻击弱者，企业所耗费的资金和时间均较少，但企业的能力提高和利润的增加也较少；攻击强者，企业所耗费的资金和时间均较多，但企业的能力提高和利润的增加也较多。

近与远之争。竞争对手有远有近，大多数企业重视同近竞争对手之争，但在摧毁近邻的同时，却招来更难对付的对手。

良性与恶性之争。企业应明智地支持良性的竞争者，反对恶性的竞争者。

四、企业内部分析

企业内部分析亦称企业分析，是企业制定市场营销战略及策略的基础。进行企业内部分析的目的，在于对企业营销管理思想的反思、业绩的考察，分析企业资源的运用，以期对企业的能力有清醒的认识。

（一）影响营销战略的直接性的企业内部因素

（1）营销战略定位分析。即对企业所提供的产品和企业形象进行策划，并通过制定和实施有效的营销组合策略，使其能在目标市场的顾客心目中建立起独特的和有价值的位置的过程，主要是围绕产品和服务进行策划。

（2）营销组合策略。①产品策略。企业只有在产品上不断创新，使之富有特点和个性，才能在激烈的市场竞争中立于不败之地。②价格策略。尽管非价格因素在现代市场营销过程中的作用越来越突出，但价格依然是一个决定性的因素。③促销策略。促销可激发顾客的购买欲望和购买行为。④销售渠道策略。企业生产出来的产品,只有通过一定的市场销售渠道,才能在适当的时间、地点,以适当的价格供应给顾客。

(3)营销组织管理。营销组织管理包括营销计划、规章制度、工作程序、人员激励、顾客服务等。

(4)营销战略绩效。绩效指标可以分为目前状况指标、计划完成性指标、历史比较指标和横向比较指标等。

(二)影响营销战略的间接性的企业内部因素

(1)企业总体战略因素。营销战略是企业战略的一部分,前者是目,后者是纲。营销战略受企业战略的影响和制约。

(2)其他职能因素。企业的其他职能对营销战略也有重要影响,也应作为营销战略规划的内部环境因素加以分析。

(3)企业领导因素。企业领导特别是主要领导的智商、经验、热情、能力等对企业战略具有重要的影响,当然对营销战略也有影响。但对营销战略影响最大的还是企业领导关于营销战略的知识水平和对营销战略的态度。

(4)企业文化因素。企业文化的影响虽然看不见摸不到,但确确实实在起作用。因此,建立以战略营销为导向的企业文化并不断深化其内涵,为营销战略管理创造良好的氛围,也是企业管理的一项重要任务。

(5)企业可利用资源。资源是基础,在企业内部分析中,对人力、资金、技术、设备、信息等资源的系统分析和管理,也是必不可少的内容。

五、目标市场

目标市场营销也叫 STP 营销,其中 S(Segmenting)为市场细分;T (Targeting)为目标市场;P(Positioning)为市场定位。购买者是一个庞大而复杂的整体,由于消费心理、购买习惯、收入水平、地理位置等差异,不同的顾客对同类产品的消费需求和消费行为有较大的差异。对于某一企业而言,没有能力也没有必要全都予以满足,只需满足部分顾客的部分需求即可。

(一)市场细分

1. 市场细分的概念

市场细分是指在市场分类的基础上,根据顾客需求的特点,将顾客分成不同的顾客群,这些顾客群称为细分市场。同一细分市场的顾客,有着较多相似的需求;不同细分市场的顾客需求,具有较大的差异性。市场细分的过程其实就是我们日常所说的求同存异的过程。

2. 市场细分的作用

(1)有利于企业发现最好的市场机会。通过市场细分,可以发现哪些市场需求已得到满足,哪些只得到部分满足,哪些未得到满足。通过市场细分,可以发现哪些产品竞争激烈,哪些产品竞争较少,哪些产品亟待开发。

(2)有利于企业提高经济效益。通过市场细分,企业可以发现最好的市场机会,确定其目标市场,集中使用企业的人力、物力及财力,将有限的企业资源用于产生最大的经济效益的地方。

(3)有利于提高企业的竞争能力。企业的竞争能力受多种因素的影响而存在差异，通过有效的市场细分，可改变这种差异。市场细分后，在每一细分市场上，竞争对手的优势及劣势明显地暴露出来，企业可把握机会，攻竞争对手之弱点，有效开发本企业的资源优势，以提高竞争能力。

3. 市场细分的标准

市场细分要依据一定的细分标准来进行，正确选择细分标准是进行目标市场营销的开始。

1)消费者市场细分的标准

消费者市场细分的标准可归纳为四大类：地理因素、人口因素、心理因素和行为因素。这些因素有的相对稳定，但大多数处于动态变化之中。

(1)地理因素。即按照消费者所处的地理位置来细分市场，包括国家、地区、城市规模、地形和气候等。

(2)人口因素。即按照人口统计变量来细分市场，包括年龄、性别、家庭规模、家庭生命周期、收入、职业、宗教、国籍等。

(3)心理因素。即按照消费者的心理特征来细分市场，包括个性、购买动机、生活方式等。

(4)行为因素。即按照消费者的购买行为来细分市场，包括使用场合、追求利益、使用者情况、使用频率、对产品的态度等。

2)生产者市场细分的标准

细分消费者市场的标准，有些同样适于生产者市场。此外，生产者市场的细分还需要使用一些其他变量，常用的如最终顾客、顾客规模、采购方式、产品用途等。

(二)目标市场选择

市场细分的目的在于有效地选择并进入目标市场。

1. 目标市场的概念

目标市场是指企业决定为之服务的细分市场。即企业识别各个不同的顾客群，选择其中一个或几个作为目标市场，运用适当的市场营销组合，集中力量为目标市场服务，满足目标市场的需要。

2. 目标市场选择的程序

(1)评估细分市场的规模和潜力。在评估整个细分市场的基础上，进而详细评估每一细分市场。

相对企业的实力，拟作为目标市场的细分市场应具有适当的规模和潜力。一般来说，大企业重视销量大的细分市场，忽视销量小的细分市场；小企业应避免进入销量大的细分市场。而缺乏增长潜力的细分市场，短期会达到饱和状态，影响企业的销量增长。

(2)评估企业在“准目标市场”的竞争能力。市场的规模、潜力均理想的细分市场未必有利可图，要考虑该细分市场的竞争情况。即要创造企业的相对竞争优势，该目标市场应有一定的吸引力。

(3)企业的目标和资源。若细分市场不符合企业的发展目标，则应放弃。若企业缺乏进入该细分市场营销所必需的资源,则不宜进入。

3. 目标市场选择战略

根据企业选择目标市场的方式,可将企业的目标市场选择战略分为三种:无差异性目标市场选择战略、差异性目标市场选择战略和集中性目标市场选择战略。

(1)无差异性目标市场选择战略。即企业将目标市场视为一个整体,不进行细分,生产单一的产品,采用单一的营销组合策略,去满足整个市场的需求。它强调需求的共性,漠视需求的差异。例如,可口可乐公司在早期营销阶段,只提供同一种口味、相同的包装、品牌和广告内容的可口可乐饮料。

(2)差异性目标市场选择战略。即企业选择一个以上的细分市场为之服务,并根据各自需求差异,分别提供不同的产品,制定不同的营销组合策略,以满足不同细分市场的需求。例如,通用汽车公司生产不同型号、不同规格的汽车来满足不同收入、不同个性顾客的需求。需要注意的是,此种策略会使企业成本增加,另外应防止过度细分市场。

(3)集中性目标市场选择战略。即企业仅选择一个细分市场为其目标市场,集中力量为之服务。此战略尤其适于资源薄弱的中小企业。企业将资源集中在某个细分市场上,实行专业化营销。企业不求在较多市场上获取较低的市场占有率,只求在少数较小市场上获取较高的市场占有率。

(三)产品定位

企业通过市场细分,确定目标市场之后就要进行定位。定位是市场营销学中一个十分重要的概念。通常在目标市场上存在着许多同类产品,这些产品在顾客心目中都有着一定的位置。如何对产品进行设计,使之在目标顾客心目中与竞争对手的产品相对比能处于更有利的地位,这就是定位要解决的问题。

产品定位是指对企业的产品及企业的形象进行设计,使企业及产品在目标顾客的心目中占有独特的、有价值的位置,树立企业及产品的特定形象。定位的目的是为了在顾客心目中树立产品形象和企业形象。

第三节　现代企业市场营销组合策略

市场营销组合策略是企业市场营销理论的重要组成部分,企业必须围绕着其目标市场来制定市场营销组合策略。

一、产品策略

产品策略是市场营销组合策略的基础,若没有产品策略作为基础,其他定价、促销及渠道策略都无从谈起。

(一)产品的整体概念

现代市场营销学大师科特勒认为:产品是指提供给市场,能满足某种欲望和需要的所有东西。产品的整体概念包含核心产品、形式产品和附加产品三个层次。

(1)核心产品(实质产品)。核心产品是指向顾客提供的基本效用和利益,是顾客真正要买的东西,是产品的整体概念中最基本、最主要的部分。消费者购买某种产品,并不是为了获得产品本身,而是为了满足某种特定的需求。

(2)形式产品。形式产品是指核心产品的实现形式,是其展现的全部外部特征,包括产品的质量、外观、特色、品牌、包装等。产品的基本效用必须通过某些具体的形式才能得以实现,因此企业在设计产品时,应着眼于用户所追求的核心利益,同时也要重视如何以独特形式将这种利益呈现给用户。

(3)附加产品。附加产品是指顾客在购买产品时所得到的附加服务和利益,包括服务、保证、信贷、免费送货等。不同企业提供的同类产品在核心产品和形式产品层次上越来越接近,企业要赢得竞争优势,应着眼于比竞争对手提供更多的附加服务和利益。

核心产品、形式产品和附加产品作为产品的三个层次,是不可分割且紧密相连的,它们构成了产品的整体概念。其中,核心产品是基础,是本质;核心产品必须转变为形式产品方可得以实现;在提供产品的同时,还须提供广泛的附加服务和利益,形成形式产品。

(二)产品的生命周期

任何产品在市场上都不会万寿无疆,有其诞生之时,就有其衰亡之日。产品有其成长规律,这就是产品的生命周期。所谓产品生命周期,是指产品在市场上的销售情况及获利能力随着时间的推移而变化,这种变化的规律就像人和其他生物的生命一样,从诞生、成长到成熟,最终走向衰老死亡。这个过程在营销学中是指产品从投放市场开始到被市场淘汰,企业停止生产,最终退出市场为止所经历的全部时间。

产品生命周期是指产品的市场寿命,是产品在市场上存在的时间,其长短受顾客需求变化、产品更新换代的速度等因素的影响。产品只有经过研制开发、试销,然后进入市场,它的生命才算开始。产品退出市场,标志着其生命周期的结束。产品生命周期一般可划分为四个阶段:导入期、成长期、成熟期及衰退期。

产品生命周期各阶段的划分是相对的,一般来说,各阶段的分界是以产品销售额和利润额的变化为根据的。需要说明的是,不同产品的生命周期是各不相同的。例如,汽车的生命周期已有上百年的历史,至今尚未结束,而时装的生命周期只有短短的几个月;由于经济发展不平衡,同一种产品在不同的国家,甚至不同的地区,其生命周期可能处于不同的阶段;并非所有产品的生命周期都有完整的四个阶段。产品在其生命周期的不同阶段,有其不同的特点,企业对此必须有清醒的认识,并针对各阶段的各自特点,分别制定不同的营销策略。

(三)新产品的开发

随着科学技术的进步,产品的生命周期越来越短,新产品的开发成为企业竞争能力的基本标志。

市场营销学中所说的新产品是从市场和企业两个角度来认识的。对市场而言,第一次出现的产品即为新产品;对企业而言,第一次生产销售的产品为新产品。

依据新产品的范围分类,可分为世界级新产品、国家级新产品、企业级新产品;依据新产品的新颖程度分类,可分为全新型新产品、换代型新产品、改进型新产品、仿制型新产品。

新产品的开发方式很多,归纳为:第一,创新(自行研制)。创新是新产品开发的一种重要方式,可分为:从基础理论研究开始,经过应用研究和开发研究,直到试制成功新产品，并投放市场。第二，移植（引进）。移植是新产品开发的又一重要方式，也是经济技术比较落后的国家发展经济、赶超世界先进水平的成功经验。需要指出的是，在引进的基础上，必须做好引进项目的吸收与消化工作，决不能总跟在别人的后面跑。第三，改进。改进原有产品，使之具有新的功能和新的用途，亦是新产品开发的又一方式，这种方式投资少，见效快。各个企业可以根据自己企业的具体情况，选择不同的新产品开发方式。可以重点选择某一种方式进行新产品的开发，也可以同时选择几种新产品的开发方式。

（四）产品的品牌、包装及服务策略

1. 品牌策略

品牌是指用于识别产品的名称、术语、符号、象征或设计，或是它们的组合，其目的是将不同的产品区别开。品牌的含义有：其一，品牌名称，指品牌中能够用语言表达的部分；其二，品牌标志，指品牌中可被识别，而不能用语言表达的部分，包括符号、图案、色彩及文字；其三，商标，指企业依法在政府有关管理部门登记注册并取得专用权的品牌或品牌的一部分。

品牌是有价值的，它是企业的无形资产，知名品牌的价值甚至超过企业有形资产，不同品牌的价值差异很大。

企业在制定品牌策略时，须作如下决策：①品牌化策略。决策企业是否需要使用品牌，若需要使用，制定何种品牌。②品牌使用者策略。决策使用谁的品牌，企业可以使用自己（制造商）的品牌、中间商的品牌，也可混合使用前两者的品牌。③品牌数量策略。决策使用多少品牌，诸如个别品牌策略、统一品牌策略、分类品牌策略及企业名称加个别品牌策略。④品牌延伸策略。决策企业是否利用其成功品牌的声誉来推出改进产品或新产品。品牌延伸通常有两种做法，即纵向延伸和横向延伸。⑤品牌重新定位策略。即由于某些市场情况发生变化，而对产品品牌进行重新定位。

2. 包装策略

传统的市场营销学中谈及的包装是一种静态的含义，包括包装物、装潢以及标签。包装的主要作用是保护产品，这是包装最原始和最基本的功能；另外，还要便于运输、携带和储存，应具有美化产品、促进销售的功能。一流的包装可增加产品附加值，提高企业收入。

具体的包装策略包括类似包装策略、差异包装策略、配套包装策略、复用包装策略、等级包装策略、附赠品包装策略、改变包装策略等。需要注意的是防止过度包装，依照国际通行标准，包装成本一般不超过产品成本的15%，最多不超过20%。

3. 服务策略

在产品差异越来越小的情况下，企业之间的竞争更多地体现在服务方面，服务的内容包括售前服务和售后服务。

售前服务是指产品购买之前的各项服务工作，包括为消费者介绍产品，提供各种技术咨询。售后服务是指产品销售以后的各项服务工作，包括安装调试、提供维修、提供零件、技术培训、特种服务等。服务的方式主要有固定服务和流动服务。

二、价格策略

在营销组合策略中，价格是唯一能产生收入的因素，因此科学而艺术的定价是产品成功进入市场的重要因素之一。现代市场营销理论认为，产品的最高价格取决于产品的市场需求；产品的最低价格取决于产品的成本；在最高价格与最低价格的幅度内，企业对产品的定价，取决于竞争者同类产品的价格。

（一）影响定价的因素

影响企业定价的因素有两类，一类是企业不可控制因素，包括社会劳动生产率、市场的供求关系、社会经济状况、价格弹性、顾客需求、竞争者行为、市场结构、政府干预等；另一类是企业可控制因素，包括产品成本、产品特征、销售渠道与促销宣传、企业的整体营销战略与策略及企业的定价目标等。

（二）定价方法

企业常用的定价方法有三类，分别是以成本为导向、以需求为导向、以竞争为导向的定价方法。成本定价法是以成本为基础，加上一定的利润来制定价格。企业处在不同的市场营销环境中，需要补偿的成本有所不同，因而选择不同的成本，就形成了不同的成本定价法，诸如成本加成定价法、盈亏平衡定价（保本）法、目标收益定价法和变动成本定价法。需求定价法是以顾客对产品价值的感受和需求强度来定价，而不是依据卖方成本来制定价格，具体有理解价值定价法和差别需求定价法。竞争定价法是依据竞争者的价格为基础进行定价，使本企业的产品价格与竞争者的价格相同或保持一定的距离。常用的方法有随行就市定价法和投标定价法。

（三）定价策略

企业在市场营销的过程中，为了更好地发挥价格手段的作用，尚需制定一定的价格策略，以提高企业的整体效益。

常用的定价策略有：①新产品定价策略，包括撇油定价策略、渗透定价策略和满意定价策略。②折扣定价策略，如数量折扣、回款折扣、季节折扣、企业给购买过季产品顾客的价格折扣。有的产品是常年生产，通常会采用季节折扣和功能折扣。③心理定价策略，如尾数定价、整数定价、声誉定价、招徕定价、组合定价和分档定价等。④地理定价策略，包括产地交货定价策略、统一交货定价策略、分区定价策略、减免运费定价策略和基点定价策略。

三、促销策略

促销的实质是企业与顾客之间的信息沟通。促销是企业对顾客所进行的信息沟通活动，通过向顾客传递企业和产品的有关信息，使顾客了解和信赖企业。

促销的方式主要有两类：一是人员促销，是指派出推销员进行推销活动；二是非人员促销，具体分为广告、营业推广、公共关系。

各种促销方式的主要特点如下：①人员促销。人员促销适于企业与顾客的直接沟通，直接传达的信息可以随机应变；人与人之间的沟通，可以培养企业与顾客之间的感情，以便建立个人友谊及长期的合作关系，亦可迅速反馈顾客的意见及要求。②广告。广告是一种高度大众化的信息传递方式，其渗透力强，可多次重复同一信息，便于人们记忆。③营业推广。此种促销方式的沟通性极好，通过提供信息引诱顾客接近产品；以提供奖励的方式，对顾客具有直接的激励效应；通过提供优惠，对顾客能产生招徕效应。④公共关系。公共关系具有较高的可信度，其传达力较强，容易使顾客接受，可树立良好的企业形象。

（一）人员促销策略

促销人员直接与广大顾客接触，他们不仅是企业的代表，还是顾客的顾问和参谋，因此他们必须具有良好的素质和能力。

对促销人员的素质要求包括：①政治素质高。促销人员要具有较强的事业心和责任感，具有良好的职业道德，遵纪守法。②业务素质好。促销人员要了解企业知识，掌握产品知识，熟悉顾客知识，具有较高的推销技巧。③身体素质棒。促销人员不仅要有健康的体魄，而且应注重自己的仪表和不凡的举止谈吐。促销人员应具备的能力包括：第一，敏锐的观察能力；第二，良好的创造能力；第三，广泛的社交能力；第四，快速的应变能力；第五，恰到好处的表达能力。

（二）广告策略

广告作为促销方式之一，是一门独特的综合艺术。虽然说做广告不一定能使产品成为名牌，但若无广告的支持，产品难以成为名牌。

广告（Advertising）一词源于拉丁语，意思是“诱导”、“注意”。美国市场营销协会为将广告与其他促销方式严格区别，曾对广告给出如下定义：“广告是由明确的发起者以公开支付费用的做法，以非人员的任何形式，对产品、服务或某项行动的意见和想法等的介绍。”即广告是企业以付费的方式，将有关的市场信息，通过一定的媒体（媒介）传递给目标顾客。

广告媒介主要有四大类：印刷类，诸如报纸、杂志、印刷品、传单、海报、产品说明书等。视听类，包括广播、电视。网络类，即在互联网上做广告。其他类，含路牌、灯箱、交通、销售点、邮寄等。选择何种广告媒介，必须综合考虑目标顾客、产品特点、媒介费用与企业支付能力、媒介覆盖范围、接收广告的次数等因素。

（三）营业推广策略

营业推广是一种非经常、非规则的特殊促销方式，它可以刺激顾客的需求，吸引顾客前来购买产品。

营业推广的形式多种多样，针对不同的促销对象，其形式不同，大致可分为三类。其一，针对消费者的营业推广，常见的推广形式有免费样品、优惠券、特价包装、礼品券、赠品等。其二，针对中间商的营业推广，常见的形式有价格折扣、推广津贴、承担促销费用、产品展示、销售竞赛等。其三，针对推销人员的营业推广，常见的形式有销售提成、销售竞赛、物质奖励、精神奖励、提供培训学习的机会等。

（四）公共关系策略

公共关系是指企业运用传播手段使自己适应环境和使环境适应自己的一种活动和职能。在市场营销中，良好的公共关系有助于企业在市场上争取中间商及目标顾客的了解、支持、信任，以树立企业的良好信誉和形象。公共关系强调通过与公众搞好关系和树立企业的良好形象，达到促进销售的目的，这是一种间接的促销手段。

四、销售渠道策略

销售渠道策略是企业市场营销组合策略中的一个重要策略。因为企业生产出来的产品，只有通过一定的市场销售渠道，才能在适当的时间、地点，以适当的价格供应给顾客，从而克服生产者与顾客之间的差异和矛盾，满足市场需求。

（一）销售渠道的概念

销售渠道也称分销渠道，它是指产品由企业向最终顾客移动过程中所经过的各个环节。销售渠道的起点是企业，即生产者，终点是顾客，中间环节包括拥有产品所有权的商人、中间商和帮助转移产品所有权的代理中间商。销售渠道的作用在于使用中间商后，可减少交易次数，提高工作效率，节省时间和人力消耗，降低交易成本。

（二）销售渠道设计

销售渠道是连接企业与顾客的纽带和桥梁，为了使企业生产出的产品顺畅地从生产领域转移到消费领域，企业必须进行销售渠道的设计。销售渠道的设计实际上要进行三方面的决策：

（1）是否使用中间商。即是采用直接销售渠道还是采用间接销售渠道，这需要从销售业绩和经济效果两个方面来考虑。

（2）确定中间商的数目。这实际上是确定渠道的宽度，它与企业的市场营销目标和营销战略有关。常用的销售渠道策略有独家性分销、广泛性分销、选择性分销。

（3）中间商的选择。中间商直接影响企业的产品销路及经济效益，企业选择中间商应依据以下条件：目标市场、地理位置、产品经营范围、促销措施、提供的服务、运输和储存条件、财务状况和管理能力。

（三）销售渠道的管理

在选择了企业销售渠道的模式并确定了具体的中间商之后，企业还需要对其销售渠道进行管理，也就是对中间商进行必要的激励、评估和调整。

（1）激励。一般来说，各个渠道成员都会为了共同的利益而努力工作，但各渠道成员是相互独立的经济实体，在处理具体问题时，不可避免会更多地强调自身利益。因此，企业应采取适当的激励措施，尽可能地调动渠道成员的积极性。需要注意的是，企业应尽量防止激励过度或激励不足两种情况。

（2）评估。企业必须定期评估中间商的绩效是否达到某些标准。也就是说，企业要对中间商进行有效的管理，还需制定一定的考核标准，检查、衡量中间商的表现。企业可以进行动态的分析比较，从而进一步分析不同时期各中间商的销售状况。若某些中间商的绩效低于标准，应查找原因，采取相应的措施。

（3）调整。被选择的中间商并非是一成不变的，为了适应多变的市场需求，确保企业销售渠道的畅通和高效，要求企业对其销售渠道进行调整或改变。调整营销渠道的方式包括增减渠道成员、增减销售渠道和调整营销系统。

增减渠道成员属于结构性调整，其着眼点在于增加或减少某个中间机构；增减销售渠道和调整营销系统属于功能性调整，其目的在于将营销任务在一条或多条销售渠道的成员中重新分配。销售渠道是否需要调整，调整到什么程度，应视具体情况而定。

第四节　现代企业市场营销管理过程

按照菲利普·科特勒的解释,市场营销管理就是通过分析、计划、实施和控制,来谋求创造、建立及保持营销者与目标买主之间互利的交换,以达到营销者的目标。营销管理的任务,就是调整市场的需求水平、需求时间和需求特点,使需求与供给相协调,以实现互利的交换。因此,营销管理实质上是需求管理。

所谓市场营销管理过程,是指企业为实现目标、完成任务而识别、分析、选择和发掘市场机会的过程。具体包括分析市场机会,选择目标市场,设计市场营销组合,制订、实施和控制市场营销计划。

一、分析市场机会

分析市场机会是企业市场营销管理过程的第一步。所谓市场机会,就是未满足的市场需要。在现今物资充足的买方市场,有利于企业的市场机会很难找到。企业的营销人员必须进行专门的调查研究,千方百计地寻找、发掘和识别市场机会,然后再加以分析和评估,看是否对本企业适用,是否有利可图。例如,假设市场上需要一种更节能、更舒适的取暖产品,这是一个市场机会,但它不一定能成为一家食品企业的营销机会,也不一定能成为一家虽拥有技术却不能在人们可承受的价位上提供产品的企业的营销机会。

营销管理者要善于捕捉市场机会,不失时机地占领市场。对待"机会损失"应当有足够的重视。按照市场经济的观点,企业在经营过程中,没有赚就是赔,赚得少也是赔。同时,企业也要注意发现环境威胁。环境威胁指的是一些不利于企业的挑战。机会和挑战经常是并存的,企业应当善于把握机会,应对挑战。

二、选择目标市场

在选定符合企业目标和资源的营销机会以后,还要进一步对市场容量和市场结构进行分析,以便缩小选择范围,选出本企业准备为之服务的目标市场。因为任何一家企业都不可能为具有某种需求的全体客户服务,而只能满足部分客户的需求,这是顾客需求的多样性和企业资源的有限性所决定的。因此,企业必须明确在能力可及范围内满足哪些顾客的需求,首先进行市场细分,在市场细分的基础上选择目标市场、进行市场定位。

(一)市场细分

所谓市场细分,是指企业通过对市场的调研,根据消费者对商品的不同欲望与需求、不同的购买行为与购买习惯,把整体市场划分为若干不同的购买群体——子市场的过程。

在消费者市场上,消费者需求的差异性是市场细分的依据。任何会构成消费者需求差异的因素都可以作为市场细分的标准,主要包括:①地理环境(地形、区域、气候、城镇规模、交通条件等);②人口状况(年龄、性别、收入、种族、教育、家庭等);③消费者心理(生活方式、社交、成就感、自主能力等);④购买行为(购买动机、使用习惯等)。

在产业市场上,消费者市场的细分标准同样适用。除此之外,还要根据生产资料的特点,补充一些标准,包括:①最终用户。最终用户的不同要求是生产资料市场细分的最通用的标准。不同的最终用户常常追求不同的利益，需要用不同的营销组合才能达到目的。例如，同样是轮胎市场，购买轮胎作为零部件的赛车制造商和标准汽车制造商的要求完全不同。②用户的规模。即根据用户规模的大小来细分市场，对大用户、中用户和小用户分别采取不同的营销策略。③用户地点。用户地点涉及当地的资源条件、自然环境、生产力布局等因素。这些因素决定着地区工业的发展水平、发展规模，产生不同的生产资料需求特点。

（二）目标市场的选择

在市场细分的基础上，选择一个或几个子市场作为企业的服务对象，这些被选中的子市场称为目标市场。企业选择的目标市场不同，提供的商品和劳务就不同，采用的营销策略也就不同。一般来说，目标市场的营销策略有三种：

（1）无差异性市场营销策略。企业不考虑各个子市场的特性差异，只注重各子市场需求方面的共性，把整个市场看成一个大市场，推出同一种商品，采用一种价格，使用相同的分销策略，应用相同的促销手段，去占领整个市场。

（2）差异性市场营销策略。企业把整个大市场细分为若干不同的小市场，根据每个小市场在需求上的差异性，有针对性地设计产品，制定营销策略。

（3）集中性市场营销策略。企业选择一个或少数几个性质相似的子市场作为目标市场，开发一种理想产品，实行高度专业化生产与营销，试图在较少的子市场上占有较大份额。

（三）市场定位

所谓市场定位，就是企业从各方面为企业创造一定的特色，树立一定的品牌形象和企业形象，以求在目标顾客心目中形成一种特殊的偏好。为此，企业必须先了解目标市场上现有产品和品牌在质量、功能、价格、促销形式等方面有什么特点，以及它们对顾客需要的满足程度等问题，然后为自己选定一个适当的市场位置。

目标市场定位实质是一种竞争策略，它显示了一种产品或一家企业与类似产品或企业之间的竞争关系。定位方式不同，竞争态势也不同，大体说来，主要有四种定位策略：

（1）市场领先者定位策略。即企业选择的目标市场尚没有其他竞争者，企业率先进入市场，抢占市场的策略。

（2）市场挑战者定位策略。这是企业与在市场上占据支配地位的竞争对手“对着干”，希冀最终把对方赶下现居的市场位置，并取而代之的定位策略。

（3）跟随竞争者定位策略。这是企业发现目标市场竞争者较多，而市场需求的潜力又很大，企业跟随竞争者挤入市场，与竞争者处在一个位置上的策略。

（4）市场补缺者定位策略。这是企业把自己的市场位置确定在竞争者没有注意和占领的市场缝隙或空缺上的策略。

三、设计市场营销组合

在选定了目标市场和明确市场定位以后，企业市场营销管理过程的下一个步骤是设计市场营销组合。市场营销组合是企业用于追求目标市场预期销量水平可控变量的组合，主要包括产品、价格、地点和促销。因为这四个词的英文首字母都是P，故简称4P，所谓市场营销组合,也就是这四个P的组合与搭配。企业如何制定自己的市场营销组合以实现其自身的市场目标,我们在第三节已经做了详尽的论述,在此不再赘述。

四、制订、实施和控制市场营销计划

企业组织如果只对它们所遭遇的环境作简单的反应,则很难长久生存与发展,缺乏预先安排的市场营销工作将会导致行动和经费开支方面的混乱,会使企业易受有远见的竞争者的攻击。因此,每一个组织必须有计划地应对市场。市场营销计划应充分体现企业的发展战略,应遵循市场规律、循序渐进,制订的计划应切实可行,并根据环境的变化及时调整。

市场营销计划的制订只是市场营销管理的开始,更重要的在于市场营销的实施。市场营销的实施包括以下五个方面:制订详细的行动方案;建立合理有效的组织结构;设计相应的决策和报酬制度;开发并合理调配人力资源;建立适当的企业文化和管理风格。

在市场营销计划的执行过程中,可能会出现一些预料不到的问题,需要一个控制系统来保证市场营销目标的实现。市场营销控制主要有年度计划控制、盈利能力控制、效率控制和战略控制四种。

第五节　现代企业网络营销管理

互联网是企业整体营业推广的重要工具,根据其特点制定相应的网络营销策略势在必行。网络营销是知识经济和信息时代的产物,它代表着先进生产力,必将是未来市场营销最重要的形式与方向。

网络营销是一种新的营销渠道和模式,已被越来越多的企业采用。海尔公司在网络营销方面所作的探讨与获得的成功,尤其是采用国际先进的协同电子商务系统进行的网络营销,进一步提升了海尔公司的核心竞争力。

一、网络营销的概念和功能

(一)网络营销的概念

网络营销是指企业利用计算机系统、在线网络和相互作用的数字媒介进行市场调查、产品推销等一系列经营活动,以达到企业营销目标的一种营销方式。网络营销一诞生,其势头便不可阻挡,越来越多的人实现了足不出户在网上购物。

网络营销的概念包含以下三层含义:①网络营销是以计算机互联网为实现交易的主要手段。②网络营销是企业通过网络对目标顾客直接营销。③网络营销是定制营销,即企业与目标顾客之间采用直接互动性的市场接触,根据顾客特定的要求提供相应的产品或服务。

(二)网络营销的功能

1. 突破地域限制,实现全球营销

目前,因特网已与世界186个国家和地区相联,使用网络的用户达到数亿人之多。企业通过网络这个媒介进行营销,可以将企业的营销范围轻而易举地扩大到全球。网络营

销使小企业也能和大企业一样,在较大的市场领域销售自己的商品和服务。

2. 突破时间限制,实现24小时服务

网络提供一天24小时、一年365天的持续营业。无须雇用营销服务人员,不受节假日、营业时间和劳动法对职工工作时间的限制。消费者可以随时查询所需要的资料和实现购买。

3. 提供交流平台,满足用户需求

现代市场营销环境要求企业实行全程营销,即从产品设计之初就开始充分考虑消费者的需要,但由于企业和消费者之间缺乏合适的沟通渠道而难以达到这一要求。网络营销不仅提供了消费者反馈信息的广阔平台,而且信息传递的快速性能使企业及时地调整营销策略,更好地为消费者服务。

4. 提供丰富信息,降低交易成本

采用网络营销方式,企业可以在网上提供有关商品和服务的所有信息,消费者足不出户就可以在网上查询资料和购物,查询资料和购物的时间极短,程序简便快捷,大大缩短了购物时间,降低了交易成本。例如,消费者想购买一本由某出版社出版的《现代企业管理》,他只要在网上进行搜索就可以找到,而不是一家一家书店地寻找,也不会因本地书店没有进货而求之不得。

5. 降低营业成本,提高经营效益

网络营销具有成本低的特性。首先,网络营销的商场是虚拟商场,没有实物,无须承担门店和陈列费用。其次,网上储存了大量信息,便于消费者查询,节省了企业印刷与投递商品信息广告的成本。最后,网络营销属于直接营销,缩短了分销环节,节约了流通费用。

二、网络营销的模式

企业可以采用的网络营销模式主要有以下几种。

(一)发布信息

企业在网上发布信息,进行宣传。与传统媒体相比,网上发布信息具有受众广泛而成本低廉的特点,不仅发布的信息能够长期保存,而且更新成本也很低。特别是对于资源有限、资金有限的小企业而言,通过网络发布信息,能迅速地扩大知名度,与大企业同台竞争。这是最初级别的网络营销方式。

(二)进行市场调研

企业通过网络调查市场信息,从中发现消费者需求动向,从而为企业细分市场提供依据。企业利用网络,可以实现基于顾客和基于竞争者的两类市场的调研;可以展示尚未试制的虚拟产品,以减少新产品样品的开发费用和风险;还可以让顾客自己设计所需要的产品等。

(三)网络分销联系

企业通过互联网构筑虚拟专用网络,将分销渠道的内部网与其相连接,沟通渠道网络成员产品购销情况,及时了解产品销售状况,以便调整产品结构,补充脱销商品,优化库存结构,分析市场特征,为调整市场营销策略提供帮助。

（四）网上直接销售

网络营销可以不通过中间分级渠道而直接通过网络连接企业与消费者。从消费者购买产品的角度来看，顾客首先通过网络查询所需要的产品信息，选择所需产品及相应的生产厂家，然后向企业下电子订单。企业收到订单后按订单要求生产商品。在这个过程中，顾客还可以向企业提出意见和建议，顾客满意后即可按事前约定好的价格向企业的网上账户支付货款，生产机构向顾客送货即完成销售。

（五）网络营销集成

即综合以上四种网络营销模式，这是网络营销的发展趋势。

三、网络营销环境下企业面临的挑战

网络营销有着传统营销所不可比拟的优势。从消费者的角度来看，网络营销具有便利性、主动性和快捷透明性等优势。从营销者的角度来看，网络营销的优势主要体现在降低成本、销售及时、有利于建立忠实的消费群等。

但是，和传统营销相比，网络营销也有其不足。一是观念问题。传统营销发展了几百年，其操作模式和经营方法都已被消费者认可和接受，而网络营销出现的时间较短，人们对它的接受程度自然有限，消费习惯与购物观念很难在短时间之内改变。传统的眼见为实的购买心态和对新事物的不信任，会制约网络营销的发展。二是信用风险问题。网络营销无法实现"一手交钱、一手交货"，买卖双方的交易是建立在双方相互信任、信守诺言的基础上的。但目前我国的信用体系还不健全，假冒伪劣商品屡禁不止，坑蒙、欺诈时有发生。消费者担心将钱款汇出后得不到应有的商品，企业担心信用卡号码被盗用，还有一些网站甚至成为骗钱的工具。信用危机与信用瑕疵成为威胁网络营销发展的天敌。三是法律风险问题。经过多年的发展，网络营销逐步规范，相关的法律法规相继出台，有力地促进了网络营销的发展。然而，尽管我国对电子合同的法律效力、知识产权的保护、网上支付、电子证据等不断进行研究和完善，但这些法律法规的内容远远不能适应电子商务的发展，还有很多网络营销行为找不到现成的法律条文来保护。四是物流业的发展水平低。物流业的缓慢发展，不仅影响着电子商务的发展，而且制约着整个社会经济的发展，特别是网络营销的发展。此外，虽然网络营销可以在不同国家和地区的企业与个人之间进行，但由于各国的法律不尽相同，很多可能在一方看来正当的交易，在另一方却是不可接受的，从而导致交易的失败。

对企业来说，网络营销既是机遇也是挑战。因此，在我国就出现了两种趋势：一种是匆忙上马，兴建电子商场，结果因为"瓶颈"的束缚或技术的不成熟而捉襟见肘。另一种是无视网络营销对传统营销的冲击，认为电子商务的挑战不过是蚍蜉撼大树，只把竞争焦点定位于实体市场，没有充分意识到知识经济时代抢占网络这一虚拟市场对赢得企业未来竞争优势的必要性与紧迫性。

如今，网络营销已成为未来的大趋势，虽然目前传统销售与网络营销是共存发展的，但随着时间的推移，两者的火药味会越来越浓。企业如何在两者的博弈中获得长远的发展，如何迎接网络营销时代的全面到来，可以考虑从两方面着手。一方面，实现内部重构，抓住顾客们的消费心理和习惯，满足其日益增长的需要。综合各项调查结果，反映出人们之所以乐意接受网上购物是基于消费者不受时间、地点、品种的限制,他们考虑这方面的便利多于考虑价格的高低,但仍有为数不少的顾客依旧喜欢在商店里购物。如果营销者能抓住他们的消费心理和习惯,满足他们日益增长的需要,积极听取顾客的意见和反馈信息,拓展流通渠道,重组传统价值链,建立现代流通集团,将为传统营销者赢得更多的顾客。另一方面,企业要在合适的时机着手进行网络营销。可以考虑通过自建网站和与网络公司联手两种方式。对于自身条件好的企业,可以采用前一种方式,如沃尔玛这家零售业巨头,就宣称不仅要当全美国最大的零售连锁店,而且要成为网上第一大商店。而规模较小、资源有限的企业则宜采取后一种方式。

典型案例

平常渠道非常控制——娃哈哈公司市场营销

娃哈哈公司成立于1987年,前身是杭州市上城区的一家校办企业。1991年,创业只有三年的娃哈哈公司产值已突破亿元大关,组建成立了杭州娃哈哈集团公司。从此娃哈哈公司逐步开始步入规模经营之路。1996年,娃哈哈公司以部分固定资产作投入与法国达能等外方合资成立了五家公司,引进外资4 500余万美元,使娃哈哈公司进入高速发展的快车道。2001年,娃哈哈公司以2 015万元的价格,“独霸”了两个月《新闻联播》与《天气预报》栏目之间的黄金广告时间。到今天,娃哈哈公司已经成为中国最大的食品饮料企业。取得如此辉煌的成绩,娃哈哈公司独特的营销策略是其驰骋市场成功的关键。

一、控制与促销

娃哈哈公司的促销重点是经销商,公司会根据一定阶段内的市场变动、竞争对手的异动以及自身产品的配备而推出各种各样的促销政策。针对经销商的促销政策,既可以激发其积极性,又保证了各层销售商的利润,因而可以做到促进销售而不扰乱整个市场的价格体系。

娃哈哈公司认为,在营销渠道中最重要的就是控制价差、区域、品种和节奏。有序地分配各级经销层次的利益空间,不但是生产商的责任,更是其控制市场的关键所在。生产商推出任何一项促销活动或政策,首先应该考虑的便是设计一套层次分明、分配合理的价差体系。当今很多企业在营销中,喜欢动辄以低价轰炸市场,以为只要我的价格比别人的低,肯定卖得就比别人的火,其实未必。因为没有考虑价差的低价,无疑让经销商无利可图,他不给你用力推销,不把你的产品摆在柜台上,买卖交易的“最后一公里”仍然无法到达。一般而言,低价策略在新产品进入一个成熟市场时会因其对原有市场价格体系的摧毁而达到出人意料的效果,可是在长效经营中却可能是一个毒素颇大的兴奋剂。

因此,娃哈哈公司在推销一个新产品时,首先做的一件事,就是以强力把市场冲开,造成销售的预期,这期间要把所有的人力、财力、物力倾注到网络渠道上,培育起忠诚的客户群体。在完成这一工作之后,则把工作的重点转移到消费者身上,经销体系内的价差体系一旦形成,就把更多的优惠政策放到零售终端上。而更多企业进行的却往往是相反的操作。

二、冲货与竞争

区域冲货问题，是所有企业面临的共同问题，娃哈哈公司也不能避免。娃哈哈公司成立了一个专门的机构，巡回全国，专门查处冲货的经销商，且处罚之严为业界少有。宗庆后及其各地的营销经理到市场行走时，第一要看的便是商品上的编号。一旦发现编号与地区不符，便严令要彻查到底。

可是，要彻底解决冲货问题，治根之策还是要严格分配和控制好各级经销商的势力半径。近年来，娃哈哈公司放弃了以往广招经销商、来者不拒的策略，开始精选合作对象，从众多的经销商中发展、扶植大客户，同时，有意识地划定小经销商的辐射半径，促使其精耕细作，挖掘本区域市场的潜力。

对于竞争，娃哈哈则体现出作为一家成熟的市场强势企业的自信和能力。一家企业在一定阶段的营销策略的设定，无非主要根据以下几种要素：消费者的需求、本公司的开发、竞争对手的举措。娃哈哈的纯净水、果奶、八宝粥等产品的市场占有率均为全国第一，因此它常常成为其他企业设定营销策略的“假想敌”。一年四季，宗庆后的案头每天都会摆上一大叠有关竞争对手针对娃哈哈公司进行渠道抢夺和市场促销的战报。宗庆后对此的策略基本上是：以我为主，进行适度调整，避其锋芒，以持久力取胜。

三、联销体

娃哈哈公司的营销队伍走的是一条“联销体”路线。跟其他一些大型企业相比，娃哈哈公司在全国各地的营销员少得让人难以想象，只有 2 000 人，而且宗庆后还表示，他不会让这个人数有太大的突破。

纵观娃哈哈公司 15 年发展历程，其营销模式经历了三个不同的阶段。

第一个阶段，与国营的糖酒批发公司及其下属的二、三级批发站紧密合作，借用其现有的渠道进行推广。

第二个阶段，是 20 世纪 90 年代中期，随着沿海省份各种专业及农贸市场的兴起，个体私营的批发商以其灵活多变的机制优势把国营糖酒批发公司原有的渠道网络冲得七零八落，中国农村城镇市场出现了一个大重组，娃哈哈公司及时顺应这一变化，与各地市场中的大户联手，很快编织起一个新的、无比灵活的市场网络。正是通过成千上万个大小经销商，娃哈哈公司的产品渗透到了大江南北的每一个角落。

到了 1996 年前后，随着中国保健品、饮料市场的繁荣，越来越多的民营企业加入战团。它们纷纷仿效娃哈哈公司，向农贸和专业市场大力进军，连可口可乐这样的跨国品牌也开始把营销重心下移，在县级市场与娃哈哈公司的产品一争高下。厂商与经销商的关系变得复杂微妙起来，其存在的弊端便一一浮出水面：一是多头经销，公司无法控制市场；二是冲货现象严重；三是一旦市场出现暂时的滞销现象，就会造成恐慌性的降价。

第三个阶段，即近两年发生的变化：娃哈哈公司开始淡出农贸市场，摒弃原有的粗放式的营销路线，进而开始编织自己的“联销体”网络。娃哈哈公司的营销组织结构是这样的：总部—各省区分公司—特约一级批发商—特约二级批发商—二级批发商—三级批发商—零售终端。

运作模式是:每年开始,特约一级批发商根据各自经销额的大小打一笔预付款给娃哈哈公司,娃哈哈公司支付与银行相当的利息,然后,每次提货前,结清上一次的货款。一级批发商在自己的势力区域内发展特约二级批发商与二级批发商,两者的差别是,前者将打一笔预付款给一级批发商以争取到更优惠的政策。

娃哈哈公司保证在一定区域内只发展一家一级批发商。同时,公司还常年派出一到若干位销售经理和理货员帮助经销商开展各种铺货、理货和促销工作。在某些县区,甚至出现这样的情况:当地的一级批发商仅仅提供了资金、仓库和一些搬运工,其余的所有营销工作都由娃哈哈公司派出的人员具体完成。

这是一种十分独特的协作框架。从表面上看,批发商帮娃哈哈公司卖产品却还要先付一笔不菲的预付款,对某些大户,这笔资金达数百万元。而在娃哈哈公司方面,则“无偿”地出人、出力、出广告费,帮助批发商赚钱。

对经销商而言,他们无疑是十分喜欢娃哈哈这样的厂家的:一则企业大,品牌响,有强有力的广告造势配合;二则系列产品多,综合经营的空间大,可以把经营成本摊薄;三则有销售公司委派理货人员“无偿”地全力配合,总部的各项优惠政策可以不打折扣地到位。

当然他们也有压力,首先要有一定的资金垫底,其次必须全力投入,把本区域市场做大,否则第二年联销权就可能旁落他家。

任何营销都是建立在信用基础上的危险游戏。相对于生产商自己招聘人马、全资编织市场网络,娃哈哈公司的联销体模式似乎更为经济和高效。各级大大小小的经销商一方面可以使娃哈哈公司的产品迅速地进入一个陌生的市场,大大降低市场的导入成本,更重要的似乎还在于,这些与娃哈哈公司既为一体又非同根的经销商团队,是保证市场创新、增长和降低风险的重要力量。娃哈哈公司通过这种“制度建设”,实现了市场的制衡。而尤为重要的是,它避免了娃哈哈公司营销队伍的恐龙化。

四、营销安全

如何让自己的营销规避风险?很多人认为,就是给营销链中的每一个经销商更大的利益诱惑,其实这个理念是有缺陷的。对一个成熟的经销商而言,与超额利润相比,其更渴望的是一个长期而稳定的合作同盟和收益来源。

近年来,凡是经常在市场行走的营销人士均已经发现,目前在广大的农村城镇市场,对经销商和终端点的争夺已经到了白热化的地步,跨国品牌、国内品牌均在这一市场上不敢稍有松懈。在沿海的很多乡镇,食品营销商的理货员平均七天便会巡回到一个零售点,这已经成为了一个指标性的天数,若达不到这个巡回能力,便几乎意味着放弃了。

因此,娃哈哈公司对市场始终保持着一种兔子般的警觉。宗庆后常言:娃哈哈公司必须巩固已有的城镇市场和客户群,如果做得不好,可能今天所有的导入和努力,都是为明天跨国品牌的进入打前战和付学费。娃哈哈公司目前正在尝试“通路重组法”。对于饮料食品企业而言,娃哈哈公司的每一个产品均无所谓的高技术,因此无法形成技术壁垒,而通过战略性的降价策略形成优势,也非宗庆后所愿,因此他把战略的重点放在了市场网络的重构上。

2008 年以来,娃哈哈公司悄然开始了一场雄心勃勃的营销网络建设工程:宗庆后要在未来三年内构筑起一个全封闭式的全国营销网络,在企业内部,这个计划被命名为"蜘蛛战役"。宗庆后判断,中国市场的终端之争,首先将在批发零售渠道展开。娃哈哈公司的野心,是在三年之内把目前国内最具实力的县域级饮料销售商都聚集到自己的旗下。宗庆后理想中的网络是这样的:娃哈哈公司在一个区域内只选择一个一级批发商,该一级批发商只卖货给自己的二级批发商,二级批发商只向划定区域内的三级批发商和零售店铺销售。整个销售网络是在一个近乎全封闭的、规范化的系统内进行的。这可能是当今中国市场上最具雄心和创造力的一个营销试验:娃哈哈公司试图把已执行数十年的自然性流向改变为控制性流向。一旦这一营销网络大功告成,价格的规范和产品的推广自然可以收发自如,用宗庆后自己的话说就是"想怎么打,就怎么打"。

(源自《中国经营报》,作者:吴晓波、胡宏伟)

【案例分析】

(1)娃哈哈公司的营销队伍只有 2 000 人,它成功的关键是什么?

(2)娃哈哈公司的营销体制是怎样控制经销商的?它为什么这样做?

思考题

(1)什么是市场营销?什么是市场营销管理?市场营销管理的任务是什么?

(2)举例说明市场营销观念的演变。

(3)什么叫市场营销环境?市场营销环境包括哪些因素?试举例说明。

(4)举例说明各分销渠道的优缺点。

(5)什么叫市场细分?如何进行市场细分?

(6)什么是市场定位?企业如何进行市场定位?

(7)简述网络营销和传统营销的区别。

实训题

格兰仕公司的"色彩革命"

2005 年 9 月,在知识产权领域发生了一件"怪事",那就是全球最大空调生产基地的所有者——格兰仕公司拿着厚厚的一摞材料要求注册色彩专利,格兰仕要抢注的空调外观色彩包括深海蓝、浅紫灰、铁锈红,还有渲染浪漫的浆果紫、浅香橙,以及充满诱惑力的暗红、金棕色以及沼泽绿,几乎将能够应用在空调上的流行色一网打尽。

格兰仕公司在空调行业发动的这一场"色彩革命"并非偶然,看一看近年来很多行业的创新营销,无不与颜色有关,从手机行业的彩信、彩铃,到汽车行业的外观设计,从快速消费品行业的"酷儿"饮料,到家电行业的彩色空调。色彩营销正在从边沿走向主流,从外围走向核心,成为差异化营销的第一选择。

从色彩理论上看,格兰仕公司选择色彩作为营销卖点是正确的。美国营销界曾总结出了“7 秒定律”，即消费者会在 7 秒内决定其购买意愿。而在这短短 7 秒内色彩占 67% 的决定因素。“色彩营销”正帮助企业在第一眼给消费者留下最深刻的印象，为品牌带来全方位的超强效果。格兰仕公司空调研发中心经过 2 年多时间对数万名消费者的市场调研发现，色彩可以为产品、品牌的信息传播扩展 40% 的受众，使人们的认知理解力达到 75%。另外，在不增加成本的基础上，成功的色彩能增加 15% ~25% 的附加值。

另外，空调业经过前几年的价格战、渠道战、技术战、概念战，已经让参战企业精疲力竭，无暇深入思考空调业的本质，大家都是牵着“模仿”的手，跟着感觉走，最后走入了死胡同。在营销竞争上，空调业急需更新方式。格兰仕空调销售公司总经理郎青认为，中国目前的空调大都是千篇一律、呆滞的白色空调，很多企业根本不知道色彩的秘密，或者是没有意识到其中蕴藏的巨大商机。而格兰仕公司正是在这种情况下捷足先登，占领先机，成为彩色空调的领导者。其实，格兰仕公司能否如愿以偿获得彩色空调专利的结果并不重要。申请专利不过是其最新的营销策略而已。即使专利申请不成功，格兰仕公司也会在彩色空调这一新领域获得相当的“话语权”。

格兰仕公司的色彩营销也是为品牌文化服务的。专家们认为，颜色作为品牌文化的组成部分，在品牌的设计开发、生产制造、营销等领域正起着越来越重要的作用，成为品牌文化内涵个性而时尚的表达。

为此，格兰仕公司空调研发中心设有专门的色彩设计室，从事市场情报的收集工作，并聘请了几十位设计专家、美工大师对流行色进行广泛的市场调研，以了解中国人的“好色”倾向，再将这些情报进行整理做出色彩的产品方案，提供给生产部门。

率先而为的格兰仕公司正式宣布：从 9 月 1 日起，停止白色空调的生产，终结呆滞时代！引领空调行业健康发展，全力研发并推广彩色空调。格兰仕公司呼吁所有空调制造厂家拿出诚意，给空调一点颜色，让房间变得好看，为“色彩中国”添砖加瓦，奉献靓丽色彩。让空调靓起来，让消费者有限的投入得到更高的价值！格兰仕公司“为你而变，颜色革命”的新理念推出来之后，很快便引发了中国空调业新一轮的洗牌，尽管不是所有的品牌都认可格兰仕公司的做法和对白色空调的态度，但大势所趋，也都或多或少地推出了彩色空调。彩色空调在为中国空调市场带来长久等待的靓色的同时，也成为格兰仕公司进一步巩固和提高业界地位的有力武器。

其实，色彩在商业领域的应用由来已久，早已经引起很多商家的重视。比如，营销专家早就提出过，在商业上，色彩是第一卖点。在商品展览柜中，如果你的商品看一眼后没能给顾客以美的吸引，那一定是你没把商品的颜色搭配好，哪怕商品质量再好，也会削弱它们的风采。

国外产品之所以看起来品位更高，很大程度上是因为它们的外观及包装使用了美丽的色彩。瑞士雀巢公司的色彩设计师曾做过一个有趣的试验，他将同一壶煮好的咖啡，倒入红、黄、绿三种颜色的咖啡罐中，让十几个人品尝比较。结果，品尝者一致认为：绿色罐中的咖啡味道偏酸，黄色罐中的咖啡味道偏淡，红色罐中的咖啡味道极好。由此，雀巢公司决定用红色罐包装咖啡，果然赢得消费者的一致认同。

现在色彩营销战略已被越来越多的商家所重视，商家们都认识到了色彩具有低成本、高附加值的功效。国际流行色协会调查数据表明，在不增加成本的基础上，通过改变颜色的设计,可以给产品带来10% ~25%的附加值。不仅产品本身及包装可充分利用色彩来提升价值,色彩还可以成为企业形象识别的核心理念,比如绿色的“鳄鱼”、红黄对比的“麦当劳”等。因此,“色彩”必将成为新一轮的营销热点。

(源自《成功营销》,作者:梁勇)

【教学功能】

色彩正成为一种看得见、摸得到的营销力,一种消费心理的暗示,一种时尚趋势,色彩将有望成为21世纪刺激消费的核心卖点。

【思考与讨论】

如何恰当应用色彩达到营销目的?

【答题提示】

首先,要进行消费的色彩调查,明确企业的目标顾客,研究和了解他们的心理;其次,在设定的商品形象和色彩形象基础上,展开销售计划,要能给顾客以深刻的印象,其成功运作要借助于商品本身的包装、宣传资料、说明书、商品陈列等色彩形象策略;最后,要建立信息管理系统,收集资料,掌握“什么东西最好卖”和“为什么好卖”两个要点,验证色彩营销策略,同时建立商务信息资料系统,利用色彩营销积累的资料,更有效地为色彩营销策略提供帮助。

第七章

现代企业财务管理

学习目标

□熟悉财务管理的概念、内容和目标；

□了解企业筹资方式，掌握不同筹资方式筹资成本的确定及优缺点，并能以此为基础进行简单的筹资决策；

□掌握资金时间价值的计算，股票、债券发行价格的确定；

□掌握企业投资收益的确定及投资风险的衡量，并能以此为基础进行简单的投资决策；

□掌握企业财务分析指标的计算，并能分析企业的偿债能力、营运能力和盈利能力。

睿智名言

我们的惯性是崇尚经验，认为经验是人生中宝贵的财富，认为经验是一个人的资历。没错，经验是人生经历的沉淀，是生命过程的总结，有经验的人会比缺乏经验的人更快地熟悉市场，更准确地把握市场的脉搏。但是，经验是把双刃剑。昨天的成功经验会造成今天的问题，会成为今天以及未来发展的障碍。

"天下熙熙皆为利来，天下攘攘皆为利往"，目标就是赚钱，为了各自的利益。钱是不是就是价值所在？不是。如果不进行流通，钱就一文不值，它的价值也不会体现，钱流通的方向不同，钱所体现的价值也不同。当人们用钱去做善事，价值就是对社会的关爱；当人们用钱去购买高级别墅，价值就是对舒适的追求。

案例导入

海尔集团偿债能力分析

青岛海尔集团公司是我国家电行业的佼佼者，其前身是原青岛电冰箱总厂，经过10多年的兼并扩张，已经今非昔比。据2005年中报分析，公司的业绩增长非常稳定，主营业务收入和利润保持同步增长，这在竞争激烈、行业利润明显下滑的家电行业是极为可贵的。公司2005年上半年，收入增加部分主要来自于冰箱产品的出口，鉴于公司出口形势良好，海尔公司的国际化战略取得了明显的经济效益。预计海尔将成为家电行业的受益者。

另据2005年8月26日青岛海尔拟增发A股的董事会公告，公司拟向社会公众增发不超过10 000万股的A股，该次募集资金将用于收购青岛海尔空调器有限公司74.45%的股权。此前海尔已持有该公司25.5%的股权，此举意味着收购完成后青岛海尔对海尔空调器有限公司的控制权将达到99.95%。据悉，作为海尔集团的主导企业之一，青岛海尔空调器有限公司主要生产空调器、家用电器及制冷设备，是我国技术水平较高、规模品种较多、生产规模较大的空调生产基地。青岛海尔空调器有限公司产销状况良好，2005年上半年共生产空调器252万台，超过2004年全年的产量，出口量分别是2004年同期和全年出口量的4.5倍、2.7倍，截至2005年上半年，海尔空调已有1/4的产量出口海外。海尔空调来自海外的订单已排至2008年。鉴于海尔空调已是成熟的高盈利产品，收购后可以使青岛海尔拓展主营业务结构，实现产品多元化战略，为公司进一步扩张提供强有力的支撑，同时也成为青岛海尔新的经济增长点。

青岛海尔2005年中期财务状况见表7–1和表7–2。

表7–1 资产负债表(简表)

编制单位:青岛海尔集团公司　　　　单位:元

项目	金额
货币资金	512 451 234.85
应收账款	390 345 914.95
预付账款	599 903 344.89
其他应收款	371 235 313.62
存货净额	499 934 290.49
待摊费用	1 211 250.00
流动资产合计	2 369 591 987.38
长期股权投资	307 178 438.08
长期债权投资	0.00
长期投资合计	307 178 438.08
固定资产合计	1 007 881 696.67
无形资产	107 740 871.92
资产总计	3 792 590 880.96
应付账款	125 187 391.88
预收账款	72 559 642.42
流动负债合计	771 705 947.11

续表 7-1

项目	金额
长期负债合计	4 365 881.58
负债合计	776 071 828.69
股本	56 470 690.00
资本公积	1 513 174 748.87
盈余公积	329 160 271.54
未分配利润	354 620 919.79
股东权益合计	2 761 662 842.20
负债及股东权益总计	3 792 590 880.96

表 7-2　利润及利润分配表(简表)

编制单位:青岛海尔集团公司　　　　单位:元

项目	金额
主营业务收入	2 706 766 895.09
主营业务成本	2 252 753 488.10
营业税金及附加	7 030 314.68
主营业务利润	446 983 092.31
营业费用	31 115 574.99
管理费用	219 583 432.98
财务费用	6 515 967.38
营业利润	195 413 320.98
投资收益	3 806 648.25
补贴收入	0.00
营业外收入	589 117.10
营业外支出	989 953.10
利润总额	233 078 983.23
所得税	26 832 576.00
净利润	181 900 337.65
年初未分配利润	172 720 582.14
盈余公积转入数	0.00
可分配的利润	354 620 919.79
提取法定公积金	0.00

续表 7-2

项目	金额
提取法定公益金	0.00
可供股东分配的利润	354 620 919.79
提取任意公积金	0.00
已分配普通股股利	0.00
未分配利润	354 620 919.79

（源自浙江理工大学《现代企业管理教学案例》）

【思考分析】

（1）对海尔公司的短期偿债能力进行分析。主要侧重分析计算流动比率、速动比率，并结合流动资产和流动负债项目中的具体项目对海尔公司的短期偿债能力进行评价。

（2）对海尔公司的长期偿债能力进行分析。主要侧重分析资产负债率、股东权益比率、权益乘数、负债股权比率等指标。

第一节　现代企业财务管理概述

一、财务管理的概念

财务管理是依据财务法规和价值规律对企业资金运动的管理，是基于企业再生产过程中客观存在的财务活动和财务关系而产生的，是组织企业各种财务活动、处理企业各方面财务关系的管理工作，是企业管理的重要组成部分。

财务管理是企业各项管理工作中的一种，它要与这些管理工作相互协调，共同完成企业的全方位管理，促进企业发展。但是，企业每一个相对独立的管理工作都有它特定的管理对象，财务管理的管理对象是企业资金运动。这种管理不仅对资金的筹集、投放、日常资金营运和收益分配等进行管理，还要处理企业内部与外部的各种经济利益关系。

二、财务管理的内容

从财务管理的概念中可以看到，企业财务管理包括组织企业的财务活动和处理企业财务关系两方面的内容。

（一）财务活动

企业资金运动是一个从筹集资金到投放资金，再到日常运用资金，直至最后产生收益并分配的反复循环过程，因此企业的财务活动包括筹资活动、投资活动、资金营运活动和收益分配活动。筹资活动，即筹集企业生产经营所需资金的活动，是企业资金运动的起点。投资活动就是将筹资活动取得的资金投放于生产经营活动或企业外部以获取投资收益的过程。资金营运活动是企业日常经济活动引起的资金流入和流出的活动。收益分配活动是将企业获得的收益在各相关利益者之间进行分配的活动。

这几方面的活动是相互联系、相互制约、相互依存的，构成了企业财务管理最基本的内容。

（二）财务关系

企业财务关系是指企业组织财务活动过程中与有关各方面发生的经济利益关系。这些财务关系大体上可以概括为以下七个方面：企业与国家税务机关之间的财务关系；企业与投资者之间的财务关系；企业与受资者之间的财务关系；企业与债权人之间的财务关系；企业与债务人之间的财务关系；企业与内部各单位、各部门之间的财务关系；企业与内部员工之间的财务关系。

三、财务管理的职能

财务管理的职能是指企业财务管理在组织企业财务活动、处理财务关系过程中所承担的财务职责和发挥的财务功能。企业财务管理的职能主要有财务预测、财务决策、财务预算、财务控制和财务分析。

财务预测是根据企业财务活动的历史资料，参考企业内外实际情况，对企业未来财务情况和财务成果作出科学的预计和测算。财务决策是财务人员按照财务目标的总体要求，利用专门的方法和程序对各种备选方案进行比较分析，从中选出最佳方案的过程。财务预算是财务决策的具体化，是以财务决策中确定的方案为基础编制的各种财务计划。财务控制是在财务预算执行过程中，利用相关信息和特定的方法，对企业财务活动施加影响和具体调节，以保证财务预算的实现。财务分析是根据会计核算资料，运用特定的分析方法，对企业的财务活动过程及其成果进行分析与评价，总结成绩，寻找差距，以提高企业的经营管理水平和经济效益。

财务管理五大职能中，财务预测是财务管理的基础职能；财务决策是财务管理的核心职能；财务预算是规划、统筹的过程；财务控制是监督、调节的过程；财务分析既是评价又是准备，通过查找问题、分析原因，以提高下一轮财务活动的质量，在财务管理中占有举足轻重的地位。

第二节　现代企业筹资管理

一、企业筹资管理的概念

筹资，又称融资，是企业根据其生产经营、对外投资及调整资金结构等活动对资金的需要，遵循一定的原则，通过筹资渠道，运用筹资方式，获取所需资金的一种行为。筹集资金是企业资金运动的起点，是资金运用的前提，是决定资金规模和生产经营发展速度的重要环节。

筹资管理，即对企业筹集资金的管理，要解决的主要问题是如何取得企业所需的资金，包括向谁、采取什么方式、筹集多少资金。企业向谁筹集资金，即企业的筹资渠道问题。目前，我国的筹资渠道主要有七种，包括银行信贷资金、非银行金融机构资金、其他企业资金、居民个人资金、国家资金、企业自留资金和外商资金。企业筹集资金所采用的方式，目前在我国主要有七种：吸收直接投资、发行股票、利用留存收益、银行借款、发行债券、融资租赁和利用商业信用。在这七种筹资方式中，吸收直接投资、发行股票和利用留存收益所筹资金为所有者投入，称为权益资金；银行借款、发行债券、融资租赁和利用商业信用所筹资金为债权人提供，称为负债资金。筹资管理和投资、股利分配有密切关系，筹资数量的多少要考虑投资需要，在利润分配时加大保留盈余可减少从外部筹资。

在筹资管理过程中要处理好与各资金投入者之间的关系，包括与所有者及债权人之间的关系。企业筹资管理的目的就是要以较低的成本和风险筹集到较多的资金。

二、企业筹资方式

面对众多的筹资方式，企业究竟选择哪一种比较合适呢？实际上，不同的筹资方式有其不同的适用条件及特点，适用不同的情况，因此企业在进行筹资决策的时候就要根据企业的具体情况，选择合适的筹资方式。

（一）吸收直接投资

吸收直接投资，即企业按照“共同投资、共同经营、共担风险、共享利润”的原则直接吸收国家、法人、个人投入资金的一种直接筹资方式。吸收直接投资中的出资者对企业具有经营管理权，按出资的比例分享利润和在其出资限额内承担亏损。吸收直接投资是新设企业的重要筹资方式。

1. 吸收直接投资的种类

吸收直接投资按投资者不同，分为国家资本金、法人资本金、个人资本金和外商资本金。国家资本金是指有权代表国家的政府部门或国家机构投入企业而形成的资本；法人资本金是指法人单位以其依法可以支配的资产投入企业所形成的资本；个人资本金是指社会个人或本企业内部员工以个人合法财产投入企业所形成的资本；外商资本金是指外国投资者及我国香港、澳门、台湾地区投资者投入的资金。

吸收直接投资按出资形式不同，分为现金出资、实物出资和无形资产出资。现金出资是最重要的出资方式。企业筹建时，必须吸收一定量的现金。各国的法律法规均规定了现金在资本总额中的比例。实物出资就是以厂房、建筑物、设备等固定资产和原材料、商品等流动资产所进行的出资。企业吸收的实物要能满足企业生产经营、科研开发等的需要，并且技术性能较好。无形资产出资就是以专有技术、商标权、专利权、土地使用权等进行的出资。接受无形资产出资要确保其能为企业所用，并且能正确衡量其价值。

2. 吸收直接投资的优缺点

吸收直接投资的优点在于：①有利于提高企业信誉。吸收直接投资筹集的资金形成企业的权益资本，这种权益资本越多，企业的风险就越小，而且权益资本是企业偿债的保障，因而吸收直接投资能提高企业的借款能力，提高企业的信誉。②有利于尽快形成生产能力。吸收直接投资是直接从投资者筹集来现金、实物、工业产权、土地使用权等，实物、工业产权可以马上投入使用，形成企业的生产能力，现金也可以马上用于购买企业需要的设备、材料等，因而可以比较快地形成企业的生产能力。③有利于降低财务风险。财务风险主要是负债到期还本付息的压力造成的风险。吸收直接投资不需要还本，没有固定的报酬支付负担，因而财务风险很小。

吸收直接投资的缺点在于:①资金成本高。向投资者支付的报酬是根据其出资数额占总投资额的比例和企业实现利润来计算的,在企业经营状况较好和盈利较多时,企业要付出比较高的资金成本。②容易分散企业控制权。采用吸收直接投资方式筹集资金,资金的提供者拥有与其所投资金相适应的经营管理权。如果吸收新的投资者的资金过多,原有的投资人所投资金在企业资本中所占比例就会下降,直接导致其丧失一部分经营管理权,分散了其对企业的控制权。

(二)发行普通股

普通股是股份有限公司发行的无特殊权利的股份,也是最基本的股份。发行普通股是股份有限公司筹集权益资本最常见的方式。股票是股份有限公司筹集所需资本以后,发给投资者的书面证明,它代表了股东对公司的所有权。

1. 普通股的种类

股票按有无记名,分为记名股票和无记名股票。记名股票,是指在股票票面上载有股东姓名或名称并将其记入公司股东名册的股票。记名股票的转让、继承须由持有人背书,并依规定办理过户手续。我国公司法规定,公司向发起人、国家授权投资的部门和机构、法人发行的股票,应为记名股票。无记名股票,是在股票票面上不记载股东姓名或名称,也不将股东姓名或名称记入公司股东名册的股票。股票发行公司只记载所发股票的数量、编号及发行日期。无记名股票的转让、继承无须办理过户手续,由持有人将股票交付认购人即实现了股权的转移。

股票按票面是否标明金额,分为面值股票和无面值股票。面值股票,是在票面上标明每股金额的股票。持有这种股票的股东,对公司享有权利和承担义务的大小,以其所拥有的全部股票的票面金额之和占公司发行股票总面值的比例大小而定。我国公司法规定,股票应当标明票面金额,并且其发行价格不得低于票面金额。无面值股票,是在股票票面上不标明票面金额,而只载明其所占公司股本总额的比例和股份数的股票。无面值股票的价值随公司财产的变动而变动,而股东对公司享有权利和承担义务的大小,直接由股票标明的比例而定。

股票按发行对象和上市地区不同,分为 A 股、B 股、H 股、N 股。在我国内地上市交易的股票主要有 A 股和 B 股。A 股是以人民币标明票面金额,并以人民币认购和交易的股票。B 股是以人民币标明票面金额,以外币认购和交易的股票。H 股是在香港上市的股票。N 股是在纽约上市的股票。

2. 发行普通股的优缺点

发行普通股的优点在于:①资金具有永久性。发行普通股筹措的资本,形成企业的权益资本,无到期日,不需归还,具有永久性。这对保证公司对资本的最低需要、维持公司长期稳定发展极为有益。②财务负担轻。发行普通股筹资没有固定的股利负担,股利的支付与否和支付多少,视公司有无盈利和经营需要而定。③筹资风险小。发行普通股筹资没有固定的到期还本付息压力,实际上不存在不能偿付的风险,因此筹资风险很小。④筹资限制少。利用长期借款或债券等方式筹资,出资人为了保证自己的权利不受侵犯,会预先加上一些限制性条款,避免公司采取一些对自己不利的事情。但由于普通股股东具有公司的管理权,可以通过管理权的实施去控制企业,所以普通股筹资的限制性条款很少。

⑤增强公司获取信用的能力。发行普通股筹集的资本是公司最基本的资金来源,它反映了公司的实力,构成公司偿还债务的基本保障,因而可以提高公司的信用价值,增强公司的举债能力。

发行普通股的缺点在于:①资金成本较高。首先,从投资者的角度讲,投资普通股风险较高,相应要求较高的投资报酬率。其次,从筹资公司角度讲,普通股股利从税后支付,不像债务资金利息那样作为费用从税前支付,因而不具有抵税作用。最后,普通股的发行费用一般高于其他证券。②容易分散控制权。以普通股筹资会增加新股东,这可能会分散公司的控制权,削弱原有股东对公司的控制。

(三)利用留存收益

留存收益,即企业按规定从税后利润中提取的盈余,以及根据投资人意愿和企业具体情况留存的未分配利润。利用留存收益筹资是指企业将留存收益转化为投资的过程,这是企业筹集权益资金的一种重要方式。

1. 企业留存收益的来源

留存收益的来源主要有以下两个方面:一是盈余公积,即有指定用途的留存净利润,它是公司按照公司法规定从净利润中提取的积累资金,包括法定盈余公积金和任意盈余公积金。二是未分配利润,即未指定用途的留存净利润。这里有两层含义:一是这部分净利润没有分给公司股东;二是这部分净利润未指定用途。

2. 留存收益筹资的优缺点

留存收益筹资的优点在于:①资金成本较发行普通股低。留存收益是企业自留的资金,用留存收益筹资不发生筹资费用,因而资金成本要低于发行普通股。②保持股东的控制权。用留存收益筹资,不用对外发行股票吸收新股东的加入,因而不会稀释原有股东的控制权。③增强公司获取信用的能力。留存收益属于权益资本范畴,只要是权益资本就能为债务资金提供保障,可以增加公司获取信用的能力。

留存收益筹资的缺点在于:①留存收益筹资的数额有限。首先,留存收益筹资最大可能的数额是企业当期的税后利润和上年未分配利润之和。如果企业经营亏损,则不存在这一渠道的资金来源。其次,留存收益的比例常常会受到某些股东的限制。他们可能从消费需求、风险偏好等因素出发,要求股利支付比率维持在一定水平上。②资金使用受制约。留存收益中某些项目的使用,要受到国家有关规定的制约。③可能影响企业声誉。因为留存收益筹资数量过多,股利支付过少,或不发股利,股民会对公司的股票失去信心,股价不仅无法上涨,可能还会下跌,从而影响企业的声誉。

(四)银行借款

银行借款,即企业根据借款合同从有关银行或非银行金融机构借入的需要还本付息的款项。

1. 银行借款的种类

银行借款按期限长短分为短期借款和长期借款。短期借款是指借款期限在1年以内(含1年)的借款,如生产周转借款、临时借款、结算借款等。长期借款是借款期限在1年以上的借款,如固定资产投资借款、更新改造借款、科技开发和新产品试制借款等。

银行借款按贷款条件分为抵押贷款和信用贷款。抵押贷款,是指以特定的抵押品为担保的贷款。金融机构向风险较大、信用不好的企业发放贷款,往往需要有抵押品担保,以减少自己蒙受损失的风险。作为贷款担保的抵押品可以是不动产、机器设备等实物资产,也可以是股票、债券等能够变现的资产。银行接受抵押品后,将根据抵押品的账面价值决定贷款金额,一般为抵押品账面价值的30%～50%。这一比率的高低取决于抵押品的变现能力和金融机构的风险偏好。如果贷款到期时借款企业不能或不愿偿还贷款,金融机构可取消企业对抵押品的赎回权,并有权处理抵押品。信用贷款,是指不以抵押品作担保的贷款,即仅凭企业的信用或保证人的信用而发放的贷款。信用贷款一般是借给那些资信优良的企业,而且对于这种贷款,因为风险大,往往附加一定的限制条款。

2. 银行借款的优缺点

银行借款筹资的优点在于:①筹资速度快。与发行股票、发行债券等筹集资金的方式相比,银行借款筹资一般所需时间较短,企业可以迅速地获取资金。因为发行各种证券需要印刷、申请批准、发行等过程,这都需要一定的时间;而银行借款筹资简单得多,只需与银行等贷款机构达成协议即可。②筹资成本低。与发行股票相比,银行借款的利息可在税前支付,成本比股票筹资的成本低;与发行债券相比,银行借款的利率通常低于债券利率,成本较低。③借款弹性好。企业与借款机构可以直接商谈确定借款的时间、数量、利息。在借款期间,如果企业的财务状况发生某些变化,亦可与借款机构再协商,变更借款数量、时间和条件,或提前偿还本息。因此,银行借款筹资对企业具有较大的灵活性,而债券筹资所面对的是社会广大投资者,协商改善筹资条件的可能性很小。

银行借款筹资的缺点在于:①财务风险较大。企业借款后必须定期还本付息,在经营不善的情况下,可能会产生不能偿付的财务风险,甚至导致破产。②限制条款较多。银行借款合同中有许多限制性条款,企业必须严格遵循,从而使企业在财务管理和生产经营上受到某种程度的制约,以致可能对企业今后的筹资和投资活动产生影响。③筹资数额有限。金融机构出于风险考虑,一般不愿意贷出巨额借款,因此利用借款筹集资金有一定的上限。

(五)发行债券

债券是指企业依照法定程序发行、约定在一定期限还本付息的有价证券。发行债券,即企业通过发行债券筹措债务资金。

1. 债券的种类

债券按是否记名分为记名债券和无记名债券。记名债券,是指在票面上注明债权人姓名或名称,同时在发行公司债权人名册上进行登记的债券。转让记名债券时,要在债券上背书和公司债权人名册上更换债权人姓名或名称,投资者须凭印鉴领取本息。这种债券的优点是比较安全,缺点是转让时手续复杂。无记名债券,是指在票面上未注明债权人姓名或名称,也不用在公司债权人名册上登记债权人姓名或名称的债券。无记名债券在转让的同时即生效,无须背书,因而比较方便,其缺点是不安全。我国发行的债券一般是无记名债券。

债券按有无抵押担保分为信用债券、抵押债券和担保债券。信用债券,是指仅凭债券发行者的信用发行的、没有抵押品作抵押或担保人作担保的债券。企业发行信用债券往往有许多限制条件,这些限制条件中最重要的是反抵押条款,即禁止企业将其财产抵押给其他债权人。由于这种债券没有担保,也没有任何抵押品,因而只有信誉好的公司才能发行。抵押债券,是指以一定抵押品作抵押而发行的债券。当企业没有足够的资金偿还债券时,债权人可将抵押品拍卖以获取资金。抵押债券按抵押品的不同,又可分为不动产抵押债券、设备抵押债券和证券抵押债券。担保债券,是指以担保人作担保而发行的债券。当企业没有足够的资金偿还债券时,债权人可以要求担保人偿还。

债券按能否转换为股票分为可转换债券和不可转换债券。可转换债券,是指根据发行契约,允许债券持有者按预定的条件和转换率将债券转换为发行企业普通股的债券。我国可转换债券的发行主体只能是上市公司和重点国有企业。不可转换债券,是指不可以转换为发行企业普通股的债券。大多数债券属于这种类型。一般来讲,不可转换债券的利率要高于可转换债券的利率。对发行企业来讲,发行不可转换债券会多支付利息,但不会削弱普通股股东的控制权。

2.发行债券的优缺点

发行债券的优点在于:①资金成本低。首先,债权人要求的投资收益率一般比股东要求的投资收益率低,这一收益率站在债券发行人角度就是其付出的资金成本。其次,债券利息是税前支付,有抵税的作用,从而也降低了它的成本。②保证股东控制权。债权人没有企业管理权,因而发行债券筹资不会分散原有股东的控制权。③可以发挥财务杠杆作用。债券利息负担固定,当企业资金的收益率大于债券的利率时,利用发行债券方式筹集的资金所带来的超额收益归股东所有,从而使股东获得杠杆收益。

发行债券的缺点在于:①筹资风险高。债券有固定的到期日,并定期支付利息。利用债券筹资,要承担还本付息义务。在企业经营不景气时,向债券持有人还本付息,会给企业带来更大的困难,甚至导致破产。②限制条件多。发行债券的契约书中往往有一些限制条款。这些限制条款多且严格,可能会影响企业的正常发展和以后的筹资能力。③筹资数量有限。利用债券筹资有一定的限度,当公司的负债比率超过某一程度后,债券筹资的成本会迅速上升,有时甚至会发行不出去。

(六)融资租赁

融资租赁,又称财务租赁或资本租赁,是指出租人按承租人的要求融资购买设备,并在契约或合同规定的较长期限内提供给承租人使用的一种信用性租赁业务。融资租赁的主要目的在于融通资金,即以获取资产的使用价值为手段而达到融资的目的。融资租赁是区别于经营租赁的一种长期租赁形式,也是企业筹集长期债务资金的一种方式。

1.融资租赁的形式

融资租赁包括直接租赁、售后租回和杠杆租赁三种形式。直接租赁,即承租人直接向出租人租入所需要的资产,并按合同支付租金。直接租赁的主要出租人是制造厂商、金融公司、专业租赁公司等,其特点表现为出租人既是租赁设备的全部购买者,又是设备的出租者。售后租回,即企业将原属于自己且需继续使用的资产卖给出租人,再将它租回使用。售后租回的出租人通常为租赁公司、保险公司等金融机构。采用这种租赁形式,承租人得到相当于售价的一笔资金并仍然可以使用资产,但失去了财产所有权,并要支付租金。杠杆租赁涉及承租人、出租人和贷款人三方当事人。从承租人角度来看,这种租赁与其他租赁形式并无区别,同样是按合同的规定,在基本租赁期内定期支付定额租金,取得资产的使用权。但对出租人却不同,出租人只出购买资产所需的部分资金作为自己的投资,另外以该资产作为担保向资金出借者借入其余资金,因此它既是出租人又是贷款人,同时拥有对资产的所有权,既收取租金又要偿付债务。如果出租人不能按期偿还借款,资产的所有权就要转归资金的出借者。

2. 融资租赁筹资的优缺点

融资租赁筹资的优点在于:①筹资速度快。融资租赁是筹资和购买设备同时进行,可以缩短设备的购进、安装时间,使企业能尽快形成生产能力,有利于企业尽快占领市场。②税收负担轻。按西方财务制度,融资租赁租金可作为费用直接在税前扣除,具有抵免所得税的效用。我国融资租赁租金,其中大部分直接冲减长期应付款,不具有抵税效用;而另外一小部分未确认的融资费用计入财务费用,具有抵税效用。③设备淘汰风险小。融资租赁的期限一般为资产使用年限的一定比例,企业不会像自己购买设备那样整个期间都要承担风险,所以融资租赁可以减少由于设备陈旧过时带来的风险。④限制条件少。债券和长期借款都定有相当多的限制条款,虽然类似的限制在租赁合同中也有,但一般较少。⑤财务风险小。融资租赁租金是分期支付的,不用到期归还大量本金,支付的压力相对银行借款和债券都要小。银行借款和债券到期时要一次偿还大量本金,这会给财务基础较弱的公司造成相当大的困难,有时会造成不能偿付的风险。而融资租赁则把这种风险在整个租期内分摊,可适当减少不能偿付的风险。

融资租赁筹资的缺点在于:①筹资成本高。企业通过融资租赁筹集资金所付出的租金,比通过银行借款和发行债券所付出的利息要高得多。因为租金中不仅包括所筹资金的利息,还包括租赁公司的营业费用以及一定的利润。②固定债务增加。承租企业在经济不景气、财务困难时,固定的租金支付是企业的沉重负担。

(七)利用商业信用

商业信用,即在商品交易中的延期付款或延期交货所形成的借贷关系,它是企业筹集短期资金的重要方式。

1. 商业信用的类型

商业信用的类型有应付账款、应付票据和预收货款。

应付账款,是指卖方允许买方在购货后一定时期内支付货款的一种形式。卖方利用这种方式促销,而对买方来讲,延期付款则等于向卖方借用资金购进商品,可以满足企业短期的资金需要。

应付票据,是指企业进行延期付款商品交易时开具的反映债权债务关系的票据。根据承兑人的不同,应付票据分为商业承兑汇票和银行承兑汇票两种,支付期最长不超过6个月。应付票据可以带息,也可以不带息。

预收货款,是指卖方在交付货物之前向买方预先收取部分或全部货款的信用形式。对于卖方来讲,预收货款相当于向买方借入资金后用货款抵偿。预收货款一般用于紧俏商品或生产周期长、价格高的货物销售。

以上三种类型中,应付账款和应付票据都是由于赊购商品形成的,应付账款是一种最典型、最常见的商业信用形式;应付票据可以理解为是应付账款的票据化形式,通过票据化之后强化付款人的付款责任,从而也就保障了收款人的收款权利。由于当前竞争的激烈化，预收账款在实际中相对较少。

2. 商业信用筹资的优缺点

商业信用筹资的优点在于：①筹资便利。商业信用是企业之间购销业务中，由于企业延期付款或预收货款自然形成的，不需要专门的安排，并且无附加条件，限制条件很少，筹措资金相当方便。②筹资成本低。如果没有现金折扣或企业不放弃现金折扣，则商业信用筹资的成本为零。

商业信用筹资的缺点在于：①期限较短。应付账款的付款期一般短于2个月，应付票据的付款期限不超过6个月。如果企业取得现金折扣，则时间会更短。②如果放弃现金折扣，则要付出较高的成本。

三、证券发行价格的确定

股票、债券都是证券，企业通过发行普通股、债券来筹资，首先就要确定其发行价格。发行价格确定得是否合理直接关系到证券发行成功与否，关系到能筹到多少资金。确定合理的发行价格，首先要确立资金时间价值的观念。

（一）资金的时间价值

1. 资金时间价值的概念

资金的时间价值是资金在使用过程中，随着时间推移产生的增值。资金的时间价值可以用利息额表示，也可以用利息率表示。利息额是以绝对数表示的资金的时间价值，是资金将来连本带利收回的钱减去原先投入的本金价值，即资金的增值额。利息率是以相对数表示的资金的时间价值率，是利润与资金的比率，利润即资金的增值额，资金即投入的本金价值。一般情况下，资金的时间价值用相对数表示，因此它便于不同规模资金时间价值的比较。

实际上，利息率也可认为是资金所有者向资金使用者让渡资金使用权的价格。对于资金的使用者，利润率是放弃资金使用权时获得的投资收益；对于资金使用者，利息率是取得资金使用权时付出的成本或代价。所以，利息率具有投资收益率和资金成本率的双重身份。

2. 一笔资金的终值与现值

假如把现在投入的一笔资金称为本钱，而将其在一定时间内产生的增值称为利钱的话，则一笔资金的终值，是指现在投入的一笔本钱与一段时间内产生的利钱之和。与之相对，现金投入的这笔本钱，就称为现值。

利钱的计算方法有两种，单利法和复利法。所谓单利法，即只对本钱计算利钱的方法；所谓复利法，是指不仅对本钱计算利钱，而且每隔一段时间要将所产生的利钱滚入本钱计算利钱，即利滚利。企业生产经营过程中，往往要将产生的收益，即资金增值投入到再生产过程，以产生收益，因而财务管理通常采用复利法计算利钱。同理，终值的计算不仅要考虑本金的增值，而且要考虑利钱的增值，计算公式如下：

$$F = P \times (1 + i)^n$$

式中 F——第 n 年期末的终值；

P——现值；

n——期数；

i——第一期的利息率。

$(1+i)^n$ 用 $(F/P,i,n)$ 表示，它的值可在复利终值系数表中直接查到。因此，复利终值的计算公式也可表示为：

$$F = P \times (F/P,i,n)$$

显然，求现值是复利终值的逆运算：

$$P = F \times (1+i)^{-n}$$

式中　$(1+i)^{-n}$ ——复利现值系数。

$(1+i)^{-n}$ 用 $(P/F,i,n)$ 表示，它的值可以通过查阅复利现值系数表得到。因此，复利现值公式也可表示为：

$$P = F \times (P/F,i,n)$$

例：某人拟购房，开发商提出两种方案，一是现在一次性付 80 万元；二是 5 年后付 100 万元。若目前的银行利息率是 7%，应如何付款？

分析：不同时点上的现金量不能直接对比，一定要换算到同一时点。同一时点，可以是终值，也可以是现值。

解：(1)算终值。

方案 1　终值 $F_1 = 80 \times (1+7\%)^5 = 112.208$（万元）

方案 2　终值 $F_2 = 100$（万元）

因为 100 万元<112.208 万元，所以应选方案 2。

(2)算现值。

方案 1　现值 $P_1 = 80$（万元）

方案 2　现值 $P_2 = 100 \times (1+7\%)^{-5} = 100 \times 0.713 = 71.3$（万元）

因为 71.3 万元<80 万元，所以应选方案 2。

由此可见，方案 2 为更优的方案。

3. 普通年金的终值与现值

所谓年金，是一定时期内每次等额收付的系列款项。如果每一笔资金都发生在各期期末，这样的年金就称为普通年金；如果每一笔资金都发生在各期期初，这样的年金就称为预付年金。普通年金终值的计算公式为：

$$F = A \times \frac{(1+i)^n - 1}{i}$$

式中　A——年金；

$\frac{(1+i)^n - 1}{i}$——普通年金终值系数。

$\frac{(1+i)^n-1}{i}$可表示为 $(F/A,i,n)$，它的值可通过查阅年金终值系数表得到。因此，普通年金终值公式也可表示为：

$$F = A \times (F/A,i,n)$$

例：某企业投资大型桥梁建设项目，在 10 年建设期内每年年末从银行借款 100 万元，

借款年利率为5%,则该项目竣工时企业应付的本息的总额为:

$$F = 100 \times [(1 + 5\%)^{10} - 1] \div 5\% = 100 \times (F/A, 5\%, 10)$$
$$= 100 \times 12.578 = 1\,257.8(\text{万元})$$

普通年金现值的计算公式为:

$$P = A \times \frac{1 - (1 + i)^{-n}}{i}$$

式中　$[1 - (1 + i)^{-n}]/i$——普通年金现值系数。

$[1-(1+i)^{-n}]/i$ 可表示为 $(P/A,i,n)$,它的值可通过查阅普通年金现值系数表得到。因此,普通年金现值公式也可表示为:

$$P = A \times (P/A, i, n)$$

例:某企业租入一大型设备,每年年末需支付租金100万元,年复利率为10%,则该企业5年内应支付的该设备租金总额的现值为:

$$P = 100 \times (P/A, 10\%, 5) = 100 \times 3.790\,8 = 379.08(\text{万元})$$

(二)股票发行价格的确定

1. 市盈率定价法

市盈率定价法,即通过市盈率指标来确定普通股每股发行价格。市盈率是每股市价与每股收益的比率,其计算公式为:

$$\text{市盈率} = \frac{\text{每股市价}}{\text{每股收益}}$$

式中　每股市价——每一股股票的市场价格;

　　　每股收益——每一股股票所享有的企业税后利润。

普通股每股市价,便可以作为每股股票的发行价格(每股发行价)。每股发行价的计算公式为:

每股发行价=每股收益×市盈率

2. 现金流量折现法

现金流量折现法,即首先运用市场接受的会计手段预测公司未来若干年的净现金流量;然后按市场公允的折现率计算出未来的净现金流量的现值(净现值);最后将净现值除以公司股份数,即为每股净现值。这个每股净现值即为理论上的每股股票发行价格。由于未来收益存在不确定性,发行价格通常要对上述每股净现值折让20%~30%。

3. 竞价确定法

竞价确定法,即将投资者的认购委托由高价位向低价位排队,然后从高价位到低价位累计计算有效认购量,当累计数量恰好达到或超过本次发行数量的价格时,即为本次发行的价格。

(三)债券发行价格的确定

债券发行价格确定的基本原理就是求未来各期利息和到期本金的现值。因为确定债券发行价格,实际上就是确定现在这个发行价格定多高,才够用来支付未来各期利息和到期本金。求现值的折现率,不能用票面利率,因为票面利率是预先定的,可能定得太高,也可能定得太低,而应该用发行时实际的市场利率。

两种典型的不同计息方式的债券发行价格的具体确定方法如下。

1. 分期付息、到期还本债券发行价格的确定

分期付息、到期还本债券是每隔相同的时间支付一次利息，债券到期时支付本金的债券，其发行价格的计算公式为：

$$P = B \times (P/F, i, n) + B \times j \times (P/A, i, n)$$

式中 P——债券发行价格；

B——票面金额；

j——票面利率；

i——市场利率；

n——债券期限。

例：华北电脑公司决定发行面值为 1 000 元，票面年利率为 10%，期限为 10 年，每年年末付息的债券。如果到债券正式发行时，资金市场上的利率上升为 15%，债券的发行价格应确定为：

$$\begin{aligned} P &= 1\,000 \times (P/F, 15\%, 10) + 1\,000 \times 10\% \times (P/A, 15\%, 10) \\ &= 1\,000 \times 0.247\,2 + 100 \times 5.018\,8 = 749.08(\text{元}) \end{aligned}$$

如果资金市场上的利率下降为 5%，债券发行价格应确定为：

$$\begin{aligned} P &= 1\,000 \times (P/F, 5\%, 10) + 1\,000 \times 10\% \times (P/A, 5\%, 10) \\ &= 1\,000 \times 0.613\,9 + 100 \times 7.721\,7 = 1\,386.07(\text{元}) \end{aligned}$$

2. 到期还本付息、单利计息债券发行价格的确定

到期还本付息、单利计息债券是平时不支付利息，当债券到期时一次支付所有的利息和本金，而且不对债券持有期内产生的利息计算利息的债券，其发行价格的计算公式为：

$$P = B \times (1 + j \times n) \times (P/F, i, n)$$

例：华西公司发行面值为 1 000 元，票面年利率为 6%（不计复利），期限为 10 年，到期一次还本付息的债券。已知目前市场利率为 5%，则其发行价格为：

债券发行价格 $= 1\,000 \times (1 + 6\% \times 10) \times (P/F, 5\%, 10) = 982.24$（元）

第三节　现代企业投资管理

一、企业投资管理的概念

投资管理就是企业将筹资活动取得的资金投放于生产经营活动或企业外部以获取投资收益的管理过程。按投资的领域分为对内投资和对外投资两种。对内投资是企业将资金投放在企业内部，如扩建厂房、安装新的机器设备或引进新的技术。对外投资是企业将资金投放在企业外部，如购买其他公司的股票、债券。投资按时间长短分为短期投资和长期投资，短期投资一般是期限在 1 年以内（包括 1 年）的投资，长期投资一般是期限在 1 年以上的投资。对内投资一般都是长期投资，对外投资可能是短期投资，也可能是长期投资。在投资管理时，企业不仅要合理地投放资金，而且要处理好与受资者之间的关系。企业投资的目的是以较低的投资风险和投资额获取较大的投资收益。

二、投资收益分析

投资的最终目的是取得收益，那么进行一项投资首先就要衡量其收益的高低，这也是进行投资收益分析的前提。对于短期投资和长期投资而言，收益的计算方法是不一样的，短期投资由于时间短，一般不考虑其时间价值，而长期投资时间长，时间因素的影响较大，要考虑其时间价值。这里主要就对外证券投资介绍实际投资收益率的计算问题。

（一）短期证券投资实际收益率的计算

企业对外证券投资主要是股票投资和债券投资。在不考虑资金时间价值的情况下，短期证券投资实际收益率就是投资所取得的收益与初始投资成本的比值。投资所取得的收益包括投资证券所获得的股利或利息，以及证券买卖差价。初始投资成本就是证券的买入价。收益率一般按年计算，即年收益率。短期证券投资实际收益率的计算公式如下：

$$\text{短期证券投资实际收益率}=\frac{\text{证券年股利或利息}+(\text{证券卖出价}-\text{证券买入价})\div\text{持有年限}}{\text{证券买入价}}\times100\%$$

例：甲公司于2008年1月1日以2 200元的价格购入乙公司于2007年发行的面值为2 000元，利率为10% ，每年1月1日支付一次利息的4年期债券，持有到2009年1月1日时，以2 300元的价格售出。实际收益率为：

$$\text{实际收益率}=\frac{2\ 000\times10\%+(2\ 300-2\ 200)\div1}{2\ 200}\times100\%=13.64\%$$

（二）长期证券投资实际收益率的计算

如投资者持有证券的时间超过1年，需要按每年复利一次考虑资金时间价值，其持有期年均实际收益率就是将证券各期收入折现的折现率。证券各期收入，包括股利或利息收入，以及将证券卖出所得的价款，就是证券投资的终值。证券当前买入价就是证券投资的现值，折现率实际上就是终值相对于现值的增值率，在这里就是投资的实际收益率。长期证券持有期的实际收益可按如下公式计算：

$$P=\frac{P_n}{(1+K)^n}+\sum_{t=1}^{n}\frac{D_t}{(1+K)^t}$$

式中 P——证券买入价；

P_n——证券卖出价；

D_t——每年的股利或利息；

K——所要求的投资收益率。

在具体计算过程中，要运用逐步测试法、插值法倒求出持有期投资收益率。具体计算过程如下例。

例：企业将一笔资金用于股票投资，预计年股利分配额为2.2元/股。若企业以每股27元的价格购入10 000股，两年后以每股30元的价格全部卖出，其投资收益率为多少？

解：第一步，按购入价格27元列式，即

$$27=30\times(P/F,i,2)+2.2\times(P/A,i,2)$$

第二步，给出折现率逐步测试，找出使投资价值最接近于27元的两个贴现率：

令 $i=10\%$

$$P = 30 \times (P/F,10\%,2) + 2.2 \times (P/A,10\%,2) = 28.61(\text{元})$$

令 $i=14\%$

$$P = 30 \times (P/F,14\%,2) + 2.2 \times (P/A,14\%,2) = 26.71(\text{元})$$

第三步,根据以上比率及对应的投资价值,通过内插求出投资收益率。内插法的基本原理是利率差值的比等于对应现值差值的比。通过列式,得 $i=13.39\%$。

三、投资风险分析

风险是伴随着不确定性产生的,当一件事情的结果具有不确定性时,就可以说这件事情有风险。企业的投资活动是为了取得收益,当投资收益具有不确定性时,就可以说有投资风险。因此,投资风险的大小应该表现为收益不确定性程度。投资收益率波动幅度越大,则投资风险越大;反之,投资收益率波动幅度越小,则投资风险越小。

(一)投资风险的衡量

投资风险的计算一般要经过四个步骤。

1. 测算各种可能条件下的预计投资收益率及概率分布

各种可能的条件就是投资项目可能出现的各种情况,预计投资收益率就是各种可能情况出现的收益水平,概率分布就是描述各种可能情况及相对应的收益水平可能发生的机会。一般来说,概率具有以下两个基本性质:①每一可能结果的概率都在 0 和 1 之间,即 $0 \leqslant W_i \leqslant 1$;②所有可能结果的概率之和等于 1,即 $\sum_{i=1}^{n} W_i = 1$(W_i 是第 i 种情况下的概率)。

2. 计算投资收益率的期望值

期望投资收益率又称为平均投资收益率,是各种可能条件下预计投资收益率的加权算术平均数。计算公式为

$$\overline{R} = \sum_{i=1}^{n} (R_i W_i)$$

式中 $\overline{R}$ ——期望投资收益率;

R_i ——第 i 种情况下的预计投资收益率。

3. 计算投资收益率的标准差

投资收益率的标准差是反映投资收益率偏离期望值大小的指标。计算公式为

$$\sigma = \sqrt{\sum_{i=1}^{n} (R_i - \overline{R})^2 W_i}$$

式中 σ ——投资收益率的标准差。

作为衡量风险的指标,标准差越大,风险越大;标准差越小,风险越小。但是标准差是一个绝对数指标,只适用于单个投资方案的决策或期望值相同的多投资方案决策。单个投资方案的决策,标准差小于或等于预定的标准差则可行。期望值相同的多投资方案决策时选标准差小的方案。

4. 计算投资收益率的标准差系数

标准差系数是反映投资收益变动大小的相对数指标。计算公式为

$$v = \sigma / R \times 100\%$$

标准差系数是反映投资风险的相对程度,适用于期望值不同的多投资方案决策。标准差系数越大的投资项目,风险越大;反之,风险越小。

例:某企业有 A、B 两个投资项目,其投资收益率的概率分布如表 7-3 所示。

表 7-3　投资收益率的概率分布

市场状况	概率	A 项目	B 项目
好	0.3	20%	30%
一般	0.5	10%	10%
差	0.2	5%	-5%

要求:①分别计算 A、B 两个项目投资收益率的期望值和标准差。②比较 A 、B 两个项目风险的大小。

解:

$$\overline{R}_A = 0.3 \times 20\% + 0.5 \times 10\% + 0.2 \times 5\% = 12\%$$

$$\overline{R}_B = 0.3 \times 30\% + 0.5 \times 10\% + 0.2 \times (-5\%) = 13\%$$

$$\sigma_A = \sqrt{(20\% - 12\%)^2 \times 0.3 + (10\% - 12\%)^2 \times 0.5 + (5\% - 12\%)^2 \times 0.2} = 5.57\%$$

$$\sigma_B = \sqrt{(30\% - 13\%)^2 \times 0.3 + (10\% - 13\%)^2 \times 0.5 + (-5\% - 13\%)^2 \times 0.2} = 12.49\%$$

$$v_A = \frac{5.57\%}{12\%} = 0.464\,2$$

$$v_B = \frac{12.49\%}{13\%} = 0.960\,8$$

因为 $v_B > v_A$,所以 B 投资项目的风险大于 A 项目。

(二)风险控制对策

1. 规避风险

当投资风险所造成的损失不能由该投资可能获得的收益予以抵消时,应当放弃该投资,以规避风险。

2. 减少风险

减少风险主要有两方面意思:一是控制风险因素,减少风险的发生;二是控制风险发生的频率和降低风险损害程度。减少风险常用的方法有:进行准确的预测;对投资决策进行多方案优选和替代;及时与政府部门沟通,获取政策信息;在进行新的生产线投资前,充分进行市场调研;采用多领域、多地域、多项目、多品种的投资,以分散风险。

3. 转移风险

对可能给企业带来灾难性损失的投资,企业应以一定的代价,采取某种方式转移风险。如向保险公司投保;采取合资、联营、联合开发等措施,以实现风险共担。

4. 接受风险

接受风险包括风险自担和风险自保两种。风险自担,是指风险损失发生时,直接将损失摊入成本和费用,或冲减利润;风险自保,是指企业预留一笔风险金,或随着生产经营的进行,有计划地计提减值准备。

第四节 现代企业财务分析

一、财务分析的概念

财务分析是利用企业财务报告及其他相关资料,运用科学的专门分析方法,对企业的财务状况及经营成果进行评价和剖析,反映企业在财务管理工作中出现的偏差和问题,找出原因,采取有效措施进行调节和控制,改进和提高经营管理水平,保证财务管理目标的实现。

财务分析的依据是企业财务报表,其中常用分析指标用到的主要是两大财务报表:资产负债表和利润表。基本结构如表 7-4 和表 7-5 所示。

表 7-4 资产负债表

编制公司:A 公司　　　　2008 年 12 月 31 日　　　　单位:万元

资产	期末余额	年初余额	负债和所有者权益	期末余额	年初余额
流动资产:			流动负债:		
货币资金	1 800	1 600	短期借款	4 600	4 000
交易性金融资产	1 000	2 000	应付账款	2 400	2 000
应收账款	2 600	2 400	预收账款	800	600
预付账款	140	80	其他应付款	200	200
存货	10 400	8 000	流动负债合计	8 000	6 800
其他流动资产	160	120	非流动负债:		
流动资产合计	16 100	14 200	长期借款	5 000	4 000
非流动资产:			非流动负债合计		
持有至到期投资	800	800	负债合计:	13 000	10 800
固定资产	28 000	24 000	所有者权益		
无形资产	1 100	1 000	实收资本	24 000	24 000
非流动资产合计:	29 900	25 800	盈余公积	3 200	3 200
			未分配利润	5 800	2 000
			所有者权益合计:	33 000	29 200
资产合计:	46 000	40 000	负债及所有者权益合计:	46 000	40 000

表 7-5 利润表

编制公司:A 公司　　2008 年度　　单位:万元

项目	本期金额	上期金额
一、营业收入	42 400	37 600
减:营业成本	24 800	21 800
营业税金及附加	2 400	2 160
销售费用	3 800	3 240
管理费用	2 000	1 600
财务费用	600	400
加:投资收益	600	600
二、营业利润	9 400	9 000
加:营业外收入	300	200
减:营业外支出	1 300	1 200
三、利润总额	8 400	8 000
减:所得税费用	3 360	3 200
四、净利润	5 040	4 800

就财务分析的目的而言,企业不同的利益相关者对企业财务报表进行分析的目的不完全相同,但无非是要对企业偿债能力、营运能力和获利能力等进行分析和评价,以从自身利益出发,作出相应的决策。

二、企业偿债能力分析

企业偿债能力,即企业偿还各种到期债务的能力。对企业偿债能力的分析包括短期偿债能力分析和长期偿债能力分析。

(一)短期偿债能力分析

短期偿债能力是指企业以其流动资产偿还在一年内即将到期的流动负债的能力,是衡量企业流动资产变现能力的重要指标。企业短期偿债能力的衡量指标主要有流动比率、速动比率、现金比率三项。

1. 流动比率

流动比率是流动资产与流动负债的比率,它表明企业每一流动负债有多少流动资产作为偿还的保证,反映企业使用可在短期内变现的流动资产偿还到期流动负债的能力。计算公式为

$$流动比率=\frac{流动资产}{流动负债}$$

流动比率越高,债权人的债权安全度也越高。从债权人的角度出发,较高的流动比率可以保障债权的安全,但从企业角度出发,过高的流动比率表明企业资产利用率低下,管

理松懈，经营观念保守，资产浪费，没能充分利用现有的借款能力扩大经营规模，丧失盈利机会。

例：根据表7-4，A公司2008年末流动资产为16 100万元，流动负债为8 000万元，该公司2008年末的流动比率为

$$流动比率=16\ 100\div 8\ 000=2.01$$

国际上普遍认为，流动比率为2，对于大部分企业来说是比较合理的。但是，不同行业、不同企业、不同时期对流动比率的要求可能是不同的。比如制造业，流动比率低于2时，企业就会陷入困境。而对于大部分电力行业来说，即使流动比率接近1，企业也能经营得很成功。因此，企业应结合具体情况制定一个适合于本企业的流动比率。

流动比率对于衡量企业的短期偿债能力是很有用的，但较高的流动比率并不一定就是较强的偿债能力。因为，偿债需要存款，如果企业的流动资产中有大量不能及时变现的存货等，则仍不能偿还到期的债务。因此，人们又开始考虑剔除存货等以后的偿债能力，即引出速动比率。

2. 速动比率

速动比率是企业速动资产与流动负债的比值。所谓速动资产，是指流动资产减去变现能力较差且不稳定的存货、预付账款、一年内到期的非流动资产和其他流动资产等之后的余额。由于剔除了存货等变现能力较弱且不稳定的资产，因此速动比率较流动比率能够更加准确、可靠地评价企业资产的流动性及其偿还短期负债的能力。计算公式为

$$速动比率=\frac{速动资产}{流动负债}$$

其中：

$$速动资产=货币资金+交易性金融资产+应收账款+应收票据$$

或 $$速动资产=流动资产-存货-预付账款-一年内到期的非流动资产-其他流动资产$$

报表中如有应收利息、应收股利和其他应收款项目，可视情况归入速动资产项目。

例：根据表7-4，A公司2008年末货币资金为1 800万元，交易性金融资产为1 000万元，应收账款为2 600万元，流动负债为8 000万元，则A公司2008年末的速动比率为：

$$速动比率=(1\ 800+1\ 000+2\ 600)\div 8\ 000=0.68$$

一般情况下，速动比率越高，表明企业偿还流动负债的能力越强。国际上通常认为，速动比率等于1时较为适当。如果速动比率小于1，必使企业面临很大的偿债风险；如果速动比率大于1，尽管债务偿还的安全度很高，但却会因企业现金及应收账款资金占用过多而大大增加企业的机会成本。

3. 现金比率

现金比率又称即付比率，是现金资产与流动负债之比。计算公式为

$$现金比率=\frac{现金资产}{流动负债}$$

其中：

$$现金资产=货币资金+交易性金融资产$$

例：根据表7-4，A公司2008年末货币资金为1 800万元，交易性金融资产为1 000

万元,流动负债为 8 000 万元,则 A 公司 2008 年末的现金比率为

$$现金比率=(1\ 800+1\ 000)\div 8\ 000=0.35$$

该指标越大,表明企业经营活动产生的净现金流量越多,越能保障企业按期偿还到期债务。但该指标并不是越大越好,该指标过大则表明企业流动资金利用不充分,盈利能力不强。总的来说,衡量短期偿债能力的三个指标越高,说明企业短期偿债能力越强,但不是越高越好,太高了,会增加企业的机会成本,降低企业的短期获利能力。

(二)长期偿债能力分析

长期偿债能力,指企业偿还长期负债的能力。分析指标主要有资产负债率、产权比率、有形净资产债务率、利息保障倍数四项。

1. 资产负债率

资产负债率又称负债比率,是企业负债总额与资产总额的比率。它表明企业资产总额中,债权人提供资金所占的比重,以及企业资产对债权人权益的保障程度。计算公式为

$$资产负债率=\frac{负债总额}{资产总额}$$

例:根据表 7-4,A 公司 2008 年末的负债总额为 13 000 万元,资产总额为 46 000 万元,该公司 2008 年末的资产负债率为

$$资产负债率=13\ 000\div 46\ 000=0.28$$

该指标越小,表明企业的长期偿债能力越强。如果此项比率较大,从企业所有者来说,利用较少量的自有资金投资,形成较多的生产经营性资产,扩大了生产经营规模,而且在经营状态良好的情况下,还可以得到较多的投资利润。但若这一比率过大,则表明企业的债务负担重,企业资金实力不强,不仅对债权人不利,而且企业有濒临倒闭的危险。

2. 产权比率

产权比率是负债总额与所有者权益的比率,是企业财务结构稳健与否的重要标志,也称资本金负债率。计算公式为

$$产权比率=\frac{负债总额}{所有者权益}$$

例:根据表 7-4,A 公司 2008 年末的负债总额为 13 000 万元,所有者权益总额为 33 000万元,该公司 2008 年末的产权比率为

$$产权比率=13\ 000\div 33\ 000=0.39$$

该指标越低,表明企业的长期偿债能力越强,债权人权益的保障程度越高,承担的风险越小,但企业不能充分地发挥负债资金低成本的优势。所以,企业在评价产权比率适度与否时,就要从提高获利能力与增强偿债能力两个方面综合考虑,即在保障债务偿还安全的前提下,应尽可能提高产权比率。

3. 有形净资产债务率

有形净资产债务率是指企业负债总额与有形净资产的比率。有形净资产是指所有者权益减去无形资产净值,即所有者具有所有权的有形资产净值。计算公式为

$$有形净资产债务率=\frac{负债总额}{所有者权益总额-无形资产净值}$$

例：根据表7-4，A公司2008年末的负债总额为13 000万元，所有者权益总额为33 000万元，无形资产净值为1 100万元，该公司2008年末的有形净资产债务率为

$$有形净资产债务率=13\ 000\div(33\ 000-1\ 100)=0.41$$

有形净资产债务率实际上是一个保守的产权比率。因为企业在清算时，无形资产往往会贬值，甚至随企业的破产而不存在了，对债务的保障能力有限，因而将它剔除。

4. 利息保障倍数

利息保障倍数，是指企业息税前利润与利息费用的比率，反映了获利能力对债务偿付的保证程度。计算公式为

$$利息保障倍数=\frac{息税前利润}{利息费用}$$

其中，息税前利润是没有支付利息、没有扣税之前的利润，它是在利润总额的基础上加上利息费用。由于报表上没有单独列示利息费用，外部分析者一般用利润表中的财务费用代替利息费用。

例：根据表7-5，A公司加2008年的利润总额为8 400万元，财务费用为600万元，该公司2008年的利息保障倍数为

$$利息保障倍数=(8\ 400-600)\div600=13$$

该指标的重点是衡量企业支付利息的能力。没有足够大的息税前利润，利息的支付就会发生困难。由此可知，若要维持正常偿债能力，从长期来看，利息保障倍数至少应当大于1，这一指标越大，说明支付利息的能力越强；反之，则说明支付利息的能力越弱。此指标若低于1，说明企业实现的利润不足以支付利息费用，表明企业有较大的财务风险。但究竟企业利息保障倍数应是利息的多少倍，偿付能力才强，要根据往年经验结合行业特点来判断。

三、企业营运能力分析

企业营运能力是指企业运用其资产的有效程度，反映企业资金的周转状况。评价企业营运能力有两类指标，一类是周转率，即周转次数；还有一类就是周转天数。

（一）应收账款周转指标

应收账款在公司流动资产中有着重要地位，及时收回应收账款不仅能增强公司短期偿债能力，也反映出公司管理应收账款方面的效率。应收账款周转率，也就是年度内应收账款转为现金的平均次数，它说明应收账款流动的速度。应收账款周转天数是应收账款周转一次所需的天数。有关计算公式为

$$应收账款周转率=\frac{主营业务收入}{应收账款平均余额}$$

$$应收账款平均余额=\frac{应收账款期初数+应收账款期末数}{2}$$

$$应收账款周转天数=\frac{360}{应收账款周转率}$$

例：根据表7-4，A公司2008年应收账款期初数为2 400万元，期末数为2 600万元；根据表7-5，营业收入为42 400万元，假设全部为主营业务收入，则该公司2008年的应收

账款周转指标计算如下：

$$应收账款周转率=42\ 400\div[(2\ 600+2\ 400)\div2]=17(次)$$

$$应收账款周转天数=360\div17=21.2(天)$$

应收账款周转率越高，周转天数越短，说明企业收回账款的速度越快，资产的流动性越强，资金周转状况越好。但是应收账款周转率越高，周转天数越短，则说明企业的赊账条件过于苛刻，只赊销给信誉良好的客户，而信誉不好或资金暂时紧张，不能严格按时付款的客户则被拒之门外，这样就会限制销售量的增长，从而影响企业的收益。如果应收账款周转率过低，或周转天数过长，则说明该企业应收账款催收不利，或是赊销条件太宽，这样不利于企业充分利用资金。

（二）存货周转指标

存货周转率也就是年度内存货转为现金的平均次数，它说明存货流动的速度。存货周转天数是存货周转一次所需的天数。相关计算公式为

$$存货周转率=\frac{主营业务成本}{存货平均余额}$$

$$存货平均余额=\frac{存货期初数+存货期末数}{2}$$

$$存货周转天数=\frac{360}{存货周转率}$$

例：根据表7-4，A公司2008年存货期初数为8 000万元，期末数为10 400万元；根据表7-5，营业成本为24 800万元，假设全部为主营业务成本，则该公司2008年的存货周转指标计算如下：

$$存货周转率=24\ 800\div[(8\ 000+10\ 400)\div2]=2.70(次)$$

$$存货周转天数=360\div2.70=133.3(天)$$

存货周转速度的快慢，不仅反映出企业采购、储存、生产、销售各环节管理工作状况的好坏，而且对企业的偿债能力及获利能力产生决定性的影响。一般来讲，存货周转率越高越好。存货周转率越高，表明存货变现的速度越快，周转额越大，资金占用水平越低。因此，通过存货周转分析，有利于找出存货管理中存在的问题，尽可能降低资金占用水平。

（三）流动资产周转指标

流动资产周转率是年度内营业收入与平均流动资产总额的比率，是反映企业流动资产周转速度的指标。流动资产周转天数是流动资产周转一次所需的天数。相关计算公式为

$$流动资产周转率=\frac{营业收入}{平均流动资产总额}$$

$$平均流动资产总额=\frac{流动资产总额期初数+流动资产总额期末数}{2}$$

$$流动资产周转天数=\frac{360}{流动资产周转率}$$

例：根据表7-4，A公司2008年流动资产期初数为14 200万元，期末数为16 100万元；根据表7-5，营业收入为42 400元，则该公司2008年的流动资产周转指标计算如下：

$$流动资产周转率=42\ 400\div[(14\ 200+16\ 100)\div 2]=2.80(次)$$

$$流动资产周转天数=360\div 2.80=128.57(天)$$

在一定时期内，流动资产周转率越高，表明以相同的流动资产完成的周转额越多，流动资产利用效果越好。从流动资产周转天数来看，周转一次所需要的天数越少，表明流动资产在经历生产和销售各阶段时所占用的时间越短。生产经营任何一个环节上的工作改善，都会反映到流动资产周转天数的缩短上来。

(四)总资产周转指标

总资产周转率是企业一定时期营业收入与平均资产总额的比率，可以用来反映企业全部资产的利用效率。总资产周转天数是企业总资产周转一次所需的天数。相关计算公式为

$$总资产周转率=\frac{营业收入}{平均资产总额}$$

$$平均资产总额=\frac{资产总额期初数+资产总额期末数}{2}$$

$$总资产周转天数=\frac{360}{总资产周转率}$$

例：根据表 7-4，A 公司 2008 年总资产期初数为 40 000 万元，期末数为 46 000 万元；根据表 7-5，营业收入为 42 400 万元，则该公司 2008 年的总资产周转指标计算如下：

$$总资产周转率=42\ 400\div[(40\ 000+46\ 000)\div 2]=0.99(次)$$

$$总资产周转天数=360\div 0.99=363.64(天)$$

总资产周转率越高，表明企业全部资产的使用效率越高。如果该指标较低，则说明企业利用全部资产进行经营的效率较差，最终会影响企业的获利能力。企业应采取各项措施来提高企业的资产利用程度，比如提高销售收入或处理多余的资产。

四、企业获利能力分析

企业获利能力就是企业赚取利润的能力。评价企业获利能力有两类指标：销售盈利能力比率和资本资产盈利能力比率。

(一)销售盈利能力比率

企业销售盈利能力比率主要有销售净利率和销售毛利率。销售净利率是指净利润占主营业务收入的百分比，其计算公式为

$$销售净利率=\frac{净利润}{主营业务收入}\times 100\%$$

销售毛利率是销售毛利占主营销售收入的百分比，销售毛利是主营业务收入与主营业务成本的差额。计算公式为

$$销售毛利率=\frac{主营业务收入-主营业务成本}{主营销售收入}\times 100\%$$

销售毛利与净利润的区别在于，销售毛利是主营业务收入净额与主营业务成本之差，而净利润是在销售毛利的基础上还要减去各种期间费用、所得税费用等。

例：根据表 7-5，A 公司 2008 年营业收入为 42 400 万元，假设全部为主营业务收入；

营业成本为 24 800 万元,假设全部为主营业务成本;净利润为 5 040 万元,则该公司 2008 年销售盈利能力指标计算如下:

$$销售净利率=5\ 040\div42\ 400\times100\%=11.89\%$$

$$销售毛利率=(42\ 400-24\ 800)\div42\ 400\times100\%=41.51\%$$

销售净利率可以反映企业主营业务收入的获利水平,它是企业某一时期经营业绩的综合反映,也是预测未来销售盈利水平的主要依据。销售毛利率是企业销售盈利能力的基础,没有足够大的销售毛利率便不可能最终盈利。该指标数值越大,说明企业销售盈利能力越强。

(二)资本资产盈利能力比率

企业资本资产盈利能力比率主要有总资产净利率和净资产利润率。总资产净利率是企业净利润与平均资产总额的比率,其计算公式为

$$总资产净利率=\frac{净利润}{平均资产总额}\times100\%$$

$$平均资产总额=\frac{资产总额期初数+资产总额期末数}{2}$$

净资产利润率是净利润与平均净资产的比率,其计算公式为

$$净资产利润率=\frac{净利润}{平均净资产}\times100\%$$

$$平均净资产=\frac{所有者权益期初数+所有者权益期末数}{2}$$

例:根据表 7-4,A 公司 2008 年资产期初数为 40 000 万元,期末数为 46 000 万元;所有者权益期初数为 29 200 元,期末数为 33 000 万元。根据表 7-5,净利润为 5 040 万元,则该公司 2008 年资本资产盈利能力指标计算如下:

$$总资产净利率=5\ 040\div[(40\ 000+46\ 000)\div2]\times100\%=11.72\%$$

$$净资产利润率=5\ 040\div[(29\ 200+33\ 000)\div2]\times100\%=16.21\%$$

总资产净利率越大,表明企业的资产利用效率越高,盈利能力越强。净资产利润率可以表明企业运用所有者投入的权益资本获取净利润的能力,它也是衡量企业投入资本利用效果大小和盈利管理水平高低的综合指标,是企业利润分析的核心指标。提高资本资产盈利能力指标应从两方面入手:一方面加强销售管理,增加销售收入,提高销售利润率;另一方面加强资产管理,加速资金周转。

典型案例

对几个方案的决策分析

某乡镇企业主要生产食品及小商品包装用纸盒,由于设备陈旧,技术落后,产品质量较差,产量也上不去,经济效益不太理想。1994 年销售纸盒 9 万只,固定成本总额 2 万元,纸盒单位售价 0.6 元,单位变动成本 0.3 元,盈利微薄。

如何开创纸盒厂的新局面,扭转生产经营不善的现状?在厂办公会上,有关人员各抒

己见，充分协商，在会上提出三种可行方案。

第一种方案：薄利多销，扩大销路。供销科科长提出，由于纸盒质量欠佳，可考虑采取降价销售办法，以扩大销路，增加销量。据初步预测，价格下降15%，销量大约可增加45%，这是有利可图的。但需要增加投资1万元，银行贷款利率为10%。

第二种方案：加强管理，降低成本。财务科科长认为，本厂实力较小，如维持现状，风险可小些。如果通过健全必要的规章制度，加强班组核算，并做到合理选料用料，严把质量关，效益将会有所提高。据大致匡算，全年至少可使生产成本下降9 000元。

第三种方案：更新设备，扩大规模。厂长和技术科科长认为，要彻底摆脱纸盒厂目前困境，就必须走内涵扩大再生产与外延扩大再生产相结合的道路，下决心更新现有设备，既可以大大提高劳动生产率，保证产品质量，又可以逐步增加新品种，开发新产品。至于购置新设备所需资金，可以通过银行贷款解决。

但是，在具体选择哪一家设备问题上，两人有意见分歧。厂长主张购置上海产设备，而技术科科长则认为应购置天津产设备。有关购置设备资料如表7-6所示。

表7-6　购置设备基本资料表

项目	天津产设备	上海产设备
购入成本（元）	80 000	100 000
使用年限（年）	6	6
期满残值（元）	4 000	7 000
年生产量（只）	150 000	220 000
销售单价（元）	0.6	0.6
单位变动成本（元）	0.25	0.28

（源自浙江理工大学《现代企业管理教学案例》）

【案例分析】

（1）试讨论投资决策分析的方法。

（2）试对上述三种方案进行决策分析，选择最优方案，并说明原因。

思考题

（1）财务管理的目标是什么？

（2）影响财务管理目标的基本因素有哪些？

（3）财务管理的基本环节是什么？

（4）为什么说存货周转天数越短越好？

（5）企业利用债券筹资有哪些优点？利用普通股筹资有哪些优点？

（6）商业信用的形式有几种？各有什么特点？

（7）财务报表常用的分析方法有哪几种？

(8)如何计算长期借款的成本?

(9)怎样评价企业的短期偿债能力?有哪几种指标?各自评价的标准是什么?

实训题

企业增资的选择方案

某企业目前资本结构如表 7–7 所示。

表 7–7 某企业目前资本结构

资金来源	金额(万元)
长期债券,年利率 8%	200
优先股,年股利率 6%	100
普通股,25 000 股	500
合计	800

该公司普通股每股面额 200 元,2008 年期望股利为 24 元,预计以后每年股利增加 4% ,该公司所得税率 33%,假设发行各种证券均无筹资费用。该公司计划增资 200 万元,有以下两种方案可供选择:甲方案发行债券 200 万元,年利率为 10% ,此时普通股股利将增加到 26 元,以后每年还可增加 5% ,但由于风险增加,普通股市价将跌至每股 180 元;乙方案发行债券 100 万元,年利率为 10%,发行普通股 100 万元,此时普通股股利将增加到 26 元,以后每年再增加 4%,由于企业信誉提高,普通股市价将上升至 230 元。

(源自河北大学精品课程网站)

【教学功能】

掌握企业融资方式的优缺点及其特点。

【思考与讨论】

通过计算,在甲、乙两种方案中选择最优方案。

【答题提示】

本题应根据财务决策中的融资组合分析方法,对该企业可选的两种融资方案进行评价。

第八章

现代企业人力资源管理

学习目标

□了解现代企业人力资源管理的定义及人力资源规划和管理的关系；
□掌握人力资源规划的内容和人力资源培训的方法；
□了解薪酬制度设计的类型和程序,学会运用薪酬制度设计的方法。

睿智名言

在我们做事情的过程中,很难直截了当就把事情做好。我们有时需要等待,有时需要合作,有时需要技巧。我们做事情会碰到很多困难和障碍,有时候我们并不一定要硬挺、硬冲,我们可以选择有困难绕过去,有障碍绕过去,也许这样做事情更加顺利。谅解别人,才能把事情做成。

我们渴望在人际关系里创造平衡与和谐,却经常被自己的行为和期望所背叛,结果产生冲突、失望和挫折。认可,重视,信任,孤独,遗弃,伤害,责任,控制,感受,界限,障碍……我们不断重复着痛苦的模式。

卓有成效的管理者善于用人之长。人才是利润最高的商品,能够经营好人才的企业才是最终的大赢家。将合适的人请上车,将不合适的人请下车。

成功的道路上,人脉比知识更重要。发展人际关系是比较重要的事情。

案例导入

百度公司"六字诀"锻造团队

"招、训、用、留、挖、裁",这是百度公司人力资源部门工作的"六字诀"。百度公司的"六字诀"在人力资源战略调整中将如何体现？对其企业文化又将产生什么样的影响？

百度公司上市之后,对人才的硬性要求没有太多的变化,比如说技术能力方面,但对其软性要求更高了,比如说职业道德方面。百度公司在上市之后,招聘人才时其评定标准发生了一些变化，与此同时，百度公司招聘员工的薪酬体系也发生了一些变化。上市之前，百度公司招聘员工的薪酬是工资加股票期权，上市之后工资将会上升，但股票期权将会减少。这种转变的很大原因是百度公司上市之后期权变化的空间变小了。

随着百度公司的发展，百度公司开始慢慢强化对价值观的认同感。百度公司认为，能力可以通过合适的方法培养起来，但是一个人的价值观则很难改变。一个人的能力再强，如果他的价值观和企业不吻合，可能今天能做好，但明天就做不好了。新的技术员工在进入百度公司之后，将会经历几天的拓展训练，再经过技术培训3~6个月，这些人将被分到9个序列的技术岗位。这9个序列的技术岗位共分为57个技术职称，职称每半年评定一次，表现优异者可以越级提拔。百度公司与别的公司不同的是，实习生拿的是正常的岗位工资。

百度公司有一种CC(抄送)文化，即每一个人都可以把他的观点直接向他的上司或是组员说明，也可以把自己的观点发送到所有他认为应该知道的人的信箱里去，还可以把对他观点感兴趣的人组织起来进行一个讨论会，这些人可能包括公司高层、同部门或是不同部门的人。这种平等和尊重自由的文化氛围，对留住员工起到了积极的作用。对于公司管理，百度公司会给予更大的自由度，让表达观点和提建议的通道永远畅通。与以前不同的是，员工要对自己提出的观点进行可行性分析，引发员工把想法和建议落到实处。从这个角度来看，百度公司对员工的要求更高了。

随着企业的快速发展，必然有一些员工跟不上企业的发展脚步，因此企业不可避免地面临裁员的问题。达不到要求且不愿提高的人只能被淘汰。过去，百度公司的人才流失率不到1%，真正被裁掉的就更少。

据介绍，百度公司现在已有了“挖人”的资本，但“挖人”并不是百度公司的主要手段。虽然随着百度公司的上市，其资金实力和品牌知名度都今非昔比，但鲁灵敏认为，百度公司首先要弄清的是自己需要什么样的人才，况且这个行业能挖过来的人也不多，人才主要还是要靠自己培养。

(源自《第一财经日报》，作者：陈雪频)

【思考分析】

(1)百度公司的“招、训、用、留、挖、裁”六字诀是如何与人力资源管理各模块结合发挥作用的？

(2)百度公司的“六字诀”在人力资源战略调整中将如何体现？

第一节　现代企业人力资源管理概述

一、人力资源概述

资源是一个经济学术语，泛指各种财富的源泉。迄今为止，人类拥有的资源包括人力资源、物力资源、财力资源以及信息资源等几大类，其中最重要的当属人力资源。

(一)人力资源的定义

1. 人力资源的概念

人力资源的概念最先由皮德·德鲁克在其1954年出版的《管理实践》一书中提出。

他认为："与其他所有的资源相比，唯一的区别就是人力资源是人，具有其他资源所没有的协调能力、融合能力、判断能力和想象能力。"自德鲁克的概念引入至今，社会上对人力资源的概念还是众说纷纭。

有人认为，人力资源是存在于人身上的社会财富的创造力，是人类可以用于生产产品和提供服务的体力、技能和知识。

有人认为，人力资源是指一个国家或地区具有劳动能力的人口的总和，包括具有智力劳动能力和体力劳动能力的人的总和。

综合上述观点，我们可以对人力资源给出这样的定义：人力资源是能够推动整个经济和社会发展的，依附于劳动者身上的各种能力和素质的总和。

2. 与人力资源相近概念的区分

与人力资源相近的概念主要包括：人口资源、劳动力资源、人才资源、人力资本等。

(1)人口资源是指一个国家或地区所拥有的人口的总量，主要表现为人口的数量。人口总量从生产力和消费力两个方面制约着生产，所以人口总量可以分为生产者人口和消费者人口两部分。人口资源为人力资源提供了一个可能的承载量，人口资源中具备智力和体力的那部分才是人力资源。

(2)劳动力资源是指能够从事各类工作的劳动力的人口，它是劳动力人口数量和平均质量的乘积。劳动力资源有数量和质量两个方面。所以，判断一个国家劳动力资源量的大小，不应只考虑它的数量，还应考虑劳动力人口所具有的平均素质。劳动力资源是人力资源的一部分，人力资源还包括尚未成为劳动力(主要是指未达到劳动年龄的未成年人)但未来能够成为劳动力的人口资源。

(3)人才资源是指人力资源中较为杰出的、优秀的人员。

人口资源、人力资源、劳动力资源与人才资源在概念上是环环相扣的包容关系。

(4)人力资本是指人力资本主体为实现效用最大化，需要通过投入一定成本来获得的，并依附于主体身上的能够实现收益(价值增值)的价值存量总和，是一种获取收益所凭借的手段。

人力资源和人力资本就内容与形式而言，具有一定的相似之处，但就其内涵和本质而言，两者又有根本区别。人力资源是针对经济管理和经济运营来说的，而人力资本是针对经济增值和经济贡献来说的。人力资源是劳动者将作为自己拥有的能力投入劳动生产过程，并以此产生出一定的工作能力，创造出一定的工作成果，而人力资本是劳动者将作为自己拥有的无形资产投入企业经营活动，并以此索取一定的劳动报酬与经济利益。虽然同是劳动者身上具备的能力，作为人力资源，它是一种经济运营中的力量基础，是一种工具或资料，能够带来或创造经济效益，是创造经济价值的源泉；但作为人力资本，它是一种经济效益分配的依据，是一种经济投资的股份，是一种由其他资本投资转化而得到的结果。

具体来讲，人力资源与人力资本有以下四点区别：①概念的范围不同。人力资源包括自然性人力资源和资本性人力资源。自然性人力资源是指未经任何人开发的遗传素质与个体；资本性人力资源是指经过教育、培训与迁移等投资而形成的人力资源。人力资本是指所投入的物质资本在人身上所凝结的人力资源，是可以投入经济活动并带来新价值的资本性人力资源。人力资本存在于人力资源之中。②关注的焦点不同。人力资源关注的是价值问题,而人力资本关注的是收益问题。③性质不同。人力资源所反映的是存量问题,而人力资本反映的是流量和存量问题。④研究角度不同。人力资源是将人力作为财富的源泉,是从人的潜能与财富的关系来研究人的问题。而人力资本则是将人力作为投资对象,作为财富的一部分,是从投入与收益的关系来研究人的问题。

(二)人力资源的特性

人力资源是一种特殊的资源,其作为社会中最基本、最重要的资源,有以下几个突出的特征。

(1)能动性。这是人力资源同其他资源的最根本区别。人力资源具有思想、感情和思维,具有主观能动性。

(2)消耗性。人力资源是一种有生命的资源,其形成、开发和使用都要受到时间的限制。作为有机体的人,要受自然规律的限制,每个个体也有不同,对人力资源的培养要遵循人的成长规律,在不同阶段提供不同的学习与培训项目,对人力资源必须适时开发,及时利用,讲究实效。

(3)成长性。物质资源一般来说只有客观规定的价值,一般经过一定的过程后成为最终产品,而人力资源开发使用之后可以继续开发。人力资源的开发与管理要注重终身教育,加强后期的培训与开发,不断提高其知识、技能水平。

(4)社会性。人类劳动以社会结合的方式进行,个人创造力受社会关系、文化气氛等因素的影响和制约,其他资源的利用则不存在这个问题。

二、人力资源管理概述

(一)人力资源管理的含义

关于人力资源管理的含义,学术界尚存在不同的认识。对其含义的理解主要有以下几种:

第一,认为人力资源管理是对“人”这一特殊对象进行有效开发、合理利用和科学管理的一系列活动。从开发的角度来讲,它既包括人力资源的智力开发,又包括人的思想文化素质和道德觉悟的提高;既包括人的现有能力的充分发挥,又包括人的潜力的有效挖掘。从利用角度来看,它包括对人力资源的发现、鉴别、选择、分配和合理使用。从管理角度来看,它既包括人力资源的预测与规划,也包括人力资源的组织和培训。

第二,认为人力资源管理应从两方面去理解。一是对人力资源“量”的管理,指根据人力和物力及其变化,对人力进行恰当的培训、组织和协调,使两者经常保持最佳比例和有机地结合,使人和物都充分发挥出最佳效应。二是对人力资源“质”的管理,指采用现代化的科学方法,对人的思想、心理和行为进行有效的管理,充分发挥人的主观能动性,以达到组织目标。

第三,认为人力资源管理是涉及正确处理组织中的“人”和“与人有关的事”所需要的观念、理论和技术。强调人力资源管理绝不是一组人事管理活动的简单集合,而是要协调地管理组织中的人力资源,配合其他资源来实现组织效率和公平的整体目标。

第四,认为人力资源管理的目标即通过对企业所需人力资源的获取、整合、保持、激励、调控和开发,最大程度地发挥其主观能动性,达到人的全面发展和最大实用价值的获取,最终实现企业的战略目标。

综合以上所述的有关人力资源管理的各种内涵,本书认为:企业人力资源管理就是将能够推动企业发展、实现企业经营目标的企业内部员工的体力、智力、技能等要素进行有效地组织、协调,做到人尽其才、各显其能。

(二)人力资源管理和人事管理的联系和区别

人事管理与人力资源管理是一脉相承的两种管理方式,两者具有一定的相关性,但又有一定的区别。

人力资源管理和人事管理的相关性在于:从人力资源发展的历史来看,人力资源管理与人事管理分别是在不同的发展阶段对"人"的管理制度方法的总和。

人力资源管理和人事管理的区别在于:①观念不同。人力资源管理"以人为本",视员工为有价值的重要资源。而传统的人事管理把人看成负担,当成消耗品。②工作方式不同。人力资源管理是参与性的、全局性的、发展的、工作透明化的。而传统的人事管理是控制性的。③地位不同。人力资源管理是决策层,考虑到与企业的发展战略相协调。而传统的人事管理是执行层,不关心企业的发展战略。④目的不同。人力资源管理是满足员工自我发展的需要,保障企业长远利益的实现。而传统的人事管理是保障企业短期目标的实现。⑤态度不同。人力资源管理对待员工的态度是尊重的、民主的。而传统的人事管理是命令的、独裁的。⑥管理深度不同。人力资源管理积极充实人力资本的投资,开发人力资源,从而来推动组织、社会的全面发展。而传统的人事管理是控制人,注重把人管好。

(三)人力资源管理的目标

美国学者经过多年研究,认为人力资源管理包括四大目标:

(1)建立员工招聘和选择系统,以便能够雇用到最符合组织需要的员工。

(2)最大限度地挖掘每个员工的潜质,既服务于组织目标,也确保员工的事业发展和个人尊严。

(3)留住那些通过自己的工作绩效帮助组织实现目标的员工,同时排除那些无法对组织提供帮助的员工。

(4)确保组织遵守政府有关人力资源管理方面的法令和政策。

(四)人力资源管理的意义

(1)有利于调动员工的积极性,开发人力资源,树立长期的竞争优势。企业人力资源管理的一个重要任务就是要注重企业员工的培养及帮助其不断进步。

(2)有利于企业的经营活动高效有序地进行。在企业的经营过程中,需要各有关部门各位员工的协调配合,做好人力资源管理有利于员工的合理配置和使用。

(五)人力资源管理的保障

企业的人力资源可划分为基础性人力资源和交易性人力资源两大类。基础性人力资源是指员工的体力、智力、技能以及员工的文化素质、道德水平、社会关系等诸要素。从一定意义上讲,它是整体储存的资源。交易性人力资源是指员工被组织激发出来的体力、智力、技能或其他具有价值的人力资源。使用这部分资源是要付出或得到转换报酬或成本的，故称为交易性人力资源。

要实现人力资源管理的良性循环，就要做到基础性人力资源和交易性人力资源协调管理，和谐发展。规模过大、规格过高的人力资源库会造成成本过高，资源浪费。诸如有的中小企业岗位明明大中专毕业生即可胜任，却偏偏一律要求本科生以上，甚至还要招揽硕士生、博士生，结果用不上，造成人才成本的双重浪费。规模过小、规格过低的人力资源库会造成人力资源枯竭。诸如有的大中型企业，不注重人力资源库建设，怕花成本引进科技人才，怕花钱培养人才或培训员工，结果企业人才匮乏，员工的素质和劳动技能低下，产品不能适应市场更新换代，廉价劳动力换来低劣产品，企业没有发展后劲，最后只能停产倒闭。这种情况在企业并不少见。

人力资源管理是我国现代企业的核心管理，抓住了这个纲，企业的运营会进入良性循环的轨道。

三、人力资源规划与管理

任何一个单位，特别是一个现代企业，都要根据自己的具体情况进行人力资源管理，根据各部门、各层次实际需要合理规划和科学管理人力资源。

（一）人力资源规划的定义、内容

1. 人力资源规划的定义

20 世纪 60 年代，伴随着第二次世界大战后经济的高速增长和繁荣，充分就业条件下的人力资源稀缺问题受到关注，企业将人力供需研究提上日程，从而提出了所谓的人力计划。到 20 世纪 80 年代，人力资源管理取代了人事管理成为主流，特别是伴随着对人力资源管理战略地位的认可，人力资源规划理论及研究方法也日益完善，在实践中获得了全面的发展与应用。

所谓人力资源规划，是指为了实现企业的战略目标，根据企业的人力资源现状，科学地预测企业在内外部环境变化中的人力资源供求状况，并制定相应的政策和措施，从而使企业的人力资源供给和需求达到平衡，并使企业和个人都获得长期的利益。

2. 人力资源规划的内容

人力资源规划的具体内容如表 8-1 所示。

表 8-1　人力资源规划的具体内容

规划类别	目标	政策	预算
总体规划	总目标（绩效、人员总量和素质、员工满意度）	基本政策（扩大、收缩、保持稳定）	总预算：×××万元
人员配备规划	部门编制、人员结构优化、绩效改善	人员配备政策、任职条件	由人员总体变化而引起的费用变化
人员补充规划	人员类型、数量、层次对人力资源结构和绩效的改善	人员素质标准、人员来源范围、起点待遇	招聘、选拔费用

续表 8-1

规划类别	目标	政策	预算
人员使用规划	后备人员数量保持、适人适位、职位轮换幅度、改善人员结构、提高绩效目标	人员晋升政策、晋升时间、职位轮换范围和时间、未提升人员的安置	职位变化引起的工资、脱产培训损失
人员培训规划	人员素质及绩效的改善、培训类型与数量、提供新人员、转变员工劳动态度	培训时间的保证、培训效果的保证	教育培训总投入、脱产培训损失
绩效考核规划	增加员工参与、改进绩效、增强组织凝聚力、改善企业文化	绩效考评标准和方法、沟通机制	绩效考评引起的支出变化
薪酬激励规划	人才流失减少、士气提高、绩效改进	薪酬政策、激励政策、激励重点	增加的薪酬额预算
劳动关系规划	减少投诉和不满、降低非期望离职率、改进干群关系	参加管理、加强沟通	法律诉讼费和可能的赔偿费
退休解聘规划	劳动成本降低、劳动生产率提高	退休政策、解聘程序	人员安置费和重置费

资料来源：林忠，等. 人力资源管理. 大连：东北财经大学出版社，2007。

（二）人力资源规划与管理的关系

人力资源规划是人力资源管理中的一个重要组成部分，是对人力资源管理的统领。在人力资源规划过程中首先根据组织战略形成总体规划，并在总体规划的指导下形成针对各项人力资源管理活动的专项规划，而各种专项规划对相应的人力资源管理活动提供了全面的指导。

人力资源管理具有极强的系统性，包括人力资源规划、工作分析、招聘甄选、选拔配置、培训发展、绩效评估、薪酬激励、劳动关系等多项相互联系的内容，这些职能通常分别由不同部门或岗位的人力资源管理专业人员来承担，相互之间需要进行系统的整合，才能确保目标的统一性与行动的一致性。人力资源规划作为总体规划统领各个专项规划，各个专项规划指导各项具体的人力资源管理活动，从而实现对各项人力资源管理活动的整合。

第二节　现代企业人力资源管理开发与培训

从人力资源管理的内容及全过程来看，现代企业人力资源管理开发和培训是人力资源管理的重要组成部分，是组织提高运转绩效、获取和增强竞争优势、维持组织有效运转的重要手段。现代企业人力资源管理开发与培训就是使员工和企业发展同步进行、共同进步，是企业人性化管理的一个体现。所谓开发与培训，是指组织根据业务发展和需要，通过学习、训练等手段进行的旨在改变员工的价值观、工作态度和工作行为，提高员工的工作能力、知识水平、业务技能，并最终改善和提高组织绩效等的有计划、有组织的培养和训练活动或过程。

一、人力资源开发的基本途径

人力资源开发有三大基本途径，即选拔人才、引进人才和培养人才。

（一）选拔人才

选拔人才是人力资源开发的一种重要途径。选拔人才的主要特点是具有透明性、竞争性、公正性。具体操作方法有以下几种：

（1）考试选拔。这是比较通用的选拔方法，通过笔试考量应聘者的专业水平和综合素质来挑选人才。这种结果比较客观，原则性强，可塑性不大，但它较侧重反映理论水平，高分低能的情况也时有发生。

（2）考核选拔。主要通过面试答辩或现场操作、学历学识、技术职称、学术科研成果、阅历经验、工作业绩等方面的考核评估来选拔人才。选拔结果与选拔者本身的学识水平、道德水准有直接关系，这种方法对人才的判断的可塑性强、弹性较大，但也存在着透明情况下隐匿着一些不透明因素。

（3）综合选拔。这种选拔方式是把考试、考核选拔合为一体，根据人才选拔的要求确定考试与考核所占的比重。将两部分结果进行综合判定。比较而言，该方法在一定程度上克服了重理论轻实践或重实践轻文化素养的弊端。综合选拔的方法在现代企业人才选拔形式上比较普遍。

（4）特殊选拔。特殊选拔通常是针对那些具有特殊专长或特别技能的人。为了选拔这类特殊人才，有些企业往往会制定一些特殊政策或临时开一些“绿灯”。这类特殊选拔所占的比例较低。

（5）使用选拔。在现实人才招聘录用中，由于很难有一种选择方式能一锤定音地确定谁是真正的人才，故让应聘者在企业先试用三个月或更长时间，胜任者正式录用，不胜任者试用期满走人。这种选拔方式较为行之有效。

（二）引进人才

选拔人才是通过考试考核等手段在未知中识别、发现、选出人才，而引进人才是在已知中招揽人才。引进人才通常有以下办法：

（1）高薪引进。这种方法是通过“重赏之下，必有勇夫”的手段用高薪引进人才。

（2）重大课题项目引进。通过这种方法把知名的高级人才引进本企业，以提升企业地位和知名度。

（3）改善工作和生活环境。这种方法是指企业通过许以优良的工作环境、精良的设备或住房条件，吸引人才流向本企业。

（三）培养人才

这是企业人力资源开发最有效、最直接的方式，一般分为以下三种：

（1）正规教育项目。所谓正规教育项目，是指公司专门为员工设计的脱产或在职培训计划。它一般由顾问公司或大学提供的短期授课计划、在职 MBA 课程和特别设计的培训计划等组成。

一般来说,正规教育项目需要员工的积极参与和全身心投入。首先,在开发之前往往征求员工的个人意见。而且,管理成熟的公司往往会为基层管理者、中层管理者和高层管理者分别制订不同但又非常连贯的计划,以建立公司内部的晋升梯队。其次,公司也为特定的职位设计专门的开发计划。例如,在美国 Honeywell 公司,除对管理人员进行系统的开发外,还对公司的工程师专门开发了生产作业中的计算机应用课程;美国通用电气公司为高层经理人员、经理人员以及新雇员分别设计了正规教育项目。

(2)在职体验。在世界著名的公司,大多数人力资源开发计划都是通过在职体验的方式来实现的。所谓在职体验,是指通过让员工在工作中承担具有挑战性的任务、应付工作难题和处理各种关系等方式,来培养其综合能力的过程。一般来说,在职体验包括工作扩展、工作轮换和职务晋升等方式。

(3)人际互助。除上述方式外,公司还可以有目的地使被开发员工与组织中的资深成员交往以开发其潜能,并改善其人际关系,增进其对公司的深入了解,即所谓的人际互助。通过"导师"或"教练"的人际互助,可以帮助员工在职业支持和心理支持两个主要方面获得指导。

二、人力资源培训

(一)人力资源培训的概念

目前,人们对人力资源培训的认识越来越深刻,对人力资源培训的定义也层出不穷。一般认为,人力资源培训是为了提高员工的理论素养、知识水平和业务操作技能,或改变员工的价值观、工作态度和工作行为,使他们在现在或未来的工作岗位上的工作表现达到组织的要求而进行的各种形式的教育与训练活动。

(二)人力资源培训的形式

1. 全脱产培训、半脱产培训、业余培训

从受训者是否脱离工作岗位来划分,培训的形式分为全脱产培训、半脱产培训和业余培训。全脱产培训是受训者在一段时间内完全脱离工作岗位接受专门的培训后再回到工作岗位继续工作。半脱产培训是受训者一段时间工作一段时间接受培训。业余培训就是不占用上班时间而利用业余时间进行培训。

2. 初级培训、中级培训、高级培训

从培训的层次上来划分,培训的形式可以分为初级培训、中级培训和高级培训。在一个组织内部,不仅管理人员而且一般员工也分初级(基层)、中级和高级三个层次。这三个层次有一些差别,一般初级培训注重理论知识,在方法上采用讲座、视听教学等。中级培训比初级培训在理论上要深入一点。而高级培训主要侧重于学习新理论、注重创新。

3. 长期培训、短期培训

按照培训时间的长短,培训的形式可分为长期培训和短期培训。长期培训是注重员工未来职业定向而进行的时间较长的培训,而短期培训是注重员工能更快适应急需的某些岗位而进行的某些时间较短比较有针对性的培训。

4. 岗前培训、岗位培训、转岗培训

按照上岗就业的不同时期和要求，培训的形式可分为岗前培训、岗位培训、转岗培训。岗前培训也叫职前培训或新员工培训，是对组织新员工在任职上岗前给予的培训，以使新员工对组织等有基本的了解。岗位培训是针对员工在某一工作岗位的需要进行的在岗培训。转岗培训是针对员工工作岗位调动及新岗位工作需要进行的培训。

（三）人力资源培训的内容

合理确定人力资源培训的内容，对于实现培训目标，提高组织绩效具有至关重要的意义。人力资源培训就是加强员工某些方面的知识或能力，包括以下几个方面。

1. 知识培训

在工作中，与工作相关的知识是培训的首要内容。企业应该通过各种手段和渠道鼓励员工学习和掌握相关的知识。

2. 技能培训

员工在工作时除要完成好本职工作外，还需要通过培训学习能更好适应工作需要的各种业务技能、人际技能、谈判技能，通过培训使自己成为技能多元化人才。

3. 态度培训

现在一般的企业都有自己的企业文化，员工在企业工作，应尽可能融合到企业的文化中去。因此，应该加强对新员工的态度培训，强化他们的归属感，培养员工对企业的忠诚感。

（四）人力资源培训的方法

在明确人力资源培训内容的基础上，企业还需要根据培训的内容进一步选择合适的培训方法，使人力资源培训能达到预期的效果。可采用的人力资源培训有以下一些方法。

（1）讲座法，是由培训者用语言等方式向受训者传授知识。

（2）视听法，是把要讲授的内容或示范的内容做成录像、录音等教材进行培训。

（3）观摩法，是在特定环境中，通过组织员工观摩培训师现场操作来实施培训的方法。

（4）师徒培训法，是一种兼有在职培训和课堂教学、兼顾工作和学习的一种培训方法。

（5）案例分析和研究法，是通过给受训者一定的案例资料，由其进行分析并提出解决方案的一种培训方法。

（6）工作轮换，是定期或不定期地让受训者轮换工作岗位，通过不同岗位的工作内容使受训者不断地学习新的知识和技能，以此达到培训目的。

（7）角色扮演，是设定一个最接近现场状况的培训环境，由指定的参加者扮演某种角色，以演练培训内容的培训方法。

（8）仿真模拟，是一种尽量模拟现实情况的培训方法。

（五）培训效果评价

培训效果评价是人力资源培训的最后一个环节。所谓培训效果，就是指在培训过程中受训者所获得的知识和技能状况、态度改变程度、工作效率的提高程度等。

1. 培训效果评价的标准

培训效果评价的标准见表8-2。

表 8-2　培训效果评价的标准

层次	标准	评价重点
1	反应	受训者的满意程度
2	学习	知识、技能、态度、行为方式等方面的收获
3	行为	工作中行为的改进
4	结果	受训者获得的经营业绩

2. 评价培训效果的方法

(1)测试比较评比法。在培训开始和培训结束分别对受训者测试,对测试结果作比较。

(2)工作态度比较法。通过调查表的形式对受训者在培训前后的工作态度变化作比较。

(3)工作绩效对照比较法。把员工参加培训后和培训之前的绩效情况进行对比。

(4)成本收益评价法。通过比较培训的成本和收益来评价培训效果。

第三节　现代企业绩效考核与薪酬管理

一、绩效考核的方法和实施

(一)绩效考核的方法

1. 民意测验法

民意测验法是最为传统的考核方法之一。这种方法的使用通常遵循以下步骤:

(1)确定考核的内容。

(2)将考核内容分成若干项。

(3)根据各项考核内容设计考核表,对每一考核项目设定相应等级。

(4)由被考核者述职,做出自我评价。

(5)由参与考核的人员填写考核表。

(6)计算每个被考评者得分的平均值,以此确定被考评者所处等级。

一般情况下,参加民意测验的多为被考核者的同事、直属下级和与其发生工作关系的有关人员。民意测验具有较好的群众性和民主性,但是,由于参加考核的员工的素质局限,会使得考核结果产生较大偏差。因此,这种方法通常作为其他方法的辅助和参考。

2. 短文法

短文法是指通过一则简短的书面鉴定进行考核的方法。书面鉴定通常涉及被考核者的成绩和长处、不足和缺点、潜在能力、改进意见和培养方法等方面。这种方法也是较为传统的考核方法之一,并且在很长一段时间里为我国企业所使用。

短文法属于主观判断型的定性考核方法。它只是从总体上进行考评,不考虑考核维度,也不涉及具体的考评标准和量化指标。因此,这种方法操作起来灵活简便,考核者可以针对被考核者的特点进行考核,具有较大的针对性。但是,由于缺乏具体的考评标准,难以进行相互对比,并且考评人员的主观性所带来的偏差也比较大,因此这种方法通常与其他方法配合使用。

3. 排序考核法

排序考核法是依据某一考核维度,如工作质量、工作态度,或者依据员工的总体绩效,将被考核者从最好到最差依次进行排序。在实际操作中,可以进行简单排序,也可以进行交替排序。简单排序是依据某一标准由最好到最差依次对被考核者进行排序;交替排序则是先将最好的和最差的列出,再挑出次好的和次差的,以此类推,直至排完。

排序考核法最大的优点是简便易行,省时省力。但其不足也正来源于此:首先,由于没有具体的考核指标,只是在被考核者之间进行对比排序,因此在两个人业绩相近时,很难确定其先后顺序。其次,由于主要依靠考核者的主观判断进行排序,而不同考核者具有不同的倾向性,因此会造成排序中的偏向。再次,由于缺乏具体标准,使用这种方法无法将同一组织中不同部门的员工进行比较。最后,被考核者仅仅知道排序情况,不能明确自身优点和不足之处。

4. 强制分布法

使用这种考评方法,就意味着要提前确定准备按照一种什么样的比例将被评价者分别确定到每一个工作绩效等级。例如,按照下述比例原则来确定员工的工作绩效分布情况:

绩效最高的	15%
绩效较高的	20%
绩效一般的	35%
绩效低于一般的	20%
绩效很低的	10%

在实际操作过程中,其使用方法通常是:首先,将准备评价的每一位员工的姓名分别写在一张小卡片上;然后,根据每一种评价要素对员工进行评价;最后,根据评价结果将这些代表员工的卡片放到相应的工作绩效等级上去。

5. 配对比较法

配对比较法也称为两两比较法或对偶比较法,是较为细化和有效的一种排序方法。其具体做法是:将每一位被考核者按照所有考核要素,如工作质量、工作数量、工作态度等,与所有其他员工一一进行比较,优者记为"+"或"1",差者记为"-"或"0",然后计算每一个被考核者所得正负号的数量或具体得分,排出次序。配对比较法是将全体被考核者看做一个有机系统,其准确度较简单的排序考评方法高得多。但是,该方法在操作时较为烦琐,因而其应用受到被考核者人数的局限。

6. 360 度考核

360 度考核是指直接上级或其他部门上级、下级、同事和顾客对个体进行多层次、多维度的评价方法。具体包括以下方面内容:

(1)自评。通常的员工自评是让员工在正式的上级评价之前对自己的工作进行回顾,以便员工对考核面谈有所准备。让员工和上级完成同样的考核量表,在考核面谈时对其进行讨论，得出一个包含双方意见的考核结果。

适合自评的条件有：①上级缺乏对员工的足够观察和了解，无法对员工做出全面的评价。②自评的结果要和上级评价等其他来源的评价相结合。③自评的基准点是自己的标准，而不是其他人的标准。

(2)同事评价。上级只能观察到员工的一小部分工作表现，而大部分员工的行为只有员工自己知道或者同事、下级和顾客知道。在做出评价的同事和被评价的同事很相似且很熟悉的情况下，同事评价法比较有效。而且，如果同事参与评价，员工在工作中会注重与同事的合作，而不是只关注自己的业绩。有研究表明，同事评价法可以较好地预测员工是否会被提升，对员工提升后的绩效也有良好的预测性，而且同事评价和上级评价有较高的相关性。

(3)评价委员会评价。评价委员会由员工的直接上级和3~4名其他上级组成。多名评价者共同评价比单个上级的评价更为可靠、公平和有效。多名评价者可以平衡单个上级评价可能带来的分布错误，而且评价产生分歧通常是不同级别的上级看中员工表现的不同方面，而这正是考核应该反映的内容。比较普遍的做法是上级对员工进行评价后，由该上级的直接上级对评价的结果进行复审。

(4)客户和下级评定。该方法常用于收集客户的抱怨或下级的批评意见。对于服务行业，如餐饮业、旅游业等，客户的评价非常重要，有些公司雇用专门的调查公司收集客户的意见，并将其作为员工薪金设定的重要依据。如果下级参与对上级的评定，则上级会在工作中更加注重下级的意见，而不会对下级的要求和抱怨置之不理。

360度反馈体系的注意事项有：①上级担心员工利用360度反馈体系发泄对他的不满，而下级则担心如实反映情况会被上级报复，因此360度反馈体系最关键的是建立考核者和被考核者相互之间的信任，而且要做好考核结果的保密。② 样本的大小。为了保证考核的全面性，保证无法判定考核结果来源于哪个个体，考核最少需要4~5名下级。③上级、下级、同事和客户对个体的各个方面不可能有同样准确的观察，所以不同评价者的评价量表是不同的，在综合各方面的评价时要特别注意事实依据。

(二)绩效考核的实施

1.人力资源管理部门在绩效考核中的分工

人力资源管理部门作为人事管理的职能部门，是组织实施考核的协调者和监督者，其主要职责有：①设计、试用、改进和完善绩效考核方案；②组织宣传考核方案的内容、目的和要求，并对考核者进行培训；③监督、检查和协助各部门按计划实施考核；④及时收集各种考核信息，并对它们进行整理和分析；⑤根据考核结果和组织的人事政策，向决策部门提供人事决策的依据和决策建议；⑥负责所有考核资料的档案管理。

2.其他部门在绩效考核中的职责

非人力资源管理部门的主要职责是：①负责实施本部门的考核工作；②审核本部门员工的考核结果，对考核的最终结果负责；③协调和解决本部门员工对考核方案的看法和意见；④根据考核结果和组织的人事政策制定出本部门职权范围之内的人事政策；⑤协调和解决本部门员工在考核中出现的各类问题，向本部门员工解释考核方案。

3. 企业高层领导在绩效考核中的职责

绩效考核作为人力资源管理的核心环节,是一系列人事决策的依据,因此企业的高层领导必须予以足够的重视。实施绩效考核,需要花费较多的人力、财力和物力,如果没有高层领导的重视和支持,是难以开展的。高层领导除要重视考核工作并给予充分的政策支持外,还应关注考核的内容和考核方案的设计,并给予指导,使绩效考核与企业的发展战略、企业文化所倡导的目标一致。同时,在制定人力资源政策时,还要注意与绩效考核工作的关联性,从而保证绩效考核工作发挥应有的作用。

二、薪酬制度设计

(一)薪酬制度的基本类型

薪酬是员工因向组织提供劳动或劳务而获得的各种形式的酬劳或酬谢。薪酬制度是企业日常管理活动中制度体系的重要组成部分。不同性质的企业,其薪酬制度的具体构成因侧重点不同而有所不同。最常见的薪酬制度有技术等级薪酬制、职务等级薪酬制、岗位技能薪酬制、结构薪酬制、薪点薪酬制、年薪制等。

技术等级薪酬制是根据劳动的复杂程度、繁重程度、精确程度和工作责任大小等因素划分技术等级,按等级规定工资标准。

职务等级薪酬制是根据职务的工作特点与工作价值来决定薪酬标准的一种薪酬制度。

岗位技能薪酬制是以工作技能、责任、强度、工作环境等因素为评价基础,以岗位工资和技能工资为主要单元的薪酬制度。岗位技能薪酬制将各种劳动对职工的要求综合归纳为劳动技能、劳动责任、劳动强度、劳动条件四项基本劳动要素而形成薪酬。

结构薪酬制是根据劳动的多种形式和工资的多种职能,将工资分解为若干个既相互联系又相互独立的部分,如基本工资、奖励工资、工龄工资等。

薪点薪酬制是在岗位劳动评价"四要素"的基础上,用点数和点值来确定职工的工资,点值与公司和专业厂、部门效益实际挂钩,通过量化考核确定职工实际劳动报酬的一种工资模式。

年薪制是以企业的有关经营业绩为依据,确定经营者年度薪酬的一种薪酬制度。它以企业会计年度为时间单位计发薪酬收入,主要用于公司经理及高层管理人员。

(二)薪酬制度设计的程序与方法

1. 薪酬制度设计的程序

设计科学合理的薪酬制度,不仅需要一套统一的原则作为指导,而且还要有一套完整而正规的程序来保证其质量。

薪酬制度的设计过程由七个步骤组成:①组织付酬原则与政策的制定;②职务分析;③职务评价;④工资结构设计;⑤工资状况调查及数据收集;⑥工资分级与定薪;⑦工资制度的执行控制与调整。

2. 薪酬设计的方法

(1)职务评价的方法。职务评价就是要找出企业内各种职务的共同付酬因素,根据一定的评价方法,按每项职务对企业贡献的大小,确定其具体的价值。职务评价的方法主要有四种，即排序法、因素比较法、分类法和点数法。

(2)工资结构线的确定方法。工资结构线是一条以职务评价值为横轴，以所付工资值为纵轴的曲线。

工资结构线的形状取决于下面几个因素：①组织的管理价值观、薪酬政策以及人力资源战略；②劳动力市场的供需状况；③组织的付酬能力，即工资的决定及调整，要在组织付酬能力所允许的范围内进行；④法律与法规的制约，即工资的决定及调整，必须符合法律与法规的要求。

(3)工资分级的方法。工资分级的典型方法是把那些通过职务评价而获得相近的劳动价值或重要性的工作，归并到同一等级，形成一个工资等级系列。等级划分的区间宽窄及等级多少的确定，取决于工资结构线的斜率、职务总数的多少以及企业的薪酬政策和晋升政策等因素。

典型案例

索尼公司的人员管理和内部选拔

有一天晚上，索尼公司董事长盛田昭夫按照惯例走进职工餐厅与职工一起就餐、聊天。他多年来一直保持着这个习惯，以培养员工的合作意识和与他们的良好关系。

这天，盛田昭夫忽然发现一位年轻职工郁郁寡欢，满腹心事，闷头吃饭，谁也不理。于是，盛田昭夫就主动坐在这名员工对面，与他攀谈。几杯酒下肚之后，这个员工终于开口了："我毕业于东京大学，原来有一份待遇十分优厚的工作。进入索尼公司之前，对索尼公司崇拜得发狂。当时，我认为我进入索尼公司，是我一生的最佳选择。但是，现在才发现，我不是在为索尼公司工作，而是在为课长干活。坦率地说，我这位课长是个无能之辈，更可悲的是，我所有的行动与建议都得课长批准。我自己的一些小发明与改进，课长不仅不支持，不解释，还挖苦我癞蛤蟆想吃天鹅肉，有野心。对我来说，这名课长就是索尼。我十分泄气，心灰意冷。这就是索尼？这就是我的索尼？我居然放弃了原来那份优厚的工作来到这种地方！"

这番话令盛田昭夫十分震惊，他想，类似的问题在公司内部员工中恐怕不少，管理者应该关心他们的苦恼，了解他们的处境，不能堵塞他们的上进之路，于是产生了改革人事管理制度的想法。之后，索尼公司开始每周出版一次内部小报，刊登公司各部门的"求人广告"，员工可以自由而秘密地前去应聘，他们的上司无权阻止。另外，索尼公司原则上每隔两年就让员工调换一次工作，特别是对于那些精力旺盛、干劲十足的人才，不是让他们被动地等待工作，而是主动地给他们施展才能的机会。在索尼公司实行内部招聘制度以后，有能力的人才大多能找到自己较中意的岗位，而且人力资源部门可以发现那些"流出"的人才的上司所存在的问题。

这种"内部跳槽"式的人才流动是要给人才创造一种可持续发展的机遇。在一个单位或部门内部，如果一个普通职员对自己正在从事的工作并不满意，认为本单位或本部门的另一项工作更加适合自己，想要改变一下却并不容易。许多人只有在干得非常出色，以致感动得上司认为有必要给他换个岗位时才能如愿,而这样的事普通人一辈子也难碰上几次。当职员们对自己的愿望常常感到失望时,他们的工作积极性便会受到明显的抑制,这对用人单位和职员本身都是一大损失。

一个单位,如果真的要用人所长,就不要担心职员们对岗位挑三拣四。只要他们能干好,尽管让他们去争。争的人越多,相信也干得越好。对那些没有本事抢到自认为合适的岗位,又干不好的剩余员工,不妨让他待岗或下岗,或者干脆考虑外聘。索尼公司的内部跳槽制度就是这样,有能力的职员大都能找到自己比较满意的岗位,那些没有能力参与各种招聘的员工才会成为人事部门关注的对象,而且人事部门还可以从中发现一些频频"外流"的部下的上司们所存在的问题,以便及时采取对策进行补救。这样,公司内部各层次人员的积极性都被调动起来。当每个干部职工都朝着"把自己最想干的工作干好,把本部门最想用的人才用好"的目标努力时,企业人事管理的效益也就发挥到了极致。

内部候选人已经认同了本组织的一切,包括组织的目标、文化、缺陷,比外部候选人更不易辞职。

(源自《易才网》)

【案例分析】

(1)企业内部晋升制度设计的技巧是什么?

(2)你认为索尼公司的内部晋升制度有何优点和缺陷?

(3)结合知识型员工的特点,对索尼公司的内部晋升制度的优劣势进行探讨。

思考题

(1)人力资源管理的定义是什么?人力资源和人力资本有何区别?

(2)人力资源管理与传统人事管理有何区别?

(3)什么是人力资源规划?影响人力资源规划的因素有哪些?

(4)人力资源最常见的培训方法有哪些?

(5)比较人力资源培训的类型及各种培训方法的优缺点。

(6)什么是绩效考核?其主要方法有哪些?

(7)在实践中,绩效考核的问题主要来自于哪些方面?请举例说明。

(8)薪酬制度的类型有哪些?其方法有哪些?

实训题

Nike:最好的品牌要最优秀的人才

2005年街头篮球争霸赛正在火热招募高手。主办者就是世界著名的运动品牌公司Nike(耐克)。这个公司的标志飞天钩钩也被称为"飕飕声",是速度、年轻、时尚、品质、运动的象征。那么光彩背后的制造者又是怎样对待人才的呢?

一、用品牌魅力吸引优秀人才

当大部分人力资源经理都强调招聘是招最合适的人，而非最优秀的人时，耐克公司上海联络处的人力资源经理却直截了当地告诉大家，耐克公司的招聘就是要招最优秀的人才，而且耐克公司要以良好的工作环境和独一无二的企业文化来吸引最好的人才、发展最好的人才、锁住最好的人才，也就是用品牌的魅力吸引优秀的人才。耐克公司招聘大部分是通过猎头公司，当然也用刊登招聘广告等方式，可见其网罗的人才为最优秀的，这绝非虚言。

二、给最优秀人才最好的环境

耐克公司提供的薪酬待遇有相当大的竞争力，一般高于同行业的平均水平。但是对最优秀的人才来说，这肯定是不够的。因此，耐克公司为优秀的人才提供了非常好的企业文化和良好的工作环境。企业文化和工作环境能使一个优秀的人才把有限的精力投入到做实事、提升自我上，人与人之间互相给予信任，而不是浪费在处理复杂的人际关系，应付人为的烦琐的流程报告上。不是我们专门制定太多的空洞的无用的留才措施或者政策，更多的却是良好的工作环境与企业文化自然而然地"锁住"了员工。这致使耐克公司的员工流失率一直以来总是非常低的。很多员工在耐克公司工作十几年或二十几年，为什么能干这么久？这都是因为耐克公司的企业文化独特，让人喜欢在此工作！尽管有的员工可能在同一个职位上干好几年，但是并不厌倦，因为总有新的东西可以学习，让员工充满新鲜感。

三、倡导的是工作与生活平衡

好的企业文化造就了良好的工作环境，体现于日常工作中的点点滴滴，如弹性工作制。作为一家运动品牌公司，耐克公司希望自己的员工健康，倡导的是工作与生活的平衡，所以不提倡加班。耐克公司认为，如果员工总是加班，说明公司的管理层在是否用对人、人员配置和工作量的把握上出了问题。耐克公司希望员工能自我调节，很好地平衡工作与生活，公司并不要他们牺牲生活提供服务。

四、提倡简单方法做最正确的事

"Simplify and go"和"Do the right thing"是耐克公司的两大理念。用最简单的方法做正确的事并达成目标是耐克人的追求。有时候，一件事情涉及好几个部门，每个部门都有各自的意见，几个来回地讨论都无法达成共识，这时候，耐克人习惯于在往来的邮件签名下方附上上述简短的小句子，提醒自己和别人不要纠缠在不同意见中，而要求大同地解决问题。这种自觉的意识帮助耐克公司员工提高工作效率。"生命太短暂，竞争太激烈，没时间作毫无意义的争辩"。再比如，耐克公司所偏好的面试，不像其他公司分成几轮，人力资源经理看素质，业务部门经理看专业能力，而是一次完成。当然，为了保证客观全面，面试官由人力资源经理、业务主管、部门员工、老板组成。

做正确的事情则体现了耐克公司给员工发挥创造力的最大空间。在耐克公司，不会有人说:你不在这个位置上,这事你不要做。只要员工认为这事是正确的,那么他就可以大胆提出建议,积极参与和承担责任。耐克公司专注于员工卓越的想法和实践,鼓励员工自己做决定,激发其创造性和无穷潜能。耐克公司的上级在给下级任务后,不会过分干预或监督下级做事,下级大可以发挥主动性独辟蹊径完成,甚至可以提出意见,找到更好的途径获得更佳的结果。而上级会在适当的时候提供支持和帮助。

五、给员工一个“探险旅程”

在耐克公司,有一个名为“探险旅程”的新鲜词语。每年年初,员工和他的上司找机会,坐下来面对面谈未来发展,设定年度目标;年中,主管会和下属一起作回顾,对员工的表现给予指导和反馈;年终,主管再和员工一起作回顾,憧憬来年发展目标。

“探险旅程”的主要目的不单单是考核员工的业绩,而是希望给员工不断提高和充分发挥自我才能的机会,这个过程就像探险队员接受挑战,知难而上,充分享受探险途中的无穷乐趣一样,所以用“探险”来形容。公司的各项规章和政策则是“探险”应遵守的游戏规则。“探险”过程中,主管对下属的辅导不仅仅是年初、年中、年终三次,而是贯穿始终。耐克公司希望这样一个“探险”过程能帮助员工与公司共同发展。

“在耐克公司,绝对不会设定一个目标后就把员工晾在一边,而是不断关注他,帮助他成长。”为此,耐克公司专门给主管进行各种管理培训,如情景领导培训,告诉主管用不同的方法辅导员工。“关于什么样的员工用支持的方法,什么样的员工用指导的方法,举个简单例子,可能经验丰富的员工该用支持的方法,刚毕业的大学生用指导的方法更合适。”

六、寻找有想象力和创造力的员工

耐克公司更喜欢用多元化来形容公司人员构成以及招聘时的偏好。“耐克公司希望员工的组成能多元化,员工的年龄层次不同、背景不同,有不同的工作经历,来自不同的地方”。唯有多元化才能富有生命力。“所以,尽管耐克品牌给人的感觉很年轻时尚,但完全不排斥年长的员工,他们的经验和稳妥的处事能力是宝贵的财富。公司更不会因为缺乏经验和社会关系而忽略大学毕业生,创新能力、想象力、热情这些特质都是耐克公司看重的,而且大学毕业生有很强的学习能力,可塑性极高”。光有专业素质显然不够,还得符合耐克公司的价值观。“作为运动品牌公司,热爱运动是不可或缺的条件。耐克公司崇尚变革创新,所以需要的员工一定是富有想象力和创造力的,同时充满激情。当然,团队合作精神,有效率地沟通和做事,在压力下发挥工作能量,对自己永不满足,勇于承担责任,等等,这些都是耐克公司用来衡量人才潜质的标准”。

(源自《中国人力资源开发网》)

【教学功能】

本案例可以用于管理心理学和人力资源薪酬设计等有关方面的教学,引导学生思考企业应如何建立科学、有效的激励机制。

【思考与讨论】

根据双因素理论,耐克公司的人才招募和挽留策略是如何发挥作用的?

【答题提示】

本题应具体分析双因素理论的适用范围和模式,并综合管理心理学和人力资源薪酬设计理论,对耐克公司的人才招募和挽留策略进行分析。

第九章

现代企业物流管理

学习目标

□了解物流与物流管理的基本概念；
□理解物流管理的基本内容；
□掌握企业物流管理的基本方法；
□掌握现代企业供应链管理模式；
□能够运用所学知识和技能确定企业物流管理模式。

睿智名言

锻造自己的领导力。世界上只要两种类型的人:一种是领导者;另一种是跟随者。成功与领导力如影随形。锻造自己的领导力,会让你与众不同。

人的智慧有一个特征,就是永恒,人总有机会让其一展未来。

真正阻止我们成功的,并不是我们不懂或不明白的事情,而是我们深信不疑,但是其实不正确的事情或是观念,这是我们的最大阻碍。

案例导入

宅急送公司的成功秘诀

1994 年成立的北京双臣快运有限公司是宅急送公司的前身,公司成立之初是个仅有 7 个人、3 辆车和一间 10 平方米办公室的小公司。然而仅仅 8 年后,宅急送公司一跃成为当今民营快运业的“领头羊”。截至目前,企业总资产已超过亿元,分支机构 160 家,员工 4 000 名,车辆 600 余台,年货物周转量达 400 多万件,与 400 多个单位建立了良好的合作关系,并拥有了快运业第一家“专列”,业务触角伸向全国各地。

宅急送公司每个月都在全国各地布设自己的业务网点、建分公司、招聘员工、添置车辆。宅急送公司快速的发展趋势让同行羡慕不已,但公司领导却仍保持清醒,一再宣称公司还很弱小,在管理机制、业务流程、信息化处理等各方面尚无法与其他大型的跨国快递公司相比。“内涵式的发展、外延式的扩张”成为宅急送公司坚持不变的经营思路。

快运公司运送货物之所以快,是因为有健全的网络,网络的覆盖范围必须涵盖客户业务要求的每一个区域。宅急送公司通过北京、上海、广州、沈阳、成都、武汉、西安等7家全资子公司及全国130余家分公司、营业所、营业厅和280余家合作公司组成的宅急送快运网络,使各地的快件都能通过这一运输网络,实现相互对接,迅速将货品送达客户手中。这一网络已覆盖全国800多个城市和地区,使异地发货、到付结算成为现实,最大程度地满足客户的需求。

企业的发展离不开人,尤其在企业迅速扩张的时刻,人才的储备显得格外重要。宅急送公司从发展之初就拿出大笔资金,对干部和员工进行文化和业务培训,可以说,给员工最大的福利就是培训,这也是宅急送公司尊重人才、培养人才的体现。而奖励机制的完善,为公司吸引和留住人才,为公司长远发展战略打下了坚实的基础。近年,公司已招聘上千人,通过严格的培训、健全的机制,使公司员工由原来的4 000多人增加到5 000多人。

目前,由于国家政策及其他因素的限制,宅急送公司主要的送货业务为家电、通信产品及较高档次的日用品,面向个人的急送业务大约只占10%。这是经过对市场等各方面的调查研究做出的市场调整和定位。重新的市场定位,使宅急送公司能避开与对手的正面交锋,专心针对企业客户的要求,提供更具针对性的服务。当然,一旦政策允许,宅急送公司肯定会大力发展个人业务。

“门对门”业务一直是宅急送公司追求的完美的快运方式,但这种美好的追求却必须建立在快速高效的现代快运、物流、网络配送的服务上。为此,宅急送公司率先搭建了“宅急送物流信息网络平台”,为客户增加了网上业务委托和货物查询服务功能,使传统的开单、查询、结账等业务可在网上轻松完成,全面实现企业信息化。宅急送公司还率先在同行业中采用全球卫星定位技术,针对物流及货运车辆的实际运行状况,应用先进的GPS、GIS、计算机和无线电通信技术对公司货运车进行全国范围内的全程监控。

货物条码跟踪技术的采用以及全国公司企业资源管理系统(ERP)的建立,在确保运营快速、准时的基础上,使宅急送公司从一个以卡车为主的传统快递公司向以信息技术为主的航空快运公司过渡,开始迈向现代物流的领域。

(源自《现代物流学》,作者:王之泰)

【思考分析】

(1)宅急送公司的物流经营策略有什么特色?

(2)试论述宅急送公司物流经营模式是如何适应我国当前市场环境的。

(3)探讨宅急送公司物流经营模式向个人业务拓展的可行性。

第一节　现代企业物流管理概述

现代物流活动作为国民经济的一个重要领域,在现代商品流通中发挥着极其重要的作用，与社会生产和人们生活密切相关。没有生活消费品的空间流动，人类生活消费就无法实现；没有生产要素的有效流动，企业的生产经营活动就会停止。物流作为企业生产经营服务中的物的实体流动，是企业的动脉系统，是整个企业发展的物质技术基础。

一、物流管理的概念

（一）物流的概念

物流的概念最初来自美国，然后经日本传入中国。第二次世界大战以前，人类虽然早已从事了数千年的物流活动，具有一定的物流意识，但是没有形成明确的物流概念和理论。第二次世界大战期间，美国及其盟军的军事、物资、装备的制造、供应，战前配置与调运，战中补给与养护等军事后勤活动，需要运用系统的思想和分析方法进行管理，于是产生了物流的概念，并形成了军事后勤学。战后，这些概念、理论和方法被用于民用领域，极大地促进了经济的发展。

物流是指物品从供应地向接收地的实体流动过程。根据实际需要，将运输、储存、装卸、包装、流通加工、配送、信息处理等基本功能进行有机结合。物流管理是指对原材料、半成品和成品等物料在企业内外流动的全过程所进行的计划、实施、控制等活动。这个全过程，就是指物料经过的包装、装卸搬运、运输、储存、流通加工、物流信息等物流环节的全过程。

社会经济领域中的物流活动无处不在，根据物流的对象、目的、范围不同，形成了不同类型的物流。企业物流是从企业角度上研究物流的有关活动。

（二）企业物流

企业物流可以分为以下不同的典型物流活动：

（1）供应物流。供应物流是生产企业、流通企业或消费者购入原材料、零部件或商品的物流过程，也就是物料生产者、持有者至使用者之间的物流。对于生产领域而言，供应物流是指生产活动所需要的原材料、备品备件等物资的采购、供应活动所产生的物流。对于流通领域而言，供应物流是指在交易活动中，从买方角度出发的交易行为中所发生的物流。供应物流具有外部物流和内部物流的双重性。一方面，企业为组织物资供应而进行外部采购，这表现为外部物流属性；另一方面，企业的物资供应部门需将生产所需物资发送到生产现场，这表现为内部物流属性。

（2）生产物流。从工厂的原材料购进入库起，直到工厂成品库的成品发送为止，这一全过程的物流活动称为生产物流。生产物流是制造产品的工厂企业所特有的，它和生产流程同步。原材料、半成品等按照工艺流程在各个加工点之间不停顿地移动、流转，形成了生产物流。如果生产物流中断，生产过程也将随之停止。

（3）销售物流。销售物流是生产企业、流通企业为实现产品的销售，组织产品送达用户或市场销售网点的外部物流活动，是指物料从生产者或持有者到用户或消费者之间的物流。通过销售物流，企业得以回收资金，并进行再生产的活动。在买方市场的环境下，销售往往以送达用户并经过售后服务才算终止。企业销售物流的空间范围很大，这便是销售物流管理的难度所在。在这种前提下，企业销售物流的特点，就是通过包装、配货、送货等一系列物流实现销售。为此，企业销售物流管理部门需要研究顾客订货处理、配送方式、包装水平、运输路线等问题，并采取定时、定量配送等特殊的物流方式达到目的。销售物流的效果关系到企业的存在价值是否被社会承认。销售物流的成本在产品及商品的最终价格中占有一定的比例。

(4)回收物流。在生产及流通活动中有一些资材是要回收并加以利用的，比如作为包装容器的纸箱、塑料筐、酒瓶等，建筑行业的脚手架等就属于这一类物品。

(5)废弃物流。生产和流通系统中所产生的无用的废弃物，比如开采矿山时产生的土石，炼钢生产中的钢渣、工业废水，以及其他一些无机垃圾等，对这类物料的处理过程形成废弃物流。废弃物流经济效益比较低，但如果不妥善处理，不但没有再利用价值，还会造成环境污染，就地堆放会占用生产用地以致妨碍生产。

二、物流管理的基本内容

企业物流管理包含运输管理、库存管理、包装管理、装卸搬运管理、流通加工管理、物流信息管理等基本内容(如图9-1所示)。

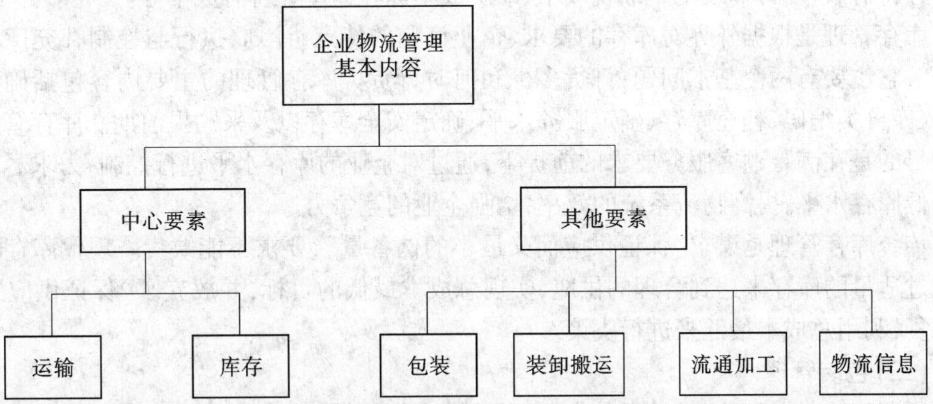

图9-1 企业物流管理的基本内容

(一)运输管理

运输是使用一定的设备或工具将物料从一个地点向另外一个地点运送的物流活动，目的是使物料产生地理位置的移动。运输系统是由包括车站码头等的运输节点、运输路线等硬件要素，以及运输控制和营运等软件要素组成的有机整体。对运输活动的管理，要求选择技术经济效果最好的运输方式和联运方式，合理确定运输路线，贯彻执行“及时、准确、经济、安全”的物流运输“四原则”。及时是指按计划准时将物料从供货点运到售货点。准确是指按计划准确地将物料运到目的地。经济是指制订和采用经济合理的运输方案，有效地利用现有设备、设施，降低运输费用。安全是指在运输过程中保障人员和物料的安全。

在企业物流管理过程中，必须精确地维持运输成本和服务质量之间的平衡。在某些情况下，低成本和慢运输将是令人满意的；而在另外一些情况下，快速服务则是实现作业目标的关键所在。发掘并管理所期望的低成本、高质量的运输，是物流管理的一项最基本的责任。

(二)库存管理

库存表示用于将来目的的资源暂时处于闲置状态。库存是由于人们无法预测未来的需求变化,不得已采用的以应付外界变化的一种手段。可以从不同角度对库存进行不同的分类。如按照生产和配送过程中所处的状态不同,库存可分为原材料库存、在制品库存、维修维护库存、包装物和低值易耗品库存、产成品库存。此外,还有按库存作用划分、库存来源划分、物品所处状态划分等分类方法。

库存具有以下几方面的作用:①获得大批量购买的价格折扣;②通过大批量运输降低运输成本;③避免由于出现紧急情况而停产;④防止涨价、政策的改变以及延长交货等情况的发生;⑤调整供需之间的季节差异;⑥保持供应来源;⑦获得生产的节约;⑧提高客户服务水平。

库存成本是物流总成本的一个重要组成部分,物流成本的高低常常取决于库存管理成本的大小,而且库存水平对企业提供的客户服务水平起着重要作用。库存成本主要包括库存持有成本、订货或生产准备成本、缺货成本和在途库存持有成本等。

库存管理是根据外界对库存的要求、企业订购的特点,计划、执行与控制补充库存的过程。它主要有两个基本问题:订货多少和何时订货。库存管理的主要内容包括确定需求、入库分类编码、补充库存、确定服务水平、确定安全库存以及采购提前期。库存管理的主要目的是在满足顾客服务要求的前提下,通过对企业的库存水平进行控制,力求尽可能地降低库存水平,提高物流系统的效率,增强企业的竞争力。

传统库存管理是谋求"保证供应而又最小的储备量",要求不能缺货。现代库存管理是通过适量的库存来达到合理的供应,实现总成本最低的目标,并放弃了"保证供应",允许缺货,利用总成本最低来进行决策。

(三)包装管理

所谓包装,是指在流通过程中为保护商品、方便运输、促进销售而按一定技术方法采用的容器、材料及辅助物等的总体名称,也指为了达到上述目的而采用容器、材料和辅助物的过程中施加一定技术方法等的操作活动。包装是生产过程的终点,同时也是物流过程的起点。包装方式的选择不仅要考虑储运过程中对产品的保护,还要考虑包装或拆装的便利性以及废弃包装物的回收及处理等因素。例如,在出口杂货时,过去采取混装在货船上的运输状态,要求严格用木箱包装。但现在如果选择集装箱运输,用瓦楞纸板箱包装即可。同样地,包装的理想状态还会受物流方式的限制,用瓦楞纸板箱包装的出口商品,必须使用集装箱运输。

对包装活动的管理,应根据物流方式和销售要求来确定。比如,流通部门应重点研究包装的结构、强度、外形尺寸、标志等,为储存、运输、装卸搬运提供有利条件;以生产为主的企业,包装管理的重点应放在生产作业的连续性和便利生产方面。当然,生产企业的成品包装也应考虑到流通和销售的要求。

(四)装卸搬运管理

装卸搬运由两个环节构成:装卸,是指在物流过程中,对货物进行装卸、搬运、堆放、取货、理货分类等,或与之相关的作业;搬运,是为货物运输和保管需要而进行的作业。

在物流管理中,物料搬运是一项重要的活动。产品必须有人接收、分拣、组装,以满足客户的订数需要。在物料搬运设备中投入的直接劳动和资金是物流总成本的一个主要组成部分。

对装卸搬运活动的管理,主要是确定最恰当的装卸方式,力求减少装卸次数,合理配置和使用装卸机具,以做到节能、省力、减少损失、加快速度,取得较好的经济效益。用落后粗劣的方式进行物料搬运时,往往会对货物造成实质性的损坏。货物搬运的过程越少,损坏的可能性也就越小。利用各种机械化和自动化设施来协助货物搬运是提高搬运效率的基本手段。

(五)流通加工管理

在流通过程中进行的辅助性加工活动称为流通加工。流通与加工的概念本不属同一范畴:加工是改变物质的形状和性质,形成一定产品的活动;而流通则是改变物质的空间与时间状态。流通加工则是为了弥补生产过程加工不足,更有效地满足客户需要,使产需双方更好衔接,将这些加工活动放在物流过程中完成,而成为物流的一个组成部分。

流通加工的形式一般有三种:

(1)为运输方便,作为加工活动的组装环节在流通过程中完成。如铝制门窗框架、自行车等,如果在制造厂装配成完整产品,则造成体积过大而增加运费。一般都以零部件运输,到达销售地点或使用地点以后,再分别组装成成品,这样既方便运输又经济。

(2)由于用户需要的多样化,必须在流通部门按照顾客的要求进行加工,如平板玻璃以及铁丝等,在商店再根据顾客所需要的尺寸临时配置。

(3)为了综合利用,在流通中将货物分解,分类处理。例如,肉类等在食品中心进行加工分装,将肉、骨、内脏等分离,其中肉只占一定比例,这样向零售店输送时就能大大提高输送效率。

物流管理中流通加工管理要求能够提高资源利用率、设备利用率、物流效率和边角余料的回收率,降低物流费用、回收费用和加工费用,减少物流损失。

(六)物流信息管理

所谓信息,指的是能够反映事物内涵的知识、资料、信函、情报、数据、文件、图像、语言、声音等。信息是事物的内容、形状及其发展变化的反映。物流信息指的是物流活动过程中所必需的各种信息。随着因特网和信息技术的飞速发展,人们随时都能获得最新最快的信息,这一点对物流有着决定性意义。物流信息管理要求企业建立信息系统和信息渠道,正确选定信息科目及信息的收集、汇总、统计和使用方法,以保证其可靠性、及时性和安全性。迅速和准确的信息交流能够提高物流水平,可以以此制订新的和有效的物流方案,以提高物流效率。

信息质量的缺陷一般包括两类:其一,所收到的信息会在趋势和事件方面不准确。由于大量的物流是在未来的需求之前发生的,不准确的判断或预测都会引起库存非正常损耗或过剩。其二,有关订货的信息与客户的具体需求一旦产生误差,处理误差将会增加物流成本。而退货的费用也会增加物流成本,即使另外存在着销售机会,设法向其他顾客提供所需的服务同样会再次发生费用。

由此可见,信息需求中的每一个错误都会对总的供应链产生潜在隐患。物流信息管理的首要任务就是平衡物流系统的各个组成部分。利用信息来达到主动控制物流作业的目的,以便对物流活动的各个环节所出现的问题做出准确而又及时的反应。

三、现代物流管理的基本特征

现代物流管理就是要通过物流系统内外各环节的有机联系和相互作用,来实现整个物流系统的有效运转,实现企业物流目标。这就需要对整个物流系统进行有效管理,即对物流活动进行计划、组织协调与控制等,以最低的物流成本达到客户满意的服务水平,实现物流整体优化的目标。整体优化目标就是要使物流成本最低、消耗最少,而物流服务效果最佳。具体表现为"7R",即适当的质量(right quality)、适当的数量(right quantity)、适当的时间(right time)、适当的地点(right place)、适当的产品(right product)、适当的条件(right condition)、适当的成本(right cost)等"七个适当"。由此,企业物流管理的特征表现为以下几点。

(一)顾客满意是现代企业物流管理的出发点

现代物流管理中顾客服务优先于其他各项活动,为了能有效地开展物流顾客服务,在物流体系的基本建设上,要求物流中心、信息系统、作业系统和组织构成等符合以下要求:

(1)物流中心网络的优化。即要求工厂、仓库、商品集中配送、加工等中心的建设(规模、地理位置等)既要符合分散化的原则,又要符合集约化的原则,从而使物流活动能有利于顾客服务的全面展开。

(2)物流主体的合理化。从生产阶段到消费阶段的物流活动主体,常常有单个主体和多个主体之分,另外也存在着自己承担物流和委托物流等形式的区分,物流主体的选择直接影响到物流活动的效果或实现顾客服务的程度。

(3)物流信息系统的高度化。物流信息系统的高度化就是指物流系统能及时、有效地反映物流信息和顾客对物流的期望,从而及时、准确地调整物流系统和物流服务。

(4)物流作业效率化。即在配送、装卸、加工等过程中运用适当的方法、手段使企业能最有效地实现商品价值。

总之,现代物流通过提供顾客所期望的服务,在积极追求自身交易扩大化的同时,强调实现与竞争企业在顾客服务方面的差异化,就是在进行物流资源、物流时间、物流品质、备货、信息等物流服务质量决策时,不能仅从供给角度考虑,而应在了解竞争对手战略的基础上,努力提高顾客满意度。

(二)注重整个流通渠道的有效整合

传统物流管理认为,物流是从生产阶段到消费阶段的商品运动过程,也就是说,物流管理的主要对象是销售物流和企业内部物流;现代物流管理的范围不仅包括销售物流和企业内部物流,而且应当包括从原材料供应直至消费者(客户)的所有过程和环节,还包括退、换货物流以及废弃物物流。这里需要注意的是,现代物流管理中的销售物流概念也有新的延伸,即不仅是单阶段的销售物流活动(如厂商到批发商、零售商直至消费者的相对独立的物流活动),而且是一种整体的销售物流活动,也就是将销售渠道的各个参与者(厂商、批发商、零售商等)进行有效整合,以保证销售物流过程合理化。

(三)以企业物流整体最优为目的

随着经济全球化和科技进步,世界市场也在发生着巨大的变化,商品的生产周期趋短、消费者需求趋变、服务要求趋高、商品流通地域趋广,这就要求物流活动必须高效、经济。在这种背景下,如果企业物流仅仅追求"节点最优"或"部门最优",将无法在日益激烈的市场竞争中取胜。从原材料采购计划直至商品向最终客户移动的所有活动,已经不再是某一环节和部门的活动,而是整个流程各环节有效结合所发挥出的综合效益。也就是说,现代企业物流管理所追求的费用、效益,是针对采购、生产、销售、配送等部门最优而言(如图 9-2 所示),以低价格购入为主的采购理论,以生产增加、生产合理化为主的生产理论,以追求低成本为主的物流理论,以增加销售额和扩大市场份额为主的销售理论等理论之间仍然存在着分歧与差异(见表 9-1)。跨越这种分歧与差异,力图追求整体最优,才是现代企业物流理论的真谛。

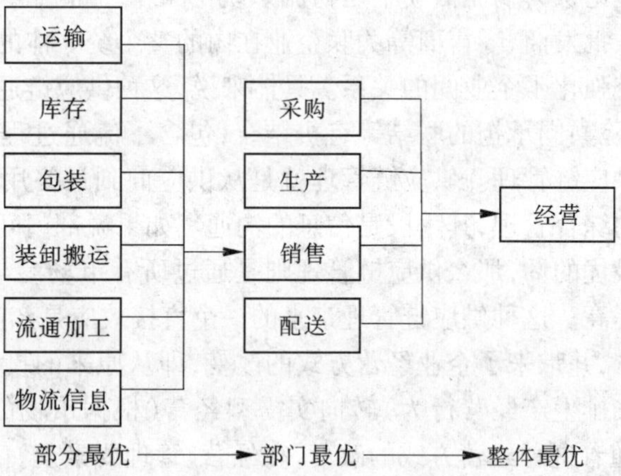

图 9-2　物流系统化与物流管理的关系

表 9-1　各部门理论

采购管理	生产理论	物流理论	销售理论
低价购入	产量增加、生产合理化	降低成本	销售额增加、市场份额扩大
短时间购入	较长的生产循环线	大订货单位	高在库水准
大订货单位	固定的生产计划	充裕的时间	进货时间迅速、顾客服务水平高
在库数量少	大量生产	低在库水准大量输送	多品种

例如,从现代物流管理观念来看,跨国公司的生产全球化或许多企业生产的集约化,虽然造成了物流输送成本的增加,但是由于这种生产战略有效利用了低价生产要素,因此降低了总生产成本,提高了企业竞争力。对这种背反关系的取舍,取决于企业管理部门因时、因物、因地的决策。所以说,追求整体最优,应在充分认识采购理论、生产理论、物流理论及销售理论的基础上,实现物流部门的整体优化。

（四）现代企业物流管理以经济效益和社会效益为基础

现代企业物流管理是对经济效益和社会效益的双追求。具体表现为：从物流手段上看，从原来重视物流机械、设备等硬件要素转向重视信息等软件要素的有效收集和利用。从物流活动领域上看，从以运输、储存为主的活动领域转向物流全过程，也就是从原材料供应向消费者（客户）服务的整个物流活动过程扩展。从管理方式上看，现代物流从原来的执行作业层次管理控制，发展为对经营决策的控制。从管理理念上看，从原来强调确保运输、储存等，实现低成本的企业直接利益，转变为强调物流服务水平的提高，以及对环境、能源、污染等有关可持续发展的社会利益的关注。综上所述，传统物流管理以提高经济效率、降低成本为重点，而现代物流管理不仅重视企业经济效率，更强调整个物流过程中所形成的经济效益和社会效益。

（五）现代物流是以信息为核心形成的共同体

现代物流管理理论认为物流活动不是物流系统中某单个部门、环节或企业的业务活动，而是包括供应商、批发商、零售商等关联企业在内的整个统一体的共同活动，因而现代物流通过这种供应链强化了企业间的关系。具体来说，这种供应链通过企业计划的联结、企业信息的联结、风险共同承担的联结等有机结合，包含了流通过程的所有企业，从而使物流管理成为一种供应链管理。供应链管理就是从供应商到最终用户，对整个流通过程中的全体商品运动的综合管理，其手段是信息的沟通。如果说部门间的产、销、物结合，追求的是企业内经营最优的话，那么供应链管理则是通过所有市场参与者的联盟追求流通生产全过程效率的提高。这种供应链管理带来的一个直接效应是产需结合在时空上比以前任何时候都要紧密，并带来了企业经营方式的改变，即从原来的投机型经营（根据产品的市场预测来计划安排生产经营行为）转向实需型经营（根据市场的实际需求安排生产经营行为）；同时伴随着这种经营方式的改变，在经营、管理要素上，信息已成为物流管理的核心，因为没有高度发达的信息网络和信息支撑，实需型经营是无法实现的，而信息使物流各环节联结为利益共同体。

总之，现代企业物流管理是对从供应商到最终顾客的整个流通阶段所发生的商品运动的管理，在商品实体的运动中，形成的“场所移动”和“时间推移”的物流现象，既是企业物流服务的对象，又是企业生存、发展过程中可利用的有效经营资源。

第二节　现代企业物流管理策略

随着经济的不断发展，为了适应环境转变并提高企业的竞争实力，企业的物流管理思想和手段也发生了根本的变化，主要表现在：一是由分散管理向集中管理转变，使得物流成为企业利润开发的第三利润源；二是由操作型管理逐步向决策型管理转变，物流已不再是附属于生产和销售的单纯性操作活动；三是由封闭型管理逐步向开放型管理转变，供应链管理已经成为大势所趋；四是电子化、信息化、智能化的管理手段逐步得到广泛应用，使得现代物流的主导性越来越明显。可以说，系统化管理、标准化管理、合理化管理以及信息化管理的应用，将在上述转变过程中发挥重要作用。

一、物流系统化管理

（一）物流系统化管理的内涵

物流系统化管理是指为了实现既定的物流系统目标，提高向消费者或客户服务的效率和水平，对整个物流系统进行计划、组织、指挥、监督和调节的活动。

物流系统化的内涵是统一性、协调性和整合性，物流系统化管理就是在提高物流功能要素的协同效率的同时，保障对客户的服务质量。物流系统化管理要从以下几个方面来认识：

（1）物流是一个系统，而不是运输库存等单一功能，只有众多的功能要素整体合理化、机械化和智能化，才能真正在降低成本的同时提高服务水平。

（2）物流各功能要素之间是相互联系、相互制约的，有时甚至是相互矛盾的，因此必须在整体上加以协调，用系统化的思想加以整合、提升。

（3）随着物流管理理论的发展和新技术的不断应用，物流越来越成为跨越企业边界的综合性活动，无论是内在管理还是外围条件，都要求物流的系统性和整体性。

（4）在物流管理的全过程中，始终贯穿着大量的物流信息，将这些信息收集并处理好，使之服务于物流管理，并将各子系统有机联系起来，需要一个集成系统来完成。

（二）物流系统化管理的发展

20 世纪五六十年代，物流活动被认为是建立在纯粹功能基础上的后勤工作，其作用是为生产和销售提供便利与支持，当时，企业对物流系统化根本没有考虑，而将注意力集中在改善诸如订货处理、预测、存货控制、运输等特定物流功能的表现上。后来，随着有关学科的理论不断地被应用到物流研究与管理中来，以及信息化管理手段的不断应用和企业物流管理组织架构的不断调整与完善，物流系统化管理才被提上日程。

物流系统化管理的大发展得益于 20 世纪 80 年代开始的以美国为代表的物流复兴运动的挑战，这次运动经过 80 年代到 90 年代末大约 20 年时间的发展，推动并促进现代物流概念的形成，使物流系统化管理有了飞越性发展。

（三）物流系统化管理的目标要素

（1）服务性。在为客户服务方面，要求无脱销、无货损等事故，服务项目完善，费用省，达到顾客满意。

（2）速送性。速送性要求把商品按顾客指定的地点，准确迅速地送到目的地。为此，应把物流设施建在需求较集中的地区附近，或者利用高速公路，实行按专门路线配送（货物专线运输）。

（3）空间的有效利用。随着经济的发展，城市的土地价格一直有上涨的趋势。由于地皮紧张，为了能有效地利用土地面积，相应的物流机械（高位货架）和立体化设施不断增加。

（4）规模适当。在这方面必须考虑的问题有：物流设施的集中与分散是否适当，依靠引入机械化、自动化设施达到省力；信息处理的现代化所要求的电子计算机和通信技术的应用以及物流网络的建立与完善等。

（5）库存。控制库存量大小的原则是既能保证供应，又要减少资金的占用。如果库存增加，则需要更多的货物保管场所，而且还会由于库存而占用过多的资金。因此，物流系统必须具有调整变动库存的功能。

(6)安全性。安全的节约是最大的节约。物流系统的各个环节、过程都应坚持“预防为主”的观点，避免出现货运事故，给企业和客户造成损失。

(7)总成本最低。在物流市场激烈竞争的情况下，价格不能比社会平均成本高出很多，否则会吸引更多的竞争者。因此，个别物流企业的成本只有降低到平均成本以下，才有可能赚取高额利润。另外，单项成本的降低，并不意味着总成本的降低。如库存费用降低，会导致运输费用上升，两者必须找到一个最佳的配合点，这就是所谓的经济订购批量。

二、物流标准化管理

(一)物流标准化管理的含义及特点

1. 物流标准化管理的含义

物流标准化管理是指在运输、配送、包装、装卸、保管、流通加工、资源回收及信息管理等环节中，对重复性事物和概念通过制定、发布和实施各类标准，达到协调统一，以获得最佳秩序和社会效益。物流标准化管理包括以下三个方面的含义：

(1)从物流系统的整体出发，制定其各子系统的设施、设备、专用工具等的技术标准，以及业务工作标准。

(2)研究各子系统技术标准和业务工作标准的配合性，按配合性要求，统一整个物流系统的标准。

(3)研究物流系统与其他相关系统的配合性，谋求物流大系统的标准统一。

物流标准化管理是物流管理的重要手段，同时也是实现物流现代化的基础。物流标准化管理对物流成本、效率有重大决定作用，如托盘标准化、集装箱标准化、运输工具的标准化等。物流标准化管理是对物流设施和工程、物流机械和器具、物流工作和服务等物流装备和活动规定统一的标准，并对这些标准加以实施的整个过程。开展物流标准化管理，有利于加快物流系统的建设与整合步伐，提高物流的作业效率，并实现与物流以外系统的衔接以及与国际市场的接轨。

2. 物流标准化管理的特点

物流标准化管理的特点主要有：

(1)物流标准化涉及面较为广泛，涉及的部门多，其对象不像一般标准化系统那样简单，标准化管理的难度大。

(2)物流标准具有非常强的国际性，随着世界经济全球化进程的加快，国际物流活动日益增加，在制定物流标准时，要充分考虑与国际标准接轨。

(3)物流标准系统属于二次系统，组成物流大系统的各个子系统在归入物流系统之前就已经制定了自身的标准，因此物流标准的制定并非要打破既有系统重新建立标准，而是要从整个系统出发，充分协调各个系统的标准。

(二)物流标准化的意义

物流标准化对提高物流作业效率、加快商品流通速度、保证物流质量、减少物流环节、提高物流管理效率、降低物流成本具有巨大的促进作用，同时也有利于推动物流技术的发展。

(1)物流标准化可以实现物流各环节衔接的一致性,加快流通速度。通过制定和执行物流工作中的相关标准,不仅可以保证物流活动各环节的技术衔接和协调,规范服务质量,加快流通速度,而且可以合理地利用物流资源,提高资源利用效率。

(2)物流标准化是进行物流管理科学化的重要手段。物流标准化为物流管理的规范化提供了基础,使得物流管理目标更加明确,有利于提高物流效率,实现整个物流大系统的高度协调统一。

(3)物流标准化是降低物流成本的有效手段。通过物流标准化,可以实现物流各个环节的有机组合,减少中间环节,减少无效劳动,提高设备、设施及器具的使用效率,从而达到降低物流成本、提高经济效益的目的。

(4)物流标准化有利于提高技术水平,推动物流技术的发展。物流标准化有利于在运输工具、装卸、包装等方面采用国际标准,为与国外物流设施、设备、器具的相互配合创造了条件。

(5)物流标准化便于同外界系统的连接。物流活动中使用的设施和设备需要机械制造企业提供,货源来自生产企业和流通企业等。也就是说,物流活动不仅是物流系统本身的问题,还涉及产品的生产、流通以及物流设施和设备的生产制造系统。实施标准化,可以促进这些系统的有效衔接。

(三)物流标准化的基本原则

(1)要确定标准化的基点。要形成整个物流体系的标准化,必须在局部中寻找一个共同的基点,并使这个基点贯穿物流全过程,在此基础上形成物流标准化工作的核心。依据物流是“物之流动”的特点可以确认,集装系统是使物流过程连贯而建立标准化体系的基点。

(2)要实现物流系统中各子系统的配合性。配合性是建立物流标准化体系必须体现的要求,是衡量物流系统标准化体系成败的重要标志。应以物流系统为出发点,研究各子系统与物流相关领域中技术标准与工作标准的配合性。按配合性要求统一整合整个物流系统的标准。

(3)要注意物流与环境的发展关系。现代物流正向着大型化方向发展,在进行物流标准化规划时,必须将物流对环境的影响放在标准化的重要位置上。

(4)要由权威的组织来牵头制定和推广物流标准。物流标准的制定由于涉及众多层面,在贯彻中要求层层推进。国际标准化组织是全世界标准化的权威机构,已经制定了许多物流标准,一些国家则由自己的标准化协会制定了本国的物流标准。

(四)物流标准化的种类

依据内容和性质的不同,物流标准化可以分为三类:

(1)物流系统标准化。物流系统标准化就是制定出在整个系统中各子系统共同使用的标准,包括基础编码标准化、专业计量单位标准化、物流基础模数尺寸标准化、集装模数尺寸标准化、物流专业名词标准化、物流单据标准化、物流标志和识别标准化、物流成本核算标准化、统计标准化等。

(2)物流技术标准化。物流技术主要包括设备、材料、信息管理等技术,物流技术标准化具体包括运输工具标准化、仓库技术标准化、站场技术标准化、作业车辆标准化、传输机具标准化、包装材料及技术标准化、信息管理标准化等。

(3)物流组织工作标准化。物流组织工作标准化主要指为实现物流活动而进行的计划、管理等组织工作,包括对各项物流活动制定统一要求和规范化规定,明确划分各岗位的职责范围、权利和义务,做到工作方法、核查督导等方面的标准化。

三、物流合理化管理

(一)物流合理化管理的含义及意义

物流合理化管理,是指在兼顾成本与服务的前提下,对物流系统的构成要素及其经营活动进行调整改进,使得物流系统不断走向整体优化的动态管理过程。

物流合理化管理过程被人们喻为"挖掘企业脚下的金矿",其意义表现在以下几个方面:

(1)降低物流费用,减少产品成本。物流费用在产品成本中占有相当大的比重,我国物流成本的下降还有较大的空间。降低物流费用,减少产品成本是物流对企业的首要贡献,而开展物流合理化管理,可以提高企业的物流作业效率,减少运输费用及仓储包装费用,从而达到降低成本的目的。

(2)缩短生产周期,加快资金周转。物流系统的改善对缩短原材料周期起决定作用:一方面,可以有效地加快资金周转,提高资金的使用效率;另一方面,生产周期缩短可以更好地适应市场的变化,提高企业的核心竞争力。

(3)压缩库存,减少流动资金的占用。一些企业的流动资金主要是被材料费占用的,库存物资的减少将对减少流动资金起显著作用。通过各种控制策略和控制方法使企业的原材料、中间在制品和成品库存在满足生产、销售要求的前提下降至最低,是物流合理化管理的一个重要目标。

(4)提高企业的管理水平。"只要看物流状况,就能判断企业的管理水平。"物流合理化管理将直接推动企业管理水平的提高,加快企业对市场的反应速度,甚至引发企业的管理变革。

(二)物流合理化管理的基本原则

在物流系统成本降低、效益和效率提高的前提下,物流合理化管理可以采取任何有利于企业目标实现的措施。不过,物流合理化管理仍要坚持一些基本原则(见表9-2)。坚持这些原则,可以使物流发展少走弯路。

表9-2 物流合理化的基本原则

基本原则	内容及侧重点
系统化原则	物流合理化的第一原则,要把整体化和系统化放在首要位置
标准化原则	坚持使用国际标准或国家标准,保持物流系统的开放性和可接入性
柔性化原则	与生产的柔性化发展相对应,满足客户个性化需求,如配送中心小批量、多品种的柔性配送服务

续表 9-2

基本原则	内容及侧重点
共同化原则	配送共同化、物流资源利用共同化、物流设施与设备利用共同化及物流管理共同化等，减少重复建设和环境承载压力
优先化原则	优先考虑将彼此之间物流量大的设施布置得近一些，在物流系统的设计和规划上或者某些业务操作上，要充分体现这一原则
近距离原则	尽量缩短物流流动或运输的距离，如一些企业的联合厂房设计和一些地区的园区化生产布局等

(三)物流合理化管理的基本内容

要实现企业物流管理的合理化，可以从以下几个方面入手：

(1)进货方式合理化。现代企业生产规模大、产品品种多，技术复杂，生产所需要的物资不仅数量、品种、规格、型号繁多，而且供应来源广，因此在采购方面应有所改变，改革过去那种分别购买、各自进货的习惯做法。可以根据企业生产经营的用货要求和进货要求，采取联合进货方式，也可以委托物流公司(第三方物流)协助组织货源，使企业的物流批量化，减少资金的占用，以降低进货工作效率。在国外，为了提高对供应物流合理化的重视程度，以整车为单位进行交易时，其物流的费用由卖方承担，非整车交易的物流费用由买方承担。

(2)供应方式合理化。企业应发展以产定供等多种形式的物资供应技术。例如，按需加工供应、承包配套供应、定点直达供应等方式。也可以采用供运需一体化进货方式，即要求物资供应商按照企业生产、工艺和设备要求，与企业订立供货合同，按规定品种、规定质量、规定数量、规定时间送货上门，按合同规定的时间将物料送达规定地点。这种方式有利于缩短物流供应时间，减少物流费用。

(3)生产制造物流合理化。生产制造过程物流的目标就是提供畅通无阻的物料流转，以保证生产制造过程顺利高效地运行，减少物料搬运的距离、频率和数量，减少物流费用，降低生产制造成本，防止物料损坏丢失。要实现生产制造过程的物流合理化，关键问题就是要实现工序之间的以产定供。某制造大型机械的公司实行的看板订货生产方式，其目的就是尽可能减少库存量。具体可以这样操作：销售市场可能售出的产品的数量，就是生产最后工序中出厂的产品的数量，这种数量信息自后向前依次传递。表现在生产线上，各工序生产的零部件数量，是由下道工序提出要求的，这样一来减少了半成品和配件的积压，减少了不必要的搬运，后道工序要多少前道工序就供多少。要实现这种合理化的管理方式，必须实行小批量、高效率、迅速及时供货。

(4)销售物流合理化。销售物流合理化的形式有很多种：采用大批量配送方式，延长配送周期，适当减少配送次数；采用计划配送方式，按照买主要求，按规定时间和规定数量、规定要求送达指定地点；采用销售和物流分开的方式，使销售部门专责搞销售，物流部门或物流企业全权负责物流；通过合理设置仓库，压缩库存量，集中配送，以减少交叉运输和中间环节；采取分类库存的方式，对流量大的产品分散保管，对流量小的产品集中保管，以此减少库房面积；建立物流联营或请物流企业参与，减少企业物流设备投资。

物流合理化管理，更多考虑的是提高物流效率，有效降低物流成本，但必须保证提高服务质量。

四、物流信息化管理

物流系统的不同子系统和不同层次之间是通过信息流紧密地联系在一起的，因此对物流信息进行采集、传输、存储、处理、显示和分析显得十分重要。物流信息管理是借助物流信息管理系统来实现的。物流信息管理实现的主要手段是各种信息化手段的不断开发与应用。

物流信息化是物流现代化的基础，自动化与信息化的有效结合则是现代物流的主要特征。在电子商务时代，信息已经成为商流、物流、资金流的媒介，物流业务更加依赖于可以共享的信息，物流信息化是电子商务的必然要求。

（一）信息技术在物流发展中的作用

现代信息技术在物流领域的广泛应用，不仅提高了物流运作的效率和精确性，更为重要的是，以现代信息技术为基础的企业管理革命和商业革命对物流产业的发展有着直接的推动作用，使得现代物流产业在经济地位、运行模式、组织形式、系统结构、竞争格局和管理手段等方面产生了一系列深刻的变化。具体表现在以下几个方面：

(1)在信息革命的推动下，物流不再是末端，其先导性越来越为人们所认同，现代物流产业获得了快速发展。

(2)在现代信息技术的支持下，电子商务与现代物流并行发展，互相支援，并呈现出越来越明显的融合趋势。

(3)现代信息技术的发展及在经济活动中的广泛应用，直接推动了物流产业组织的发展和创新，并使物流产业组织呈现出信息密集度不断提升的特征。

(4)在现代信息技术的支持下，物流的主体从工商企业转向物流企业，专业化物流企业之间的竞争成为物流市场竞争的焦点。

(5)现代信息技术使信息传递和共享能够穿越企业的组织边界，从而导致物流活动的范围从个别环节转向整个供应链系统，拓展了物流系统的内涵。

(6)在现代信息技术的支持下，对物流管理水平的评价从对物流设施管理的评价转为对物流信息管理的评价，以现代信息技术为支撑的快速响应能力将是未来物流企业的核心竞争力。

(7)随着现代信息技术的不断发展，企业的物流信息化正在向着信息采集的在线化、信息储存的大型化、信息传输的网络化、信息处理的智能化以及信息输出的图形化方向发展。

（二）物流信息化引发的管理革命

物流信息化的发展相应地引起了企业管理的变革，并且这一变革影响了企业经营管理的各个方面。

(1)使企业实施全新的供应链管理成为可能。企业借助计算机网络技术和各种信息管理系统，实现了与上游供应商和下游顾客之间的有效连接，并通过物流、信息流和知识流的交流，重新定义并建立了新型的顾客关系。同时，信息网络的发展也使得企业打破了过去时空的局限，能够在全球范围内选择自己的供应商，进行全球化的供应链管理，从而构筑全新的供应链条并形成新的竞争优势。

(2)改变了企业产品的存在形式和流通方式。过去，企业要保留相当数量的库存来确保生产和营销活动的顺利进行，同时一些服务的提供也必须面对面来进行。现在，由于采用了现代信息技术，企业的供应链管理水平得以提高。通过业务流程的再造及新的技术手段的应用，企业的“零库存”管理成为可能。企业的仓库由过去的“蓄水池”变成了流动的“河流”；同时，越来越多的产品流通采取“网上销售、网下配送”的方式来进行。

(3)改善了渠道质量，使企业具有了及时决策的能力。企业利用网络与经销商协作，建立能够实时反映订货和库存状况的信息管理系统（如 VWI——供应商管理库存系统），通过这一管理系统，企业可以获知经销商的销售实时或及时信息，企业可以在这一信息的指导下，进行库存补充和销售指导。这种及时决策的能力，可提高企业销售渠道的效率，从而提升顾客的满意度。

（三）企业物流信息化的发展途径及应注意的问题

企业要实现物流信息化，进而推动物流管理水平的提高，需要特别关注以下几个问题：

(1)企业高层领导高度重视，并有专业人才支持。从某种意义上讲，物流信息化建设是企业管理的一次创新和变革。因此，相关发展规划的制定和落实必须有企业高层领导的主动推动和专业技术人员的支持。

(2)重视开发企业物流信息资源。企业物流信息资源的开发是物流信息化建设的核心任务，也是物流信息化建设的出发点和归宿。信息采集的深度和标准化管理的程度决定了企业物流信息化的水平；而能否依赖有效的信息系统，使企业得到尽可能完整的决策数据并对市场变化进行快速反应，则是评价企业物流信息资源开发水平的重要标准。

(3)建立企业物流信息系统和决策支持系统。建立企业物流信息系统是企业进行现代物流管理的基础，也是构筑企业管理信息系统的一个重要组成部分。而如何设计一个优秀的、能够充分体现企业物流管理需要的信息系统，就成为企业管理过程中的一件大事。同时，建立相应的物流决策支持系统，也是物流信息化的另一重要内容。

(4)推动物流信息的网络化发展。中国信息基础设施的建设和逐步完善，将为企业借助现代通信技术与计算机数据处理技术发展网络化信息系统提供良好的外部条件。随着电子商务在企业经营中的不断应用，企业通过战略联盟或虚拟经营等手段，与关联伙伴或企业、顾客间形成越来越复杂的组织网络，而信息网络化则为企业的这一发展提供了保障和动力。

第三节　现代企业供应链管理

一、供应链管理的概念与意义

（一）供应链管理的概念

虽然目前供应链管理的概念仍然处在一个不断完善的发展过程中，各国学者对供应链管理的概念表述不一，但有一点达成了共识，即供应链管理代表的不仅仅是某种管理方法，而是一整套管理理念，它是管理理论的又一次革命性的飞跃。

国际上对供应链管理的定义有多种表述。如围绕顾客为中心这一角度将供应链管理定义为：供应链管理是制造商与它的供应商、分销商及用户协同合作，为顾客所希望并愿意为之付出的市场提供一个共同的产品和服务。这样一个多企业的组织，最大限度地利用共享资源（人员、流程、技术和性能评测）来取得协作运营，其结果是得到了高质量、低成本、迅速投放市场并获得顾客满意的产品和服务。

另外，从强调价值链的增值定义供应链管理为：供应链管理是计划、组织和控制从最初原材料到最终产品及其消费的整个业务流程，这些流程连接了从供应商到顾客的所有企业。供应链包含了由企业内部和外部为顾客制造产品和提供服务的各职能部门所形成的价值链。这一定义比较完整，它主要分成两部分。前半部分说明了供应链管理所涉及的理论源于产品的分销和运输管理，但是它与后勤管理的定义还是有严格的区分，供应链管理更着重于从原材料供应商到最终用户所有关键业务流程的集成，许多非后勤管理的流程也必须集成到整个供应链中。后半部分说明价值增值是供应链的基本特征，有效的供应链必定是一个增值链。也就是说，在供应链中的各个实体，无论从事什么样的活动，其对产品转换流程的增值必须大于成本。

（二）供应链管理的意义

供应链管理能够通过分享信息和共同计划使整体物流效率得到提高。它能够使渠道安排从一个松散联结着的独立企业的群体，变为一种致力于提高效率和增强竞争力的合作力量。在本质上，它是从每一个独立参与者进行存货控制，变为一种渠道整合和管理。供应链管理还能增加渠道的竞争力，合作行为将减少风险，提高整个物流过程的效率，排除浪费和重复努力。在传统的渠道中，配置的大量存货构成了极大的风险。分享信息和共同计划可以排除或减少与存货投机相关的风险。

供应链管理的重要性在于：未来企业的竞争将是供应链与供应链之间的竞争。

二、供应链管理的特征

（一）供应链管理是一种系统管理

供应链管理所涉及的管理对象是一个包含多种要素且相互关联的有机体系，这些要素之间相互依存、环环相扣，构成了一个不可分割的系统。在系统运行的各个阶段都包含着五项以信息为主要内容的创造价值活动：收集、组织、选择、合成和分配。这些活动紧密相连，在利用信息技术建立新型顾客关系方面共同增加或创造价值。因此，企业要树立全局观念和优化意识,以追求系统的整体优化。

(二)供应链管理是一种过程管理

过程管理的突出特点是具有很强的时序性、目的性、重复性和不可逆性。在供应链中,信息流大都是从顾客的需求开始的,通过零售商、批发商传到制造商那里,从而使顾客的需求得以掌握;在制成产品后,物流又通过制造商、批发商、零售商送达顾客手中,从而使顾客的需求得以满足。如此循环往复,形成过程与过程间的联结与循环。这一过程必须遵循一定的时序,虽然其中某些环节可以简化或省略,但总的顺序却不可颠倒,否则便极易出现混乱。这一过程还改变了企业与顾客间的互动方式,由过去企业主导型的"推式"转变为了顾客主导型的"拉式",其目的是"将正确的产品,在正确的时间,按正确的数量、正确的质量、正确的状态,送到正确的地点,并使总成本最小"。因此,企业要树立时效观念和贯通意识,以确保运转过程的顺畅和时效,从而快速实现资本的循环与增值。

(三)供应链管理是一种动态管理

供应链管理是基于提高企业市场应变能力,及时满足顾客需求而出现的一种管理方式。在供应链中,所有参与者或各要素都随着市场条件、竞争环境、参与对象等的变化而不断进行调适和变换,而衡量变化的成效,则要看参与各方能否积极互动,形成良性循环。这些要素往往随着企业外部环境的变化而需做出相应的调整和变化,并且在调整和变化中发挥各自的最佳作用,以实现整体价值的最大化。因此,企业要具有联动意识,把握机遇、不断变革,保持竞争的主动权和不断更新竞争优势。

(四)供应链管理是一种立体管理

供应链管理是企业为提高市场竞争力,通过横向联合,实现优势互补、利益共享的一种管理方式。它所涉及的诸多方面或各个要素往往分别处在不同的行业、区域或阶段,而且每个方面或要素又自成体系,从而构成了多层面、多维度的立体网络。这种网络的优点是能较好地运用和发挥各自的优势,实现资源的整体优化配置。比如,作为制造商的企业,在大的方面是外部供应链的重要一环,而其内部又由市场预测、订单管理、采购管理、库存管理、生产计划、产品制造、质量控制、运输管理、销售管理、售后服务以及相应的人力资源管理和财务管理等共同构成内部供应链。因此,企业要树立协作观念和团队意识,使各层次、各要素、各环节之间既分工又合作,既独立又融合,以保证整个链条的运行达到最佳状态。

(五)供应链管理是一种信息管理

供应链管理系统中的每个部分或要素间的互动都是通过信息沟通来完成的,如果没有信息的"黏合",系统的每个部分或要素都会成为彼此孤立的、残缺的片断。另外,由于要求普遍采用数据交换技术(EDI),信息数据是双向交流的,交换系统也是互相兼容的,发货者能根据反馈的信息及时知道出货结果和顾客的其他需求或意见,及时调整计划和部署。因此,企业要树立互信观念和共享意识,通过各方面的信息互动把握商机。

三、供应链管理的原则

供应链管理的基本原则一般包括:

(1)根据客户所需的服务特性来划分客户群。传统意义上的市场划分基于企业自己的状况，如行业、产品和分销渠道等，企业随后对同区域的客户提供相同水平的服务；而供应链管理则强调根据客户的状况和需求来决定服务方式和水平。

(2)设计企业的供应网络。应根据客户需求和企业可获利情况，设计企业的供应网络。如一家造纸公司发现两个客户群存在截然不同的服务需求：大型印刷企业允许较长的提前期，而小型印刷企业则要求在24小时内供货，于是它建立了3个大型分销中心和46个紧缺物品快速反应中心。

(3)倾听市场的需求信息。销售和营运计划必须监测整个供应链，以便及时发现需求变化，做出早期警报，并据此安排和调整计划。

(4)时间延迟。由于市场需求的剧烈波动，距离客户接受最终产品和服务的时间越早，需求预测就越不准确，而且企业还不得不维持比较大的中间库存。例如，在实施大批量客户化生产的过程中，一家洗涤用品企业首先在企业内将产品加工结束，然后才在零售店完成最终的包装。

(5)与供应商建立双赢的合作策略。迫使供应商相互压价，固然会使企业在价格上有所收益，但相互协作则可以从根本上降低整个供应链的成本。

(6)在整个供应链领域建立信息系统。企业的信息系统首先应该处理日常事务和电子商务；然后支持多层次的决策信息，如需求计划和资源规划等；最后应该根据大部分来自企业之外的信息，进行前瞻的策略分析。

(7)建立绩效考核准则。企业应该在整个供应链的范围内建立绩效考核准则，而不应该仅仅依据个别企业建立局部、单一的标准，供应链的最终验收标准是客户的满意程度。

四、推式供应链系统与拉式供应链系统

根据对市场需求的把握方式的不同，市场中供应链系统可以划分为推式供应链系统和拉式供应链系统。

(一)推式供应链系统

在一个推式供应链系统中，应根据长期预测进行生产决策。一般来说，产品的制造商是利用从零售商仓库接到的订单来预测顾客需求的(见图9-3)。推式供应链系统对市场变化做出反应需要更长的时间，这可能会导致两种后果：一是该系统可能没有能力满足变化的需求方式；二是当市场对某些产品的需求消失时，该供应链系统的库存将过时。

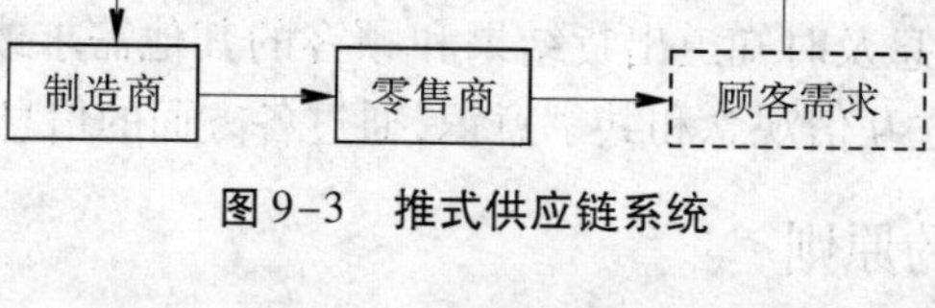

图9-3 推式供应链系统

在推式供应链系统中经常会出现从批发商到制造商接到订单的变动性要比顾客需求的变动性大得多的情况。这是由于制造商、批发商对需求信息的不正确把握所引起的。

制造商、批发商根据零售商的订单来预测顾客需求，然而，零售商因为提前期、批量订货、价格波动、安全库存等因素必然会使订单大于实际顾客需求，最后必然导致供应链上方即制造商处的需求变动程度增大，这就是所谓的"牛鞭效应"。这种效应会由于需要大量的安全库存而引起库存过多，会产生更大和更容易变动的生产批量，还会产生产品过时和服务水平低下等问题。

具体地说，"牛鞭效应"将导致资源的无效率利用，因为这时的计划和管理要难得多。例如，制造商不清楚应该如何确定生产能力。如果根据需求峰值确定，这会使大多数时间内制造商有昂贵的资源闲置。如果根据平均需求决定，这就要求需求高峰期必须有额外的生产能力来补充。因此，在一个推式供应链系统中，经常会发现由于紧急生产转换而引起的运输成本增加、高库存水平和高制造成本等。

（二）拉式供应链系统

在拉式供应链系统中，生产是由需求驱动的，因此生产是根据实际顾客需求而不是预测需求进行协调的。为此，拉式供应链系统使用快速的信息流机制把顾客需求信息传送给制造商，如销售点数据系统（POS）（见图9-4）。

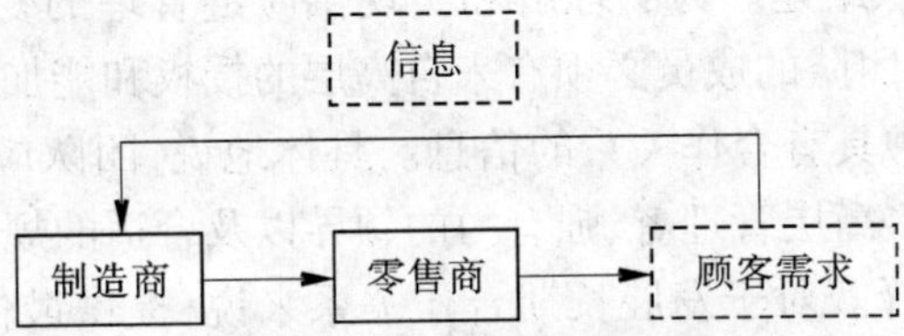

图9-4　拉式供应链系统

由于拉式供应链系统能够通过外部实际需求信息的采集，更准确地预测零售商的订单而缩短提前期，从而零售商的库存水平随着提前期的缩短而减少，制造商面对的变动性也随着提前期的缩短而变小，而制造商的变动性变小使得制造商库存降低。因此，在一个拉式供应链系统中，经常能够看到系统的库存水平明显降低，管理资源的能力加强，整个系统成本低于相应的推式供应链系统。

同推式供应链系统相比，拉式供应链系统对需求信息的把握更加准确与及时，因此目前的供应链系统正在朝着拉式供应链系统的方向进行改革。

五、企业供应链管理的步骤

企业供应链管理的步骤主要包括两部分：一是战略和运作目标的确立，二是供应链管理变革的设计实施。

（一）战略和运作目标的确立

一个完整的供应链各个成员间的关系是复杂的，成员间目标与利益既相同又矛盾，实施供应链管理必须有系统的整体观点。因此，确立合理的战略和运作目标是实施供应链管理的第一步。企业必须将其业务目标同现有能力及业绩进行比较，找出现有供应链的不足，经过改善，迅速提高企业的竞争力。除此之外，企业还应该同关键客户和供应商一起探讨和评估全球化、新技术和竞争局势，建立供应链的远景目标。

战略和运作目标具体包括以下几方面。

(1)改进决策(属于战略目标范畴)。可以通过以下措施加以改进:①提供更精确和及时的信息;②进行更全面的数据分析;③更加完整地评价各种可供选择的方案。

(2)提高市场地位(属于战略目标范畴)。可以通过以下措施加以改进:①提高新产品引入市场的频率;②减少浪费并提供降价的可能;③改进质量和产品设计。

(3)控制成本(属于运作目标范畴)。可以通过以下措施加以改进:①由供应商承担质量问题产生的成本;②提高库存周转率;③降低报废成本。

(4)控制质量(属于运作目标范畴)。可以通过以下措施加以改进:①提高合格标准;②要求供应商应用统计过程控制;③开展部门乃至全公司的质量认证。

(5)改善交货情况(属于运作目标范畴)。可以通过以下措施加以改进:①缩短交货期;②要求小批量、高频率地交货;③具体规定原材料运输和包装方法。

(二)供应链管理变革的设计实施

为了实现合理的供应链,如何改变供应链各成员的关系是实施供应链管理变革的关键。它具体包括五个阶段。

(1)内部承诺和团队组建。为了理解和实现供应链管理的变革,内部承诺和团队组建是第一步。企业内部团队的成员必须有来自高层的授权和能加速后续阶段运行所需要的专业知识,并在组织中具有合作关系的信息。具体地说,团队应该包括:利益相关者代表、技术专家、组织专家、高层管理者、强有力的领导以及合适的规模(8~10人)。

(2)合作伙伴的选择。对于发展长期合作关系来说,提供最低价格的不一定是最合适的。识别合适的伙伴需要对其能力进行更加广泛的考察。考察的具体内容包括:原材料和零部件供应环节中供应商的地理位置、绩效表现、技术能力、行业地位和传递信息能力等,原材料和零部件的费用、质量、重要性和可获得性等;配送环节中的成品库存容量、周转周期和费用等,配送的能力、费用、周期和传递信息能力等;销售环节中的销售渠道通畅度、销售费用和信息传递能力等,销售点的地理位置与地理分布情况;服务地点地理位置和传递信息能力等。

(3)供应链成员间的承诺和联合团队的组建。这个阶段的重点是得到供应链各个成员间建立长期合作伙伴关系的正式承诺,签订合作伙伴协议,确定合作的基础,巩固各成员的关系。这个阶段的联合团队成员同第一阶段相似,有利益相关者代表(包括关键的业务人员)、技术专家、组织专家、各方高层代表、强有力的领导或协调者,以及合适的团队规模。这个阶段签订的协议的主要内容包括:原则的陈述、承诺、目标、利益的分享、期望、保密性、回顾程序、联合团队成员以及终止条款等。

(4)绩效衡量以及改进计划。绩效的衡量主要考虑供应链管理中各个环节是否达到预期的效果。绩效衡量的定量化方法有很多种,可以参考管理学中的相关方法。

(5)行动实施和过程回顾。供应链管理的各个成员在行动实施阶段,最重要的是通过合作达到互利和将竞争优势的整个观念贯彻到该阶段。该阶段的要点包括:明确每一步行动的目标和时间范围,把责任分配给供应链联合团队的各个成员;制订出详细的计划,包括供应链各个成员采取的行动的目标、时间和次序;由供应链管理各成员的高级主管定期召开会议,做出详细工作进程的报告;定期召开业务会议,保持供应链各成员间的信息通畅,使各成员有庞大家庭成员的感觉。

典型案例

便利店竞争赢在高效物流配送

据业内专家分析,目前我国的便利店竞争已由店前、店内竞争发展到店后竞争,后台系统的实际运行状况将决定前台、店内能做什么。归根结底,便利店的比拼已经渐渐转化为店后物流配送体系支持的竞争。

众所周知,便利店最大的特点是便利,这是便利店区别于其他零售业的主要特征,也是便利店行业生存发展的关键。便利店卖的是"便利",然而消费者"便利"需求的满足,更需要强大物流配送体系的支持来实现。

一、可的物流模式

上海可的在2004年就已拥有门店1 300家,年营业额达到20亿元,并在中国连锁百强排名中升至第47位,成为国内专业便利店企业中为数不多的盈利企业,但据了解,上海可的物流也曾经为众多问题所困扰。

据可的相关人员介绍,2004年前,上海可的店的物流配送是由光明物流提供的第三方物流完成的,可的在光明物流的仓库区中占了1万平方米的面积。2004年1月1日,可的从内部组织力量,成立了可的名下的可的物流中心,从光明物流中接手,开始独立经营自己的物流。从2004年下半年开始,可的开始选新址筹建可的新物流。新物流占地1万平方米,货架共5层。新老物流加起来共2万平方米,成为可的物流中心的主体,不仅将完成可的1 000多家便利店的配送工作,而且将发展第三方物流。到2005年3月,可的新的物流中心正式启用。

据介绍,可的物流中心负责提供上海可的便利店所有物流配送服务,因为可的便利店发展速度较快,对物流中心的配送要求也就越来越高。首先是配送门店数量多达1 000多家且地理范围广,遍布上海和江浙地区的城市;其次是出货金额高,每天约为200万元,并且出货数量大,每天高达2万箱左右。此外,可的物流配送的拆零比率大,有85%的商品需拆零配送,同时送货时效要求也特别高,需24小时内送达,至少要达到一天一配。尽管可的针对自身物流的特点进行了不断的尝试,但可的还是为其在物流方面的几个关键业绩指标(KPI)的"成长"感到困惑:库存周转率、分拣错误率、分拣速度、库存损耗率等,在优化到一定程度后,很难再进一步优化。针对这些提高仓库管理效率的几个重要方面,显然只靠人的脑力、体力无法完全解决,这些优化工作需要对大量历史数据进行分析、计算,才能做到科学、合理、有效。

二、"拆零配货"型物流

据可的物流中心有关人士介绍,同样是物流配送中心,便利店的物流是典型的"拆零配货"型,有着极强的便利特色,如店铺多而分散、拆零量大、配货要求及时、分拣速度快;

随着便利店从小到大规模的扩大，物流中心的能力要跟着延展，物流中心不断采用新技术如无线射频技术、计算机辅助拣货系统，运用管理新方法如ABC分拣、先进先出、小量多批次配货等管理方法。

便利店物流有几个关键业绩指标。第一是库存周转率，便利店的库存在总部或物流中心体现。伊腾洋华堂、沃尔玛的库存周转率分别是12转/年、9转/年。第二是分拣错误率，拣货员在分拣过程中难免会记错分拣货位与分拣数量，导致分拣错误。第三是分拣速度，为每个门店配货的时长，在门店数少时，每家店是60秒还是90秒差别不大，但当便利店迅速扩大到几百家到1 000多家时，这个差别就会向两头放大。第四是库存损耗率，库存损耗多是货品在库内过期而发生的损耗，可以通过先进先出管理方法来降低。

那么，可的物流中心是如何突破这些关键业绩指标的呢？据了解，2005年3月开始启用的可的物流中心，采用了一系列的新技术和新方法。

在新技术方面，可的物流采用了海鼎仓库管理系统，支持单据和无线手持终端两种作业方式：能做到优化仓库货品货位布局、自动分拣复核、自动装车管理、动态存储管理、自动收货管理、先进先出管理等，还有抽样盘点、退货扫描、方便的基本资料输入方法等；配备了无线射频手持终端，用于整箱收货、整箱盘点和拆零分拣的复核；引入了计算机辅助拣货系统，以一连串装于货架格子上的电子显示装置取代拣货单，指示应拣取的物品及数量，辅助捡货人员作业，减少目视寻找的时间，不仅减小拣错率，而且大幅提高效率。

在新技术广泛应用的基础上，可的物流中心实现了多种先进的物流管理，如ABC仓库管理、先进先出管理、业务流程重组、动态存储与动态盘点管理、自动复核、自动装车管理等，较大地提高了物流效率。据了解，目前可的库存周转已达到了5.8天，即63转/年，带来的效益可想而知。

三、技术与管理结合

新技术在物流体系中的应用带来了巨大的转变，据可的测算，可的物流对一家门店的分拣速度由原来的90秒缩短到现在的40秒，配货时间由24小时减至12小时，而拣货人员却由原先的40人降为20人，大大降低了人力成本；同时，拣货差错率降到了万分之二，复核率高达100%；此外，根据电子地图计算出每次出车的最佳线路，缩短配送路程20%，而自动计算装车容量和体积也使得车辆装载利用率提高15%；仓库存储空间利用率也有较大提高，由过去的平面储存改为立体储存，并且实现了动态存储管理，等等。

据可的介绍，便利店的库存面积一般都很小，为了减少商品缺货损失及由此引起的对门店形象的影响，便利企业物流配送在考虑配送成本的前提下，一般都遵循小量、多批次配货的原则。一天一配是最基本的配货模式。但不同门店在不同时段对配货的需求有所差异。24小时配货到位并不能完全满足门店需求，因此物流配送应该支持门店根据销售情况，一天多次提出配货需求。

在新物流中心建成之后，可的门店由原来的一天一次发送配货请求，调整为根据当天实际销售情况每天多次在门店发送配货请求。这些请求通过网络，实时传送到可的物流中心仓库管理系统与计算机辅助拣货系统，物流中心可即时为这些请求进行配货，然后配送到门店。

每天配货请求次数增加,使得门店配货数量更贴近于实际消费者需求数量,既有效地避免了门店库存的增加,也有效地减少了因订货数量少而产生的缺货现象。

据负责可的物流系统建设的海鼎技术人员介绍,可的物流的新目标有三个:加快供应链的建设,推进逆向物流建设,进一步完善运输管理体系。供应链管理将采购中心转移到物流,由物流负责订货,使得物流部门能够根据物流的实际仓储能力,向供应商订货,不至于造成暴库的危险,这样有利于进一步降低库存,提高周转率。逆向物流的目的是加强门店退货情况的研究工作,加强对门店退货的监控,进而将退货比例从3%降低到1%。

(源自《厂长经理日报》)

【案例分析】

(1)可的便利店物流系统的建设和运作模式,对零售类企业物流管理系统建设有什么借鉴意义?

(2)试论述便利店类企业物流系统的建设、运作模式和行业特征的匹配性。

思考题

(1)物流系统有哪些特征?

(2)物流管理的主要内容是什么?

(3)物流管理合理化有哪些意义?

(4)为什么要重视物流系统化发展?

(5)何为物流?何为供应链?两者的共同点和不同点在哪里?

实训题

戴尔公司的高效物流配送

在不到20年的时间内,戴尔公司的创始人迈克尔·戴尔,白手起家把公司发展到250亿美元的规模。即使面对美国经济目前的低迷,在惠普等超大型竞争对手纷纷裁员减产的情况下,戴尔公司仍以两位数的发展速度飞快前进。根据美国一家权威机构的统计,戴尔公司2001年一季度的个人电脑销售额占全球总量的13.1%,仍高居世界第一位。

物流配送专家詹姆斯·阿尔里德在其专著《无声的革命》中写道:主要通过提高物流配送打竞争战的时代已经悄悄来临。看清这点的企业和管理人员才是未来竞争激流中的弄潮者,否则,一个企业将可能在新的物流配送环境下苦苦挣扎,甚至被淘汰出局。

戴尔公司亨特副总裁无疑是物流配送时代浪尖上的弄潮者。亨特在分析戴尔公司成功的诀窍时说:"戴尔公司总支出的74%用在材料配件购买方面,2000年这方面的总开支高达210亿美元,如果我们能在物流配送方面降低0.1%,就等于我们的生产效率提高了10%。物流配送对企业的影响之大由此可见一斑。"

信息时代,特别是在高科技领域,材料成本随着日趋激烈的竞争而迅速下降。以计算机业为例，材料配件成本的下降速度为每周1%。从戴尔公司的经验来看，其材料库存量只有5天，当其竞争对手维持4周的库存时，就等于戴尔公司的材料配件开支与对手相比保持着3%的优势。当产品最终投放市场时，物流配送优势就可转变成2%～3%的产品优势，竞争力的优劣不言而喻。

在提高物流配送效率方面，戴尔公司和50家材料配件供应商保持着密切、忠实的联系，庞大的跨国企业戴尔公司所需材料配件的95%都由这50家供应商提供。戴尔公司与这些供应商每天都要通过网络进行协调沟通：戴尔公司监控每个零部件的发展情况，并把自己新的要求随时发布在网络上，供所有的供应商参考，提高透明度和信息流通效率，并刺激供应商之间的相互竞争；供应商则随时向戴尔公司通报自己的产品发展、价格变化、存量等方面的信息。

几乎所有工厂都会出现过期、过剩零部件。而高效率的物流配送使戴尔公司的过期零部件比例保持在材料开支总额的0.05%～0.1%，2000年，戴尔公司全年在这方面的损失为2 100万美元。而这一比例在戴尔公司的竞争对手企业都高达2%～3%，在其他工业部门更是高达4%～5%。即使是面对如此高效的物流配送，戴尔公司亨特副总裁仍不满意："有人问5天的库存量是否为戴尔公司的最佳物流配送极限，我的回答为当然不是，我们能把它缩短到2天。"

（源自《经济日报》，作者：李正信）

【教学功能】

本案例阐述了戴尔公司的进货管理和物流配送系统，其内容可用于研讨现代企业物流模式的优劣势。

【思考与讨论】

（1）试论述戴尔公司的进货管理模式是如何适应市场环境需要的。

（2）探讨案例中的进货管理和物流配送系统模式在中国企业中的适用性。

【答题提示】

（1）本题应结合营销管理中分销渠道设计的原理，对戴尔公司的进货管理模式以及物流管理思路和当前市场环境的契合性进行分析。

（2）本题应首先着重探讨当前中国企业和行业环境的特点，对戴尔公司的进货管理和物流配送系统模式进行研究，再讨论该模式在中国企业中的适用性。

参 考 文 献

[1] 王利平. 管理学原理[M]. 北京:中国人民大学出版社,2000.
[2] 周三多,陈传明,鲁明鸿. 管理学——原理与方法[M]. 上海:复旦大学出版社,1999.
[3] 张德. 组织行为学[M]. 北京:高等教育出版社,1999.
[4] 杨洁. 企业创新论[M]. 北京:经济管理出版社,1999.
[5] 金占明,等. 企业管理学[M]. 北京:清华大学出版社,1996.
[6] 蔡希贤. 现代企业战略管理[M]. 武汉:华中理工大学出版社,1998.
[7] 柳御林. 知识经济导论[M]. 北京:经济管理出版社,1998.
[8] 聂正安. 管理学[M]. 长沙:湖南人民出版社,1999.
[9] 袁卫. 统计学[M]. 北京:高等教育出版社,2000.
[10] 李古锋,等. 组织行为学[M]. 北京:中国商业出版社,1989.
[11] 杨文士,张雁. 管理学原理[M]. 北京:中国人民大学出版社,1994.
[12] 刘冀生. 企业经营战略[M]. 北京:清华大学出版社,1995.
[13] 马连杰. 管理咨询[M]. 北京:中国地质大学出版社,1999.
[14] 范威光,等. 现代工业企业经营与管理[M]. 北京:中国经济出版社,1995.
[15] 李自如,等. 企业经营与管理[M]. 长沙:中南大学出版社,1991.
[16] 石兆文. 现代产业资本运营[M]. 北京:中国经济出版社,2001.
[17] 哈罗德·孔茨,海因茨·韦里克. 管理学[M]. 北京:经济科学出版社,1993.
[18] 胡君辰,等. 人力资源开发与管理[M]. 上海:复旦大学出版社,1998.
[19] 杨蓉昌. 企业组织与管理[M]. 台北:五南图书出版公司,1984.
[20] 赵履宽. 人事管理学概要[M]. 北京:劳动人事出版社,1986.
[21] 何平,等. 企业用人之道百术[M]. 北京:中央广播电视大学出版社,1994.
[22] 德鲁克. 管理学导论[M]. 伸章,等译. 台湾:桂冠图书股份有限公司,1986.
[23] 张润书. 组织行为与管理[M]. 台北:五南图书出版公司,1986.
[24] 张国有. 生产经营[M]. 北京:经济日报出版社,1997.
[25] 张海棠. IT 时代管理革命[M]. 北京:民主与建设出版社,2001.
[26] 张承跃. 中国企业经营与管理案例[M]. 北京:经济管理出版社,2000.
[27] 尼古拉斯·印德. 企业形象——有效的企业身份战略[M]. 广州:广东旅游出版社,1992.
[28] 朱立恩. 企业形象的魅力——CIS 战略概述[M]. 北京:北京经济学院出版社,1995.
[29] 唐子畏,等. 企业文化理论与实践[M]. 北京:中国商业出版社,1992.
[30] 薛华成. 管理信息系统[M]. 北京:清华大学出版社,1999.
[31] 姜旭华. 电子商贸[M]. 北京:清华大学出版社,1998.
[32] 陈收,毕少菲. 企业战略管理[M]. 长沙:湖南大学出版社,2003.
[33] 李敏. 现代企业知识管理[M]. 广州:华南理工大学出版社,2002.
[34] 周水银. 虚拟企业资源计划[M]. 北京:中国物资出版社,2003.
[35] 涂红湘,戴庚先. 现代信息经济学[M]. 长沙:湖南大学出版社,2003.
[36] 陈荣. 物流供应链管理[M]. 大连:东北财经大学出版社,2001.
[37] 韩冀东,成栋. 电子商务概论[M]. 北京:中国人民大学出版社,2002.
[38] 康晓东. 电子商务系统建设与应用[M]. 天津:南开大学出版社,2003.

[39] 丑幸荣.电子商务应用与案例[M].广州:华南理工大学出版社,2004.
[40] 林祖华.现代管理学[M].北京:中国时代经济出版社,2004.
[41] 陈国龙.电子商务学概论[M].厦门:厦门大学出版社,2002.
[42] 相国民.决策技术[M].长春:吉林人民出版社,1986.
[43] 李吉锋,聂正安.组织行为学[M].北京:中国商业出版社,1989.
[44] 李宝山,张利痒.管理经济学[M].北京:中国人民大学出版社,2004.
[45] 黄渝祥.企业管理概论[M].2版.北京:高等教育出版社,2000.
[46] 张毅.现代物流管理案例、习题与实践[M].上海:上海人民出版社,2002.
[47] 冯志强.创新战略[M].北京:中国市场出版社,2009.
[48] 冯志强.中小企业集团战略管理[M].北京:中国广播电视出版社,2008.
[49] 冯志强.经典的工业贸易思想[M].北京:燕山出版社,2007.
[50] 冯志强.中国经济发展论[M].北京:中国经济出版社,2006.
[51] 冯志强.中国粮食经济问题研究[M].香港:世界文明出版有限公司,2005.
[52] 冯志强.市场营销学[M].北京:华夏出版社,2004.